本书由上海财经大学浙江学院发展基金资助出版

闽南乡村、家族与跨国移民
（1949—2014)
——以旅菲戴天惜家族为例

潘淑贞 著

中国社会科学出版社

图书在版编目（CIP）数据

闽南乡村、家族与跨国移民：1949—2014：以旅菲戴天惜家族
为例/潘淑贞著 . —北京：中国社会科学出版社，2018.6
ISBN 978 - 7 - 5203 - 1404 - 6

Ⅰ. ①闽…　Ⅱ. ①潘…　Ⅲ. ①家族—史料—福建—1949 –
2014②移民—研究—福建—1949 – 2014　Ⅳ. ①K820.9②D632.4

中国版本图书馆 CIP 数据核字（2017）第 273398 号

出 版 人　赵剑英
责任编辑　卢小生
责任校对　周晓东
责任印制　王　超

出　　　版　中国社会科学出版社
社　　　址　北京鼓楼西大街甲 158 号
邮　　　编　100720
网　　　址　http：//www. csspw. cn
发 行 部　010 - 84083685
门 市 部　010 - 84029450
经　　　销　新华书店及其他书店

印刷装订　北京明恒达印务有限公司
版　　　次　2018 年 6 月第 1 版
印　　　次　2018 年 6 月第 1 次印刷

开　　　本　710 × 1000　1/16
印　　　张　16. 75
插　　　页　2
字　　　数　250 千字
定　　　价　70. 00 元

摘　要

　　近代以来，闽南地区有以家族为单位移民海外的传统。在移民海外过程中，他们把聚族而居形成的家族文化也带到海外。家族文化对移民家族又起了什么作用？移民过程中，家族内部有何分化，分化因子又是什么？家族成员故乡的时代烙印对他们在海外的创业、社会生活以及居住地的华人社会又会产生什么样的影响？近代移民海外的动因都是经济，那么，在海外究竟有没有所谓的"海外华人经贸网络"？家族成员在其创业过程中起了多大作用？随着家族成员的分家，他们的企业又将有什么样的变化？诸如此类的问题引起笔者思考。

　　晚清以来，福建南安戴氏族人一直就有移民海外谋生，菲律宾则是其主要侨居地。族人戴金华就曾为菲律宾华侨领袖，积极支持辛亥革命，为家乡办教育、保护乡民安全创办家族自治会，被民国政府任为福建省侨委。村中族人一直以此为楷模，并沿着先人的足迹继续移民。中华人民共和国成立后，海外移民网络还在继续。其中，戴天惜家族就是在新中国成立后移民菲律宾，并在那谋生、创业并取得了成功，在取得了相应经济成就后，他们活跃于菲华社团，在当地具有一定代表性。

　　本书以移民菲律宾的南安戴天惜家族为研究对象，把该家族的活动和行为置于国家、地区视野下探讨当代中国家族移民菲律宾所产生的各种社会变迁问题。本书通过历史的纵向（条）与横向的专题（块）相结合的研究方法。前者，可对家族移民的时间从不同空间（中、菲）体现不同的历史轨迹；后者，则通过不同活动内容进行横向研究，能更清楚地了解国家、地区与家族间的关系及影响。

　　本书通过田野调查完成资料的收集，在整理和分析基础上发现华人华侨不仅从物质和行动上对祖居国有很大的影响，而且对祖居国的思想也有很大影响；同样，从大陆来的新移民身上带有祖居国时代的特征，他们的到来对当地华社也同样产生了冲击，但都消弭于亲情和家族文化，形成新的华社文化。

本书还进一步了解到在海外华人居住区始终存在一条华人贸易网络，它因中国大陆本土政策的变化而作相应游离，但始终未曾远离华人圈。正因如此，菲律宾华人华侨利用这条贸易网络才能顺利地开展经贸活动，并利用个人的商业能力建立自己的商业基地。同时，区域环境和居住国的政策则直接影响其族人经贸活动的开展。

在田野调查中，笔者发现，海外华人有很强的宗族观，不仅体现在生活上，还体现在其企业群上。戴氏家族企业因其家族成员离而不散的现象，从而形成以其核心企业为中心的企业群，这正是宗族的扩散型特点在企业群上的表征。

通过戴天惜家族参与菲华社团可以体现海外华人在政治、社会上的需求。从他们所参与的主要社团的关系反映了社团发展史，从而给侨务政策的制定提供了一定的借鉴。

从海外移民的角度来看新中国成立以来国家权力下当代闽南乡村的变迁。国家权力对地方社会产生了深远影响，它直接影响了个人、家族与乡村的命运；而海外华人在政策范围内，他们的行为也对乡村产生了深刻影响，直接改变乡村面貌。

总之，本书以闽南乡村的一个家族变迁为视点，沿着家族成员的生活轨迹，跨越国家和地区的空间领域，探寻海外华人赖以生存的经贸网络。通过一个家族的命运来反映新中国成立60多年来闽南乡村、乡民在求生存、谋发展过程中，国家政策对个人、家族所产生的影响。

目　录

第一章　绪论

第一节　选题概述

一　概念界定

在阐述本书选题理由之前，有必要先对本书涉及的几对概念做一界定。

（一）家庭、家族和宗族概念

1. 家庭

家，是"指居处的地方。段注：此篆本义乃豕之居也，引申叚借以为人之居"。① 所谓家庭，就其一般性特征，是以特定的婚姻形态为纽带结合起来的社会组织形式。现在，国内普遍采用的是西方社会学家所谓核心家庭等的分类，比较适合于西方的家庭，但是，对于中国的家庭伦理和道德却不是很适用。皆因中国特殊国情和人文环境，一般采用传统概念。因为中国文化意义下的"人"是被置于"家"中的。在中国文化意义下，说到"个人"就是指在"家庭"乃至"家族"中的个人，而不是指可以隔离开来独自的个人。由于个人需要在家庭人伦关系中进行定义，与之相关的中国人的伦理生活也必然成为"家庭生活"的一部分，而中国的家庭又是很特殊的，这就注定了中国社会特殊的伦理格局。②

---

① （东汉）许慎：《说文解字》，九州出版社 2006 年版，第 587 页。
② 赵庆杰：《家庭与伦理》，中国政法大学出版社 2008 年版，第 159 页。

"历史上的小家庭，一般是指夫妻及其双亲和未婚、已婚子女组成的数口之家，包括二、三代人。小家庭也有人口多少之分，少的只有夫妻二人，或夫妻子女三四人，多的可以包括未逝的父母和子女已有的后嗣。大家庭一般指从兄弟、再从兄弟共财合爨的四代以上同居的家庭。大家庭人口也多寡不一，少者十余人、数十人，多者几百人甚至几千人。"[1] 上海社会科学院社会学研究所主编的《社会学简明辞典》将"家庭"解释为："以一定的婚姻关系、血缘关系或收养关系组合起来的社会生活的基本单位，在通常情况下，又体现为一种经济的团体。婚姻构成最初的家庭关系，这就是夫妻之间，父母和子女之间的关系。"社会学家孙本文说："家庭是指夫妇子女等亲属所结合之团体而言。故家庭成立的条件有三：第一，亲属的结合；第二，包括两代或两代以上的亲属；第三，有比较永久共同的生活。"[2] 本书倾向于大家庭，即以夫妻为核心，年老的父母和子女已有后嗣，如此构成比较符合中国传统意义上的家庭。

2. 家族

家族则是指几个家庭基于一定血缘关系而组成的集合。费孝通说："所谓族是由许多家所组成，是一个社群的社群。"[3] 而在中国传统的观念里，"家族是以家庭为基础的，是指同一个男性祖先的子孙，虽然已经分居、异财、各爨，成了许多个体家庭，但是还世代相聚在一起（比如共住一个村落之中），按照一定的规范，以血缘关系为纽带结合成为一种特殊的社会组织形式。要构成家族，第一必须是一个男性祖先的子孙，从男系计算的血缘关系；第二必须有一定的规范、办法，作为处理族众之间的关系的准则；第三必须有一定的组织系统，如族长之类，领导族众进行家族活动，管理族中的公共事务。不论哪个历史阶段、具有哪种形态的家族组织，这三个基本特点都缺一不可"。[4]

---

[1] 徐杨杰：《中国家族制度史》，武汉大学出版社 2012 年版，第 3 页。
[2] 孙本文：《社会学原理》，商务印书馆 1948 年版，第 441 页。
[3] 费孝通：《乡土中国》，生活·读书·新知三联书店 1986 年版，第 39 页。
[4] 徐杨杰：《中国家族制度史》，武汉大学出版社 2012 年版，第 4 页。

家庭和家族的主要区别在于是否同居、共财、合爨，家庭是同居、共财、合爨的单位，而家族则一般表现为别籍、异财、各爨的许多个体家庭的集合群体。① 本书中说的"家族"则是指同一父亲名下孩子们所组成的家庭集合。

3. 宗族

1936 年，林耀华发表的《从人类学的观点考察中国宗族乡村》提出了研究宗族的新方法，他指出："宗族乡村乃是乡村的一种。宗族是家族的伸展，同一祖宗繁衍而来的子孙称为宗族，村为自然结合的地缘团体，乡乃集村而成的政治团体；今宗族乡村四字连用，乃采取血缘与地缘兼有的团体的意义，即社区的观念。"②

家庭是小单元，家族居中，而宗族则是以姓氏为中心的家族集合和汇集。从它们的范围看，则分别是从属关系。但在近期研究中，学者常把"家族"与"宗族"混在一起，所指代的实际含义则应从具体语义中去体会。

（二）跨国移民与华侨、华人定义

跨国移民传统上一直以华侨和华人来称呼。华侨是指定居在国外的中国公民。③ 中国公民，是指父母双方或一方为中国公民、本人出生在中国或外国者具有中国国籍，但本人出生时即具有外国国籍者不具有中国国籍。④ 与"华侨"对应的英文词语有 "Overseas Chinese" "Chinese Sojourner" "Chinese Abroad" "Chinese" 等，在我国官方用语中，"华侨"的对应英文则严格限于 "Overseas Chinese"。

华人，中国政府基于国籍法给予华人（外籍华人）以严格定义："外籍华人指原是华侨或华侨后裔，后已加入或已取得居住国国籍者。"⑤ 而庄国土教授则把"华人"定义为：在一定程度上保持中华

① 徐杨杰：《中国家族制度史》，武汉大学出版社 2012 年版，第 5 页。
② 《社会学界》第九卷，1937 年。
③ 《中华人民共和国归侨侨眷权益保护法》（1990 年）第三条规定。
④ 《中华人民共和国国籍法》（1980 年）第三条和第四条。
⑤ 国务院侨办：《关于华侨、归侨、华侨学生、归侨学生、侨眷、外籍华人身份的解释（试行）》（国侨发 1984 年 2 号），载国务院侨务办公室编《侨务法规文件汇编（1955—1999）》，第 153 页。

文化（或华人文化）、具有中国人血缘的非中国公民。血缘和文化是华人属性的最本质特征，体现了客观差异的标识。① 英文一般经常使用"Chinese""Ethnic Chinese""Chinese Diaspora"。

华裔（Chinese descents），通常是指具有中国血统者（包括华人和有中国血统的非华人），其涵盖面比华人更广。华族（ethnic Chinese group），是由保持华人意识的中国移民及其后裔组成的稳定的群体，是当地族群之一，构成当地国家民族的组成部分，这一定义上适用于解释东南亚华族。②

二　选题理由

（一）个案选择理由

1. 个案研究说明

闽南地区历来有赴海外谋生的传统。近代以来，闽南地区大多赴南洋（东南亚）谋生，菲律宾便是主要侨居地之一。闽南乡民移民海外一般都以家族为基准单位，即先让家族中的一人赴海外，等其奠定经济基础后，再回乡携兄带弟及子侄等一个个地过去，从而完成整个家族的迁徙。但是，对于这众所周知的移民方式，即家族内部的变迁问题的讨论却从未展开过。想真正了解在移民活动过程中家族成员内部的变迁问题，只能深入家族内部，从不同的时代、文化等方面来探讨，而个案研究就是最佳的方式之一。

单个家族的研究具有明显缺陷：一个家族的某些特征可能有其特性或出于偶然，不同的家族可能有不同的发家史，等等。如果想获得华人华侨家族坚实可靠的实证性基础，个案研究却是一种很好的研究方法。它的优势在于，在其研究的范围内，通过具体事件来考察其事件发生的一般性缘由，具有以小见大、由此及彼的一般性效果和特征。固然每个家族都有其特殊性，但它同样具有时代的共性，正是这许许多多具有特性的家族构成整个海外华社。

为了避免其特殊性，在个案的选择上要尽量具有一定的代表性，

---

① 庄国土：《论东南亚的华族》，《世界民族》2002 年第 3 期。
② 同上。

能在一定程度上反映该地的一般情况。同时，为了能使其特殊性更清楚，必须把该家族置于当时的国家、地区环境下，注重家族的社会生活史领域，这样，才能真实具体地反映历史面貌，从而更清楚地理解移民活动，以及相关问题。

2. 对象选择理由

菲律宾华人移民从籍贯上说主要以泉州为主，而泉州则又以南安和晋江为主。南安是侨县，大庭是侨乡，是戴姓聚居地。唐末，戴姓始祖从河南做民夫随王潮军定居于此，至今已有一千多年的历史。清康熙以来，该族就有人移民台湾，近代以来，更是与南洋往来频繁。1949年之后，移民活动还在继续，同样以其家族为单位进行。其中，戴天惜家族就是该时期最主要的代表，他们家族成员从新中国成立初开始，一直持续到20世纪80年代初才完成全部家族成员的移民活动。因此，从移民活动来说，他们对闽南地区的移民具有一定的继承性，从其全部家族成员的移民来看，又具有资料完整性特征。

从移民的动机来看，近代以来的移民活动都肇因于经济因素。因此，他们在移民海外取得经济成就后都会回乡进行捐资办学或为家乡建设等慈善活动。相似地，他们在居住国则表现在为当地社会做慈善，积极参与当地华人社团等，争取成为华社侨领。这些华人华侨的共性在戴天惜家族身上得到了充分体现。应该说，他们所取得的成就及其社会活动正是众多移民向往并为之奋斗的目标。

从经济特征来看，菲律宾华人企业一般以中小企业为主，戴天惜家族的企业群正体现了这一特征。因此，在对象选择上，本书避免了大集团、大巨头企业的特殊性，因而选取这一最有代表性的中小企业群。

从文化传承来说，南安戴氏家族一直以秉持欧阳詹的思想自居，其族人在明代就有人专门研究欧阳詹，并保持完整的家谱资料，在家族内部也形成了比较完整的家族文化。当然，由于不同的时代背景，从而在其家族成员内部也有了一定的分歧和冲突，而这些也都具有当代家族的普遍性。

（二）本书研究范围

家族是社会基层单位，以家族成员的活动作为考察的线索可以牵扯出诸多的社会现象和时代因素。比如，以往研究中倾向于海外华人对于故乡的影响，但移民海外的华侨对居住地的华社同样也会产生一定的冲击，而这种冲击和影响又将如何？作为家族又如何化解这些冲击？由于家族成员移民时间不一，从而在其家族成员身上也带有时代烙印，这些时代烙印对他们的创业、社会生活以及华社又会产生什么影响？

是什么因素促使当代乡民又走上跨国移民之路？国家、家族扮演了什么样的角色？他们又是如何在异国他乡展开经贸活动？在海外究竟有没有华人网络？这个网络起了多大的作用？这些都需要深入戴天惜家族创业史来考察才能有所得。

从企业管理角度来看，菲律宾华商大多是中小企业主。国内对于海外大集团、大企业的研究比较多，但是，对中小企业的研究因缺少资料而难以入手。而中小企业究竟如何管理？家族成员企业间有什么关系？他们在中国的投资管理又如何？与在菲律宾企业相比又有何不同？通过对在华投资企业的研究，对当前国内中小企业的管理提供参考和借鉴。

从国家权力与华人关系角度来看，国家权力对海外华人有多大影响？他们通过什么方式来表现？本书试图通过戴天惜家族成员参与的社团来解读这一问题。他们有选择地参与社团又反映了哪种价值观？通过参与社团的变迁，能否看出中国华侨政策的变化？

从家族内部来看，戴氏家族经过"文化大革命"等运动，其家族文化是否还存在呢？如果存在，他们对于家族内部关系的调节有什么作用？这些家族文化在新生代的土生华人身上又曾受到多大影响？土生华人与祖籍国的态度和关系如何？产生的原因是什么？是不是商品经济高度发达的社会其家族文化和道德都受到影响？经济与家族文化间的关系如何？以上问题正是本书的研究内容和范围。

（三）研究时限的说明

厦门大学南洋研究院庄国土教授认为："中华人民共和国成立后

至 70 年代后期，大规模的中国海外移民活动基本停止，持续 300 余年的中国人移民东南亚大潮中断。"① 改革开放后，移民活动重新恢复。新中国成立后到改革开放初移民活动停止似已成公论。而本书考察的对象，其家族移民自新中国成立初起至 20 世纪 80 年代完成，填补了学者认为的时间空缺。尽管国内政策比较紧张，但是，闽南人还在继续进行移民活动。只是从直线变成曲线，从地上转到地下。在特殊情况下的移民人群，自然形成不同的人文特征，在不同的人文特征下具有不同的活动特点。

从家族角度来说，新中国成立后，因在"土地改革"中没收和征收了族田，消灭了家族制度的物质基础，把家族制度当作封建制度的构成部分一起被消灭。"文化大革命"期间，祠堂和家庙又被当作封建糟粕而被破坏。然而，当前闽南地区宗族意识很浓，而海外族人对国内宗族又起了什么样的作用，通过这一时段的研究，可以很清晰地反映这一脉络。所选取的时间段，正是新中国成立以来 60 多年间，宗族（家族）所发生的变迁，从中可以更清晰地看出这段时期政策的变化。

三 本书学术价值和社会意义

（一）学术价值

1. 家族文化具有强大的融合功能

家族是中国社会存在的基础，它之所以具有很强的适应力、生命力完全基于其家族内部的凝聚力，而这种凝聚力来自对血统的认同和祖宗的信仰。家族观念是小团体主义文化，可是，它作为中国文化特色，又使人们因为家族观念而对中国文化认同，从而使中国文化对国人产生极大的吸引力，产生爱国主义思想。② 家族文化可以使人们从爱家人到爱族人、乡人、国人，从而具有很强的融合能力。

2. 从移民史看，戴氏家族的发展史是一部中华民族迁徙史中的一个缩影

戴氏家族从中原地区来到东南沿海，再从中国东南沿海迁徙到海

---

① 庄国土：《论中国人移民东南亚的四次大潮》，《南洋问题研究》2008 年第 1 期。
② 冯尔康：《中国宗族史》，上海人民出版社 2009 年版，第 33 页。

外。通过本书可以了解中国移民家族在海外生存的状态，进一步了解华人家族在海外社会生活中顽强的生命力和竞争力。

3. 从经贸关系看，戴氏家族的经济活动可以体现东南沿海地区华人经贸网络的存在

通过一个家族成员在中国、菲律宾两国之间的生活变动，了解国与国间的关系，把国家关系的变化通过一个家族的变迁来体现。戴氏家族移民的动因是经济，通过他们的生存方式、活动范围从而形成一定的活动空间，即沿海地区经贸互动的形成便由此而来。

4. 从乡村角度看，戴氏家族的移民是一部闽南乡村的变迁史

本书的家族生活在闽南的一个乡村，他们的活动与乡村的变化紧密相连。新中国成立以来，中国政府对中国农村的管理及政策的变化直接影响到乡村、农民的命运。为了改变个人命运，他们走出了乡村；在异国他乡取得经济成就后，在中国政府许可下回来参与家乡建设，改变家乡面貌。从一个海外家族的角度重新审视中国农村的社会生活、中国农村的政策变化等问题。

（二）社会意义

1. 宣扬家族文化，促进家庭和谐

新中国成立以来，中国传统的家族文化受到破坏。尤其是近些年来，中国传统家庭道德败坏、新的道德体系又未曾建立起来，从而导致了一系列家庭问题。在当前中国，金钱关系浸透于家庭成员之间，家庭的温馨大为减少，家族内部关系变得淡漠。随着未来社会经济的高度发展，家庭关系还将会发生怎样的变化？成员间的感情协调又将走向如何？是不是商品经济的发展必将导致家庭道德的败坏？通过移民海外家族研究发现，国人丢失的一些中国传统家族文化却在海外华人家族里继续存在。在高度发达的商品经济社会，他们却还固守着中国传统的家族文化和道德。通过海外移民家族研究可以认识到：在未来商品经济进一步发展的中国，我们很有必要重建家族文化，确定家族道德标准，为构建未来文明和谐的家族生活奠定理论基础。通过家族的研究，可以宣扬中国传统家族文化，更新国人对"家"的认识，确立一种新的"家庭"（家族）道德标准和伦理规范，为社会的稳定

提供基础保证。

2. 为政府制定侨务政策提供一定借鉴和依据

一个有海外移民活动的家族在不同时代和政策里生存，可以看出中国的侨务政策导向。在了解到海外家族成员社会生活的变化后，政府或相关部门在制定对华人华侨政策时可做相应的调整。大使馆对当地的华人华侨可以根据具体的情况制定一些方针政策及措施，以对症下药，解决实际问题，如新侨与老侨的冲突、海外华人实际需求等。大使馆可以通过社团了解并掌握海外华人动态，政府对华人社会的引资、引智，两岸关系对华人社会的冲击等，这些都关系到海外华人社会的生存和发展、中外关系的稳定及中国自身的发展战略。

3. 对中国对外贸易网络的建立提供参考

通过对华人家族企业特点的研究，可以为中国制定对外贸易政策提供一定信息；对吸引外资、吸引华人，加强中华传统文化的"软实力"更具有长远性。然而，必须意识到，"软实力"需要借助并立足经济"硬实力"来支撑。

第二节　学术史回顾

本书涉及"家族"和"华人华侨"两个经、纬度，现就以这两条线，以及两者结合分别进行回顾。

一　新中国成立后对"宗族""家族"研究概况

中国宗族史研究古已有之，运用近代方法则从 20 世纪 20 年代起，三四十年代曾一度势头良好，新中国成立后对于宗族研究曾一度停止，80 年代之后，又逐渐兴起，至 90 年代则呈生机勃勃之势。90 年代之前，倾向于大"宗族"研究。进入 90 年代之后，宗族研究有了细化，如有"家族"之分说，但此家族在概念上还是可以与宗族相承嗣，有相通之处，许多学者把"家族"与"宗族"作为同一代名词使用。进入 21 世纪之后，宗族研究进入繁荣期，各类论著"井喷式"呈现在世人面前。研究方法上，也从单一的历史学方法向多学科、多角度方法转变；地域上，全国各个地域多有涉及，西北地区和东北地区研究相对较少，研究主要集中于汉族地区。

到了21世纪，又对家族研究进行了细化，家族的使用比较灵活，有时表示"宗族"之义，而有时则只表示家庭之意义。下面就针对已出版或发表的文章做一简单回顾。

（一）"家族""宗族"研究

从宗族角度来说，20世纪90年代以来，中国对宗族的研究硕果累累①，但从专著来看，形成这么一个趋势：先从宗族通史来入手，然后再作宗族细分，如具体的某一姓氏、某一地域深入研究该地域、该姓氏的变迁，但所取时间段都以清朝前期为主。从地域来看，宗族研究多以中原、江南地区为最，近年来也出现了少数民族、边陲省份宗族的研究，如白族。对福建家族的研究专著不多②，即使有，时间也以民国以前为主。期刊对宗族研究则呈多样化，但主要向近当代聚拢，研究内容从家族与政治、宗教、地方管理等多功能、多角度入手，但有明显的地域性，以华东地区为多。研究方法多以历史学为主。

从家族角度来说，对家族的研究，重点放在名门望族，多倾向于政治、文学"明星"类人物，如曾国藩、李鸿章、袁世凯、蒋介石等名人，对于家族（具有宗族之义）的研究则多倾向于古代。随着研究的深入和扩展，近代以来的研究也逐渐增多。进入21世纪后，对于财经家族的研究也逐渐多了起来，但还是以财团、巨头为代表，如近代荣氏、席氏等企业家，而当代则专门从家族企业角度进行研究，多是从企业管理、制度等方面入手。

（二）对移民家族的研究

对于移民史的研究专著不多，其中，20世纪90年代出版了两部：

---

① 参见冯尔康《中国宗族史》，上海人民出版社2009年版，里面列举了一些已出版的宗族类书目。

② 陈支平：《福建族谱》，福建人民出版社1996年版；郑振满：《明清福建家族组织与社会变迁》，湖南教育出版社1992年版；郭志超、林瑶棋主编：《闽南宗族社会》，福建人民出版社2008年版；陈启钟：《明清闽南宗族意识的建构与强化》，厦门大学出版社2009年版；苏黎明：《泉州家族文化》，中国言实出版社2000年版。

《中国移民史》是中国移民通史;① 另一部专门研究海外移民的专著
《中国的海外移民:一项国际迁移的历史研究》②,全面、系统地论述
了中国海外移民史,时间跨度从秦汉至民国时期,内容包括移民原
因、规模、流向和分布,以及由此所带来的社会、政治、经济、文
化、人口等方面的影响。其他期刊类文章多研究中国台湾,以及国内
地域的移民,都是通史研究,研究时间段以古代为主。近年来,对当代
的三峡移民研究有很多,说明当前学者很有时事意识。移民多以区域性
为研究对象。对于海外移民,则大多归入华人华侨此项研究内容。

进入 21 世纪后,有陈良学的《明清川陕大移民》研究地区移民,
内容涉及当时移民的家族化。③ 从期刊来看,研究移民家族的也不多。
但近年来,也有学者开始涉及,如从东北地区的家族制度变迁看移民
文化,因为移民而引起家族制度的变化。④ 有学者也从明清时期地方
新秩序建立角度来探讨移民家族地位的方式,他们通过科举手段提升
家族社会地位,从而获取社会资源来奠定家族的地方势力,并通过祭
祖、修祠等手段加以巩固并成为当地望族。⑤

二 对近十年来东南亚华人华侨研究回顾

华人华侨的研究自改革开放后兴起,并取得了丰硕成果,内容涉
及方方面面,但以政治、经济、文化、社团、华文教育为主,在地域
上以东南亚华人华侨为热点。

(一)研究总特点

对于华人华侨研究的动态,厦门大学东南亚研究中心不定期地对
东南亚研究相关书目和论文做汇总整理⑥,为研究者提供很大便利。

---

① 葛剑雄:《中国移民史》,福建人民出版社 1997 年版。
② 朱国宏:《中国的海外移民:一项国际迁移的历史研究》,复旦大学出版社 1994 年版。
③ 陈良学:《明清川陕大移民》,中国文联出版社 2009 年版。
④ 李晓玲:《东北地区家族制度变迁及其对家族成员关系的影响》,《社会科学战线》2007 年第 2 期。
⑤ 程皓:《移民家族的崛起与明清时期地方新秩序的构建——以山东掖县旧方志和族谱为考察中心》,《齐鲁师范学院学报》2012 年第 6 期。
⑥ 张长虹、张大勇、姚晓静:《东南亚研究中文书目》;徐斌:《东南亚与华侨华人研究论文索引》(2001—2005、2006—2010),厦门大学出版社 2001—2010 年版。

对于国内研究华人华侨的研究，也有学者从书目、论文及所引论文的角度进行过这一课题研究的梳理。① 前人研究的内容可作大致归纳，东南亚研究较为成熟，学者从不同国别、不同角度学科和方法上开展了研究，可谓异彩纷呈。从国别看，已经出版了一些关于菲律宾的通史。② 随着研究的深入，学者从各方面、各角度来展开调查研究，如侨乡与海外关系、社团的发展和趋势等。在研究中，逐渐体现了其研究的时代性，如对社团的研究，主要以社团的当地化和全球化为核心，克服传统社团的局限。对华人华侨的观念也有了一定的共识，即已经在一定程度上融合于当地；对于华人意识，不仅从血缘，还从一定文化意识上加以区别。华人经济是研究的又一热点，但都是对研究做总体分析，个案选择青睐于集团企业，易使读者陷入东南亚企业多以集团为主的误区。对于华人家族研究较少，一般只选取华人企业家，从家族企业角度入手来研究，未曾从移民角度考察家族内部变迁。

族群关系的研究有：《漂泊与根植——当代东南亚华人族群关系研究》，从族群关系角度重新审视了所谓东南亚华人问题。③《菲律宾社会生活中的华人（1935—1965）——从族际关系的角度所做的探索》④（任娜）一书选择这一角度考察华侨华人作为移民在菲律宾的适应过程，着眼于东南亚华人族群关系的历史与现状，既显示对以往东南亚国家"排华"问题和东南亚华人认同问题研究思路的延续和继

---

① 徐云：《从引文分析看大陆华侨华人研究：基于 CSSCI（1998—2005）的研究》，《华侨华人历史研究》2007 年第 1 期；庄国土：《回顾与展望：中国大陆华侨华人研究述评》，《世界民族》2009 年第 1 期；徐云：《再从引文分析看大陆华侨华人研究——以 1999—2008 年〈华侨华人历史研究〉载文为例》，《华侨华人历史研究》2010 年第 2 期；邓三鸿、许鑫：《近 10 年国内华人华侨研究状况——基于 CSSCI 的分析》，《东岳论丛》2011 年第 11 期。

② 庄国土、陈华岳等：《菲律宾华人通史》，厦门大学出版社 2012 年版；金应熙：《菲律宾史》，河南大学出版社 1990 年版；黄滋生、何思兵：《菲律宾华侨史》，广东教育出版社 1988 年版；梁英明、梁志明、周南京、赵敏：《近现代东南亚（1511—1992）》，北京大学出版社 1994 年版。

③ 曾少聪：《漂泊与根植——当代东南亚华人族群关系研究》，中国社会科学出版社 2004 年版。

④ 任娜：《菲律宾社会生活中的华人（1935—1965）——从族际关系的角度所作的探索》，贵州人民出版社 2004 年版。

承，又反映出中国大陆学者试图超越这两方面研究的有益探索。

　　总的来说，当前学者的研究具有很强的时代性，随着中国经济实力的增强，中国新移民网络的扩展，华人华侨研究的范围也在扩展，在语言上，学者在中文的使用上也更为便利，这为学者收集第一手移民资料奠定了有利的基础。再加上当前学者的学术素养来自不同学科，在研究上，也体现在多学科、多方法的使用上更为灵活；在知识上具有宏观视野，这都为当前学者开展更深入的研究提供了良好的学术基础（见表1－1）。但是，当前的研究也存在不足之处。

表1－1　　　　　　　　　21世纪以来家族研究主要书目

序号	作者	书名	出版年份	出版社
1	肖唐镖	当前我国农村宗族势力与村级自治问题研究	2000	中国社会科学出版社
2	〔英〕莫里斯·弗里德曼	中国东南的宗族组织	2000	上海人民出版社
3	曹锦清等	当代浙北乡村的社会文化变迁	2001	上海远东出版社
4	陶晋生	北宋士族：家族、婚姻、生活	2001	中研院历史语言研究所
5	王铁	中国东南的宗族与宗谱	2002	汉语词语出版社
6	赵沛	两汉宗族研究	2002	山东大学出版社
7	周大鸣等	当代华南的宗族与社会	2003	黑龙江人民出版社
8	刘黎明	祠堂·灵牌·家谱：中国传统血缘亲族习俗	2003	四川人民出版社
9	王甫昌	当代台湾社会的族群想象	2003	群学出版有限公司
10	庄孔韶	时空穿行：中国乡村人类学世纪回访	2004	中国人民大学出版社
11	石奕龙、郭志超主编	文化理论与族群研究	2004	黄山书社
12	林济	长江流域的宗族与宗族生活	2004	湖北教育出版社

序号	作者	书名	出版年份	出版社
13	赵华富	徽州宗族研究	2004	安徽大学出版社
14	常建华	明代宗族研究	2005	上海人民出版社
15	周云芳编	怎样处理好宗族关系	2005	中国社会出版社
16	〔美〕贾志扬	天潢贵胄：宋代宗室史	2005	江苏人民出版社
17	〔法〕劳格文	客家传统社会（下编）	2005	中华书局
18	李卿	秦汉魏晋南北朝家族、宗族关系研究	2005	上海人民出版社
19	冯尔康	18世纪以来中国家族的现代转向	2005	上海人民出版社
20	金立民等编	徽州大姓	2005	安徽大学出版社
21	唐燮军	六朝吴兴沈氏及其宗族文化研究	2006	文津出版社有限公司
22	杨建华主编	经验中国：以浙江七村为个案（第四编）	2006	社会科学文献出版社
23	朱炳祥	村民自治与宗族关系研究	2007	武汉大学出版社
24	郭志超、林瑶棋主编	闽南宗族社会	2008	福建人民出版社
25	程维荣	中国近代宗族制度	2008	学林出版社
26	郑锐达	移民、户籍与宗族：清代至民国期间江西袁州府地区研究	2009	生活·读书·新知三联书店
27	冯尔康	中国宗族史	2009	上海人民出版社
28	陈启钟	明清闽南宗族意识的建构与强化	2009	厦门大学出版社
29	钱杭	中国宗族史研究入门	2009	复旦大学出版社
30	肖唐镖主编	农村宗族与地方治理报告：跨学科的研究与对话	2010	学林出版社
31	钱杭	宗族的传统建构与现代转型	2011	上海人民出版社
32	钱杭	宗族的世系学研究	2011	复旦大学出版社

序号	作者	书名	出版年份	出版社
33	冯尔康	中国宗族制度与谱牒编纂	2011	天津古籍出版社
以下关键词为"家族"				
1	李卓主编	家族文化与传统文化：中日比较研究	2000	天津人民出版社
2	苏黎明	泉州家族文化	2000	中国言实出版社
3	吴仁安	明清江南望族与社会经济文化	2001	上海人民出版社
4	朱西甯	华太平家传	2002	联合文学出版社有限公司
5	瞿州莲	一个家族的时空域：对瞿氏宗族的个例分析	2002	贵州民族出版社
6	侯玉杰等	滨州杜氏家族研究	2003	齐鲁书社
7	张杰	清代科举家族	2003	社会科学文献出版社
8	马学强	江南望族：洞庭席氏家族人物传	2004	上海社会科学院出版社
9	李卓	中日家族制度比较研究	2004	人民出版社
10	汤江浩	北宋临川王氏家族及文学考论：以王安石为中心	2005	人民文学出版社
11	阎爱民	汉晋家族研究	2005	上海人民出版社
12	冯尔康	18世纪以来中国家族的现代转向	2005	上海人民出版社
13	黄宽重等编	家族与社会	2005	中国大百科全书出版社
14	王力平	中古杜氏家族的变迁	2006	商务印书馆
15	黄宽重	宋代的家族与社会	2006	东大图书股份有限公司
16	王积超	人口流动与白族家族文化变迁	2006	民族出版社
17	张剑	宋代家族与文学研究	2009	中国社会科学出版社
18	沈如泉	传统与个人才能：南宋鄱阳洪氏家学与文学	2009	巴蜀书社
19	周淑舫	东山再起：六朝绍兴谢氏家族史研究	2009	浙江大学出版社

续表

序号	作者	书名	出版年份	出版社
20	马子商、李旭	茶马古道上的传奇家族：百年滇商口述史	2009	中华书局
21	赖惠敏	清代的皇权与世家	2010	北京大学出版社
22	裘士雄编著	三味书屋与寿氏家族/寿永明	2010	浙江大学出版社
23	［美］陈元珍	民国外交强人陈友仁：一个家族的传奇	2010	生活·读书·新知三联书店
24	徐茂明等	明清以来苏州文化世族与社会变迁	2011	中国社会科学出版社
25	［美］伊沛霞著，范兆飞译	早期中华帝国的贵族家庭：博陵崔氏个案研究	2011	上海古籍出版社
26	黄汉昌	李鸿章家族百年纵横	2011	崇文书局
27	吕立勤、康岱沙	家族与往事	2011	世界知识出版社
28	徐茂明	明清以来苏州文化世族与社会变迁	2011	中国社会科学出版社
29	王玉海等	江南文化世家研究：以无锡秦氏和昆山徐氏为例	2011	知识产权出版社
30	苏黎明	家族缘：闽南与台湾	2011	厦门大学出版社
31	唐燮军、孙旭红	两宋四明楼氏的盛衰沉浮及其家族文化：基于《楼钥集》的考察	2012	浙江大学出版社
32	朱丽霞	明代江南家族与文学：以上海顾、陆家族为个案	2012	河南人民出版社
33	周岩	民国第一家庭：袁世凯家族	2012	文化艺术出版社
34	阎爱民	凑聚之道：古代的家族与社会群体	2012	天津古籍出版社
35	郑丹辉、檀宏斌、李新春	粤商创业：家族的力量	2013	社会科学文献出版社
36	刘红	蒋家三代人	2013	华文出版社

续表

序号	作者	书名	出版年份	出版社
37	田欣	宋代商人家庭	2013	社会科学文献出版社
38	文昊编	民国的资本家族	2013	中国文史出版社
39	陈良学	明清川陕大移民	2009	中国文联出版社
以下关键词为"家族企业"				
1	王海岳	中国家族企业继任研究：新资本理论视角	2012	清华大学出版社
2	周立新	中国家族企业社会责任的经验研究：基于家族涉入视角的分析	2012	西南财经大学出版社
3	李德军	家族企业持续发展的理论和实证研究	2011	华中师范大学出版社
4	谢宏	家族治理与家族企业治理模式发展研究：关系契约与企业规则融合的困境与出路	2011	浙江大学出版社
5	陈凌、李新春、储小平	中国家族企业的社会角色：过去、现在和未来	2011	浙江大学出版社
6	甘德安	家族企业复杂性理论深化研究	2011	经济科学出版社
7	王颖	近代家族性联号企业：一种非企业集团的中间性组织	2011	复旦大学出版社
8	贾生华、窦军生、王晓婷	家族企业代际传承研究：基于过程观的视角	2010	科学出版社
9	庄培章	华人家族企业的制度变迁	2007	社会科学文献出版社
10	王彦	家族企业代理问题研究	2007	中国社会科学出版社
11	程书强	中国家族企业成长中的控制权转移研究	2006	经济科学出版社

续表

序号	作者	书名	出版年份	出版社
12	王连娟	家族企业传承潜规则	2006	中国人民大学出版社
13	周坤	家族企业治理	2006	北京大学出版社
14	李洪伟、高化文主编	家族式企业管理	2006	科学技术文献出版社
15	苏启林	家族企业	2005	经济科学出版社
16	宋红超编	点击家族企业：发掘治理问题根源探寻家族企业长治久安的必由之路	2005	东方出版社
17	应焕红	家族企业制度创新	2005	社会科学文献出版社
18	［美］埃德温·A. 胡佛、［美］科利特·L. 胡佛	关系商：家族企业经营的迷思	2004	上海译文出版社
19	谢宏	家族治理与家族企业治理模式发展研究：关系契约与企业规则融合的困境与出路	2011	浙江大学出版社

（二）研究不足之处

从研究方法来看，众多学者的评论和总结有个共论："同一水平上的重复研究比较多，创新性的成果比较少；普及介绍偏多，重点研究较少；现象描述偏多，理论概括较少；定性研究比较多，定量（评价）研究少；零散研究比较多，系统研究比较少"①，以及研究不够深入，急功近利、低水平重复现象严重。② 就近年来华侨华人研究的热点"移民"和"华资企业"的研究而言，由于能利用的文献和统

---

① 徐云：《从引文分析看大陆华侨华人研究：基于 CSSCI（1998—2005）的研究》，《华侨华人历史研究》2007 年第 1 期。

② 邓三鸿、许鑫：《近 10 年国内华人华侨研究状况——基于 CSSCI 的分析》，《东岳论丛》2011 年第 11 期。

计数据有限，要想获得第一手资料，在很大程度上依赖于在移民输出地和输入地的调查以及对华资企业内部股权结构、经营管理、资金运作和营销网络的调查。但是，由于大规模田野调查须投入大量人力、物力和时间，鲜有学者有能力和耐心为之。①

从研究内容来看，存在如庄国土教授所说的"跟风"现象："在国家'以经济建设为中心'的导向下，关于华商和华人经济状况的研究最为泛滥。1997 年东南亚金融风暴后，几年内关于'华商与东南亚金融风暴'的论文及相关著作竟达数百种，造成研究资源的极大浪费"②，且以经济人物尤其是企业集团为主要对象。

三 华人华侨家族研究

尽管海外移民以家族为单位的移民特点被公认，故而学界对海外宗亲有所研究，也有人对海外华人的家庭生活做了研究，但对于整个移民家族的变迁却未有研究，在学界还是空白。

本书从家族角度对创业、经贸、企业管理以及社会活动、家庭内部关系等方面做一全面系统的研究。

第三节 本书结构与研究方法

一 本书结构

（一）本书结构设计说明

本书采取夹叙夹议的方式，总体上呈条块结构形式。

条，以时间为主线，在此主线上体现戴天惜家族的"变迁"（第二章至第四章）。家族的变迁是一种动态性的变化，本书结构的安排正是试图以动态方式来解读其家族变迁的原因。把一个家族的变迁置于两国（中国、菲律宾）、三地（中国大陆、中国台湾和菲律宾马尼

---

① 庄国土：《回顾与展望：中国大陆华侨华人研究述评》，《世界民族》2009 年第 1 期。

② 同上。

拉）环境下，由于两国三地政策不同、经济因素变动会引起其家族成员内部的变动和分化，家族与国家、地区的命运紧紧地联系在一起。通过个案解读，能更清晰地体会这种变动中所表现出的不同时代的气息，这便是本书动态设计的初衷。

块，以横向专题方式，从不同角度来研究戴天惜家族的活动（第五章至第八章）。在取得经济成就后，他们以参与社会活动方面作为专题进行研究，每个专题作为一章节，如捐资办学、回乡投资、社团活动、家庭生活等内容，即从横向来研究家族的活动。

本书试图通过条块方式来全面解读一个家族的社会生活，从而能客观地了解当代海外移民活动以及国家、地区与家族、个人的命运关系。

（二）本书各章内容解读

第一章主要对几个概念问题，研究对象选择的理由、意义，以及本书结构和研究方法等方面进行解说。

第二章从闽南乡村角度来看移民的动力和传统，如家族的渊源和地理对乡村的影响，以及新中国成立后在政治、经济等方面发生的急剧变化对族人的生活影响，然后通过戴天惜族人对当时的中国与菲律宾生活环境进行对比，把他们的社会生活置于国际背景之下来解读。这种解读更能体现出复杂的国际环境，如国共纷争对海外华人的不良影响、新中国在经济建设道路上的摸索等对当时乡村移民动机产生的影响。

第三章通过中菲两国的环境对比来考察移民的行为和动机。1965—1986 年，菲律宾正是马科斯总统统治时期，统治前期政权相对稳定；而此时中国却正处于"文化大革命"的动荡中，一动一静两个不同的国家环境，导致了两种不同的经济发展方向。本章就从这种时代背景下考察移民的行为选择，移民从其个人的生存和发展的目的来选择其行为，足见国家政策直接影响了民众对生活和未来的选择。同样，身上也带着祖籍国的时代和乡土印迹的跨国移民，在赴菲律宾后与老华侨之间产生了"冲突"，而他们的冲突与融合的过程为了解当前新老华侨的矛盾和冲突提供了一定的借鉴。

　　第四章主要考察跨国移民在菲律宾家族"合流"后的事业"分流"。20世纪80年代末期，东南亚地区迎来了经济发展的黄金时期，跨国移民利用经济发展的有利条件，专心做好自己的实业，其中以"摩托车行业"为核心代表。随着中国摩托车行业的发展，中菲贸易交往频繁，戴天惜家族与中国的联系也密切起来。与此同时，随着企业的发展，他们内部也进行了第二次分流，在分流过程中又形成了围绕核心家族企业中心的诸多企业形成的"企业群"，而这种现象是以前学者所未曾注意到的。

　　第五章考察跨国移民在海外取得经济成功返乡后的慈善行为及对乡村建设的影响。海外华人在海外取得经济成功后有荣归故里回乡捐赠的传统与习惯。而这种传统在中国改革开放后，政府利用这种传统，引导华人华侨积极参与乡村建设的行为。在政府疏于乡村管理时，以戴天惜家族为代表的旅居海外的戴氏族人展开了一系列的乡村建设活动，为进入21世纪后以政府为主导打造"美丽乡村"奠定了基础。

　　第六章主要考察闽南乡村对教育重视的传统与习惯，以及跨国移民返乡后乐于捐资办学的传统。本章既考察了跨国移民热衷于教育的根源，又从管理角度考察了当前跨国移民在国内教育管理的新理念及其管理的特点。本章主要对当代华人华侨在幼儿、中学、高等教育体系的管理做深入考察。这既体现了戴氏宗族重教的传统，同样又从他们作为投资者的角度来考察其企业管理的特点，无论是从横向（当前他们所投资的企业）和纵向（以往办教育的特点）都可做一对比，可窥见海外移民的行为特点。

　　第七章主要论述跨国移民的社会需求与交往。海外华人生活在自成"村落"的社会里，在满足了经济基本需求后，他们要实现社会交往需求，社团正是满足这种需求的产物。本书以"宗亲会""南安公会""菲华各界联合会"三个社团为例来说明戴氏族人从村（乡）—县—国，这三层递进关系的认同，而这正反映了20世纪六七十年代那批旅菲华人的"华人意识"或"政治认同"。通过对戴天惜家族对华人社团的参与，从另一方面反映了经济界精英人士在社团管理方面的能力，以及海外华人的团队与合作精神。

第八章从生活和教育等方面考察跨国移民的家庭关系，并针对其产生的现象和原因提出了只有中国实力增强，才能使更多土生华人产生归属感和祖籍荣誉感。中国在发展经济的同时，还需要有意识地释放软实力（文化因素）对世界加以影响。

20世纪90年代后，闽南地区又兴起了一波新跨国移民，第九章分别从移民的背景、现状以及移民的特点对前一波家族移民做一对比，以体现移民活动的承继性。

第十章是结论。

二　本书研究方法与资料获取方式

（一）研究方法

1. 历史学

本书采用历史学的辩证方法，客观合理地来看待历史问题。采用原始资料和档案资料结合，并采用一定数据分析来说明存在的现象。

2. 人类学

本书大量运用人类学的田野调查方法，由于诸多是属于当事人的事情，故采用访谈方式得到第一手资料。所获取的第一手资料并从多方得到印证。

3. 管理学与经济学方法相融合

本书涉及的企业管理等方面的内容必须运用管理学与经济学的相关知识来进行阐述说明问题，揭示现象内部的本质问题。

4. 社会学与历史学相结合

由于本书内容包含社会学知识，故运用社会学知识来分析其家族内部的情况。

5. 统计学的方法

数据有时能清晰地反映一个事物发生的数量上的变化，故通过统计分析来说明内在的问题，这也是经济史研究经常所采用的分析手段与方法。

（二）研究手段

1. 宏观视野与微观分析相结合

任一事件的发生总是有其特殊的历史背景，经济政策的制定所导致的结果也只能在特定的历史时期来进行特定的分析。为了能清晰地了解戴天惜家族求生存、谋发展的动机，就应详细地了解当时的政治、经济与文化的态势；把问题置于国际背景、地区环境和时代因素下来进行解读，从而使论证更客观、更合理。更因本书是采用个案研究方法，通过个体说明其共性的问题，故采用宏观视野与微观分析相结合的方式。

2. 文献考证与实地考察相结合

由于本书的研究对象是当代，因此，在资料获取上需要对当事人或相关人员进行访谈，对于访谈的资料又需要其他途径或方式来保证资料的真实性。故笔者通过当时的报纸、其他相关事件的论证、实地调查，以及对其他人员的访谈信息来印证等，来对资料进行有意识的筛选和甄别，以保证资料的真实性和可取性。

3. 区域研究与区域互动相结合

研究戴天惜家族的主要目的是以点带面地研究新华侨的变迁，新华侨与侨乡、与居住地、母国等的关系，本书既考察了菲律宾的社会状况，同时，也研究了中菲间的互动关系，这就是区域研究与区域互动间的关系。

第二章　新中国成立前后的戴氏家族

中国自古就有聚族而居的传统，经过一代代人的努力，在族内形成具有地方特色的家族文化和传统。然而，由于闽南地区地理等因素的影响，聚族而居的特点决定了宗族内部族人要移民的必然性。闽南地区的移民，往往以家族为单位。那么，促使家族移民的必然因素是什么？家族文化与家族移民有何必然联系？

第一节　新中国成立前的闽南乡村与戴氏家族

一　诗山戴氏渊源

福建省南安市西北部有座高盖山，是戴云山脉的东北部延伸段，其主峰高盖山海拔1128米，因其山高峡深、树木浓郁而倍显风景之秀丽、身姿之婀娜，又因韵味悠长的盘延古道、雕琢精细的神秘石窟而享名在外。唐贞元八年（792），在境内高盖山结庐攻读的欧阳詹高中进士，喜登龙虎榜，"开八闽文风之先"，被任为四门博士。因欧阳詹博士诗名远播，著作颇丰，文人雅士缅怀欧阳纷纷登临于此，争相吟诵凭吊，留下遍地墨迹和琅琅诗声。南宋理学家朱熹慕名而至，瞻仰欧阳读书处留下的众多诗词佳作，由衷感叹："真乃诗山也！"于是"山头城"遂更名为"诗山"。

在高盖山南面诗邨正中，方圆约六平方千米，山环水绕，形如圆盘，古称"大庭一块碟"①，戴氏村落在这块圆碟上聚族而居着。因

---

① 南安大庭戴氏宗亲会刊：《大庭戴氏·大庭乡地理概况》，2012年12月，第34页。

在诗山山麓，诗山凤山寺的广泽尊王六太子被分封在此护佑此地，故乡民以此为豪。在唐末，戴姓始祖择居于此，繁衍生息，自明清以来，该村逐渐以"戴"姓为主，成为戴姓乡村。

（一）起家

诗山戴氏是指聚居在高盖山脚下的锦坂（今大庭①、高盖村）戴姓家族。据其家谱而言，戴氏定居于此是在唐僖宗光启元年（885）。当时，因攻占寿州、光州而被朝廷任为光州刺史的王绪无法向当初推荐者秦宗权缴纳赋税而被下令讨伐，王绪率部南逃，逃到南安，部属王潮叛乱，杀死王绪。王潮自己率军攻占泉州，被表为泉州刺史。王潮在泉州、绥靖地方，整饬内部，精兵简政，遣散部分随军民夫，戴氏便在其列。离部后，戴氏先祖相中高盖山的秀丽、欧阳詹的美名，便在锦坂之处安家。经过几代人的耕种，锦坂才具有如今之规模：田畴广袤、水利设施完备的美丽乡村。自明代起，在满足物质生活后，戴氏族人逐渐重视文教。从其家谱中可见，南宋嘉泰二年（1202），九世戴梦申考中进士，出任广东番禺县判簿，开创了其族仕进之始。②在此期间，戴氏族人也四处搬迁，部分世系移居他地。留在原大庭一族则在明代后期，世系繁衍，名人辈出。自宋代后，大庭戴氏一族以承继欧阳詹为标榜。明代万历十三年（1585），第22世戴庭昭参加省试，以《欧阳詹考》一文博得考官的赏识而入取中式四十名。③十年后科举进士，先任车贺司员外郎，负责整理"黄册"，在整理过程中为俞大猷昭雪。后官至江西巡抚，因被同僚"挟私诬揭"而挂冠回乡。回乡后，他专门研究欧阳詹，留下了不少著作，在家谱里都有记载，并主持第三次修谱工作。到了清末，第31世戴凤仪（1850—1918），光绪壬午年（1882）科中式举人，主讲安溪崇文书院、崇德

───────────────

①　大庭，旧谱里皆写作"大廷"，现因村民作"庭"记，故本书也记作"大庭"。

②　《诗山戴氏谱志·概述·政制沿革》，1991—1993年第10次续修，第26册。

③　参见《诗山戴氏谱志·明赐进士出身通奉大夫江西布政使司布政使赞媺公列传》，1991—1993年第10次续修，第25册，第21页。另有一说，戴庭昭少年时，一次在高盖山上放牛，偶然间发现了欧阳詹祖母的墓，经府里推荐，入府读书，参见福建省南安县人民政府编《福建省南安县地名录》1981年10月。

书院、掌教丰州书院约二十年。"1894年晋京，以文笔遒秀为徐荫轩协撰赏识，选入内阁中书赏戴蓝翎。1898年，复入直纶阁中书省兼颐和园领事。1889年襄建南邑文庙不惮远行，1890年倡建诗山书院，1894年募建南邑节孝祠，于乡族则主持重建福山祖宇、襄建小宗，尤以修筑龙潭坝，縻金不恤，农耕受益，公私交济，口碑载道。民国初年，躬自总纂族谱。"① 后因避讳宣统（溥仪）而改名为戴希朱，"寓生平儒慕朱子志向以行世"。在其主持下，于1910年重修的家谱体例齐全，内有渊源、世系、列传、物产、地理，并详细记录了各次祭祖的时间及程序，这为中华人民共和国成立后宗族活动的复兴提供了资料。对于其族内名人列传的选择，足见其家族内对"贤"者的道德标准。从戴氏家谱可见，戴氏后人一直以欧阳詹为标榜，更以朱子思想为家训，严格要求和激励后人。

（二）家谱与家族文化

家谱是指一种以表谱形式，记载一个以血缘关系为主体的家族世系繁衍和重要人物事迹的特殊图书体裁。家族文化，是指以血缘关系和宗族关系为繁衍基因而产生的能够反映家族群体人文意识的一种社会性区域文化。它是血缘家族特有的文化现象，以血缘关系族人的价值观为核心，以承载这些价值观的活动形式和物质形态为载体，包括家族的思想观念、聚落环境、感情方式、审美情趣、族风村俗等带有文化色彩的各种内容。② 这种家族文化实质上是提倡和尊崇的价值观和道德标准。而这种价值和道德标准直接反映了优秀宗族或家族人物的入选，这就是据其标准而定。家谱推崇于宋代朱熹，他把自己一套理学全体现在其家谱的理论中，因此，儒学成为治家的核心思想，在戴氏家谱中也体现了这一思想。

1. 家族文化核心思想：忠、孝、节、廉

从戴氏发家史看，明代以来，在朱熹的影响下，家族文化一般都

---

① 《诗山戴氏谱志·清诰授奉政大夫赏戴蓝翎内阁中书敬斋公列传》，1991—1993年第10次续修，第25册，第81页。
② 徐国平：《诸葛亮后裔家族文化》，《东南文化》1997年第2期。

以儒家文化为核心，即忠、孝、礼、义、悌。忠、孝在家族中可以指同一概念，即忠于家族，孝顺长者，在家族中，长者一般也都是家族的主要管理者。在戴氏祠堂中有一句话："文物继四门而起巍科显官誉振瓯闽还期庭茁芝英才储柱础为忠为孝为节为廉为贤哲风范成第一等人。"（这是清代戴凤仪所题之词）忠、孝、节、廉成为戴氏家族文化的核心。忠，忠君爱国（从戴凤仪为宣统避讳而改名足见其"忠"君之思想）。孝，对父母长辈的尊敬。节，原指竹节，指结干间结实部分。按《史记·龟策列传》："竹，外有节理，中直空虚。"①气节、节操或操守；《荀子·王霸》有"士大夫莫不敬节死制"，指的是气节、节操，后来一般都是指"气节、节操、操守"之意。廉，原指（堂屋的）侧边②，《孟子》云，"廉，人之高行也"，用来形容人的品行，故后引申为正直、刚直。《论语·阳货》里有"古之矜也廉"，以及《后汉书·烈女传》有"廉者不受嗟来之食"。

从家谱的列传中对人物的选择上突出体现了这几点，如为人子女要孝顺父母，做人要有气节。如戴书铟，因孝顺父母而入列传，戴凤仪评其为"以公贫苦如斯，孝友之诚如斯，型子之化，义方之训又如斯，是能耐人所不能耐，为人所不为矣"。但里面讲得更多的则是"家族"大义，兄弟情谊。

2. 义——兄弟之"义"

从家谱列传里可以清晰地看出，戴氏族人对于兄弟之情"义"比较重视，而且里面有许多关于兄弟之情义之篇幅。明代戴氏先祖叫真与公，他英年早逝（36岁），留下三个未成人的孩子。他们的小叔叔真成公把他们抚养长大，并帮他们婚娶。三兄弟后人每次祭祖时都先祭其小叔祖真成公，再祭父祖真与公，以不忘叔祖的抚养之恩。③ 谱中记载人物传里有许多因父早逝，由其伯、叔抚养长大。久而久之，这在戴氏家族成了一个优良传统，兄友弟恭，对子侄提携照顾有加，

---

① （东汉）许慎：《说文解字》，九州出版社2006年版，第377页。
② 同上书，第751页。
③ 《诗山戴氏谱志·明处士真祥公列传》，1991—1993年修，第25册，第6页。

同时子侄要以感恩的心来铭记叔伯的照顾与提携，形成了一派以儒家伦理治家的理想和谐模式。

明代嘉靖年间，戴氏第 21 世戴端静（号广坡）者（戴庭诏之父），少时气宇轩昂，"性质敏捷，志气恢宏"。读书勤奋，"每挑灯夜读，达旦不休。下笔千言，有长江大河一泻千里之势"。嘉靖庚申年（1560），倭寇蹂躏诗山，村民逃到县城（今丰州）。而他二哥被倭寇所掠，危难之际，戴端静毅然只身携资前往敌营救兄。他先贿赂敌官，表示愿用自己换回兄弟。而他的诚心与兄弟之义感动了敌寇，兄弟两人双双被放回。从中可见戴端静其人重兄弟之情谊，为了兄弟之情而愿舍个人性命，大义大勇。①

康熙年间，戴九思为人正直，敢于直言。一日，他去高洋恰遇施琅的内舅石氏在收租，而收租还要别人送鸡等东西才收。平日众人都敢怒而不敢言。戴九思在路上遇路人在抱怨，他听了之后，为租户打抱不平，仗义执言，惹得石氏不忿，两人在争吵推搡过程中，致石氏死之。这样一来，惹下了天大的人命官司，要满门抄斩。时值李光地回乡探亲，经李光地与亲戚陈谦季等调停，判为流放塞外。其中一子诗侍担心其父身体不宜远行，于是代父行罪。其弟天枢，兄弟情深，不愿其兄孤身前往，也买通官府一同陪往。后遇大赦，两人回归。但在回归路上诗侍死于杭州，其弟天枢负兄骸归葬乡里。家谱云，因其兄弟情深义重，故这两兄弟的后人枝繁叶茂，而其他兄弟的后人都已"斩嗣"。② 其言外之意就是为人讲"义"将得后天眷顾，自是鼓励族人要有兄弟之"义"，对族（房）中的失怙子侄要多加照顾。

家谱记载的事例在其族人间广为传播。这一传播过程其实就是对家族道德标准进行有选择的取舍，在取舍中形成了道德标准和规范，从而形成了一种家族文化。而这种家族文化在褒奖过程中再一次进行强化与宣传，故对族人的影响深远。因此，这就形成了族中兄弟间手

---

① 《诗山戴氏谱志·广坡公列传》，1991—1993 年修（按旧谱），第 25 册，第 14 页。
② 《诗山戴氏谱志·国学生祖叔怀庭公暨其弟懿言公传》，1991—1993 年修，第 25 册，第 64—66 页。

足之情、对子侄的相互提携之义的传统模式。这种模式逐渐移植入思想中，形成了牢固的地方文化，对兄弟子侄的相携是一种义不容辞的责任。这也就能解说闽南地区为何特重"家族"之义，其文化根源也应在此。同样，也使其族人外出谋生形成携亲带友的一连串现象。

（三）宗族与乡村治理

中国古代号称中央集权，但权力一般只限于县级为止。县级以下乡镇一般实行乡里制度。春秋战国时期，由"里吏"管理，而里吏多由选举产生。那时的乡举里选制度，德高望重的长者由乡主持民主选举为低级官吏，并没有固定专人充当。到了秦朝，在县以下设置三老、啬夫、游徼等乡官，汉朝乡官的设置更为完备，规定在从仕多年而退休的官吏或儒生中选用。三老制主要反映了统治者浓厚的宗族和家族观念，也反映了宗族和家族乡里制度的渗透和影响。三老和老人既是乡里社会的长者，也是家族和家庭的长者，乡里制度规定由三老和老人掌教化，就是承认宗族、家族和家庭的长幼之别、上下之分，也就承认了宗族和家庭秩序在乡里制度中的合法地位。①

明朝，县级以下基层政权组织是乡和里，里之下为甲。里甲制度的创立始于明太祖洪武三年（1370），那时全国还没有统一，所以，只能在江南某些地方实行。到洪武十四年（1381）全国基本实现统一时，明太祖又下令在全国普遍实行里甲制度。此外，从洪武二十七年（1394）起，在乡村还设立一种里老（又称老人），选用年高、公正的老人担任。规定：凡民间的户籍、婚姻、屋宇田地以及打架斗殴等一般纠纷和诉讼概由里老会同里长受理排解，只有重大事件力许告官，不经过里老，遇事直接向县官申诉叫作"越诉"，是不允许的。②

清代，形成了特有的"保甲"与"里甲"相辅相成的双轨乡村管理。清代的保甲制度，是在县以下的城乡分为保、甲、牌三级组

---

① 赵秀玲：《中国乡里制度》，社会科学文献出版社2002年版，第180页。
② 张厚安、白益华主编：《中国农村基层建制的历史演变》，四川人民出版社1992年版，第66页。

织，即每十户编为一牌，设牌长（头）一人；十牌为一甲，设甲长一人；十甲为一保，设保长（正）一人。保、甲长由官府选用为人诚实、有一定文化水平和已成家的人担任。保甲作为基层组织，它的职责主要是维护社会治安、防止人民反抗。①

清顺治三年（1646），诏令各州县每三年（后改为五年）要编审户口一次，并且按照旧例编造黄册（户口簿册），以邻近的 110 户为一里，推举其中丁粮多的十户为里长户，轮流担任里长，它又名地保或地甲。其余的 100 户为十甲。

清朝里甲的职责如同明朝里甲一样，也是"轮年应役，催办银粮，勾摄公事"。遇到造黄册，就通知纳税户自报清单，甲长据以造册送里（或坊、厢），他们又将甲长所造文册攒总造一份送州县。因此，里甲制在清初实现赋役改革过程中，保证封建国家财政收入，在社会经济恢复和发展方面起了积极的作用。②

乡里组织领袖有时由宗族族长等人充任，而乡里制度的领导权也被宗族势力操纵和掌握。"一般说来，乡里贫苦百姓较难充当乡里组织领袖，而作为一族之长的族长最有可能成为乡里组织领袖。如果族长愿意，他们极有可能一身二任，既是族长又是乡里组织领袖，从而成为乡里社会权力的核心人物。另外，即使乡里组织领袖不是由族长担任，往往也受其控制，至少受宗族势力的影响。"③ 因此，乡村治理在一定程度上就成为本乡大族族长之管理，而政府往往都会颁发族正之类的证书，以明确其管理权限。

就以大庭为例，戴氏族长多次明确获得族正之称。"我诗山戴氏宗族从明朝中期起就日益繁盛。从那时起，代代都有先辈出任族长、族正、乡宾以宰社的。族正以下有各房房长、家长，组织系统可以说相当分明，清朝嘉庆年间，福山仁斋公便受到县上报抚台，颁给族正印，规定凡属诗山地区所有诉讼或上报的种种公文，缺盖这枚族正印，一概不予受理，可见族正等于基层的政权机构。这种以宗族为基础的政治制度一直延续到民国初年。"① 家谱里也曾记载了嘉庆年间族正戴广坡的事迹，他为争祖山而坐牢五年，邻村周姓被欺，刺史提醒周某找其解决。"永春周某，母坟迫近盛之才乡贤墓，遭其子孙挖尸，叠讼不休。永春刺史闻公望，命周某到家跪求，公极力调停，归尸于周。而周有姪翻控。刺史曰：戴君厚德，不可负也，事遂息。"② 足见当时族正在乡里的威望。

民国时期，由于战乱纷繁，"南北军队部属占据地盘，更迭统治。官府也卷入明争暗斗，形同虚设，也就无从委派乡宾、族长了。但乡里总有大大小小的事务需要处理，便由乡里老大和地方绅士出面掌管"。1925 年左右，时任福建华侨事务委员会主任旅菲侨领戴金华出面组织"大庭戴氏家族会"，处理护卫乡族公产与乡里内外是非大事，设办公牌祠堂厅。1934 年陈仪受命到福建整顿、治理，推行保甲制度，史称陈仪治闽。1935 年秋冬之际，大庭开始设立保甲、产生保甲长。规定十至二十户为一甲，十五户甲左右为一保。全乡分成大东、大西和大南三个保。大庭当时三个保，开始划归码头区公所管辖。这一行政区域一直延续至今，行政村仍隶属码头乡镇所管辖，保甲长的任务，无非协助征收税款和征集壮丁这两大硬任务，有时也附带筹措办学经费这项软任务，乡族的公产有的保甲长能左右，有的则无权过问。仍归熟悉内情的乡里老大把持，这种局面一直维持到 1949 年解放。③ 1940 年左右，菲律宾侨领戴金华侄子戴愧生回乡探亲，又一度成立"大庭戴氏家族自治会"，有抵制保甲制之意。因戴愧牛的返菲，自治会缺少实权人物，但其框架还在，主要处理村中事务。

在大庭戴氏观念里，以其族人名义治理乡村的概念深深地印在头脑里，故而在 20 世纪 90 年代继续掀起宗族"复古"风。

---

① 《诗山戴氏谱志·概述政制沿革》，1991—1993 年修，第 26 册。

② 《诗山戴氏族谱·诰赠奉政大夫恩赐修职郎叠举族正乡宝曾王父仁斋公列传》，1911 年编修，藏于福建省图书馆。

③ 《诗山戴氏谱志·概述政制沿革》，1991—1993 年修，第 26 册。

二 闽南地区的跨国移民——戴氏出洋传统

（一）出洋的地理因素

1. 地理位置

南安县位于福建东南沿海，地处晋江中游，东经 118°8′—118°36′，北纬 24°34′—25°18′。东接泉州市，西通安溪县，北连永春县，东北与仙游县接壤，东南与晋江县毗邻，西南与同安县交界，南部与大、小嶝岛及金门县隔海相望。全县面积 1965 平方千米。由于山多，溪涧纵横，地形较为复杂，有山地、丘陵、盆地、河谷平原及沿海滩地。山地面积 1369 平方千米，占 69.7%；水面面积 87 平方千米，占 4.4%；耕地面积 323 平方千米，占 16.4%；村庄道路 186 平方千米，占 9.5%。盆地大多分布在诗山、码头、金淘、梅山、康美、洪濑、英都、溪美等公社，丰州及南部沿海则多为平原和低山丘陵。这些河谷盆地和沿海平原，土壤肥沃，灌溉方便，人口稠密，为本县主要农业区。南部石井、水头两个公社滨海，海岸线长 30 多千米，多数为平直沙岸。经济以农为主，境内皆讲闽南话。[①] 闽南地区由于地少人多，又东临大海，故而闽南人具有务实、重商的海洋特点，而这些海洋文化特点，也使闽南成为海洋文化的发源地。

2. 大庭乡物产

大庭乡是诗山戴氏聚族中心，地处南安市郊北部与永春县接壤，四面山峦环抱，主峰高盖山巍峨南峙，碧溪萦绕如带，由西向东折北流向宫簪，出铜喉，绕码头，直下诗口，先收容大口渡流出的金淘溪流，而后与山美水库溢出的从永春桃溪经东关，入九都，洪流汇合于新篮水电站，再排泄东流，经芸美、洪濑、石砻，泱泱东去，成为晋江两大支流之一的东溪。[②] 东溪的上游段（以泉州草埔尾以上）称为诗溪，发源于永春龙阁岭。其中，诗溪绕大庭村外，宛如护村河，逶迤往北绕码头镇，奔泉州入晋江而去。码头在大庭的下游，诗山在溪水上侧，但诗溪不流经诗山。

---

① 福建省南安县人民政府编：《南安县地名录》，1981 年 10 月。
② 《诗山戴氏谱志·山川形胜》，1995 年重修，第 26 册。

戴氏聚居地大庭乡以农业为主，农业以水田种稻谷为主，一年分早晚两季，有些年份还利用冬闲田多种一季小麦或适合气候生长的杂粮及蔬菜，成为一年三熟。新中国成立前，有三种特产如乌豆、茶和橙色柿。据说橙色柿是从明代以来就种植，很有名，新中国成立后退出市场，成为历史。该乡的茶"气骨沉重，色味清香，较永春安溪为更胜"。① 可安溪的茶叶却远近闻名，由此可见，该乡对农业重视度不够。乌豆却久传不衰，海外的乡亲都慕名购买。而大庭的旱地（山地），由于含沙量过多或过少，只能种植豆类及杂粮，这些还是新中国成立后开垦出来的，新中国成立前都未曾开垦，成为荒地，杂草丛生。随着族人的繁衍，耕地有限，为了生存，戴氏族人也随之移民他乡。人多地少，也是移民的根本原因之一。

（二）戴氏出洋史

由于南安山多地少，故南安人自古就有出洋的传统。据记载："明洪武二十五年，南安人蔡伟崇移居琉球，成为琉球蔡氏始祖。明代永乐年间，郑和率船队下西洋时，曾到过泉州天妃宫行香，并在泉州地区招募水手、矿工、通事，南安沿海船民应者甚多。蓬华镇华美村的洪氏族谱记载，洪瑶庆于明朝正德十六年（1521）前往吕宋（今菲律宾），随后其兄长凉庆也去了吕宋，后来村中族人纷纷跟着去。石井镇《伍氏族谱》载称，明朝嘉靖癸丑年（1523）族人出洋，到了暹罗（今泰国）。明朝嘉靖年间，倭患长达半个世纪之久，其间，南安人为避逃害，大批前往南洋定居谋生，形成南安历史上第一次出国潮。"②

第二次出国潮在近代。当时国内战乱不断，水旱灾害频发，政治紊乱，经济破产，民不聊生，达到前所未有的地步。在国外，由于西方资本主义发展到帝国主义阶段，对殖民地投资的扩大和资源的掠夺正以极大的规模进行。他们对南洋矿业的开采、橡胶种植园的开辟，对中国劳动力的需求成倍增加，形成规模浩大的第二次移民潮，在这

---

① 《诗山戴氏谱志·物产》，1910年修，藏于福建图书馆。
② 南安市人民政府外事侨务办公室编：《南安侨情资料汇编·南安出洋史》，2009年。

个时期内移居南洋各群岛的南安人大约有 30 万人。[1]

南安是有名的侨乡，大庭更是著名的侨村，素有"侨眷旷户不旷宅"之说。由于地理、政治等原因，族人有易地发展的习惯。其大规模海外活动，最初应该是在康熙年间，郑成功驱逐荷兰人，把台湾当作反清的根据地，因此，在闽粤地区大量招引民工前往开发。"当权力集中在精英和谱系权威的手中的时候，宗族能够有效地将成员连接在一起，增强他们对抗邻居和国家的勇气。"[2] 正因如此，移民在族长带领下举族而迁，或者一个人先去探路，定居下来后，其宗族、亲戚接踵而来，在当地聚居，随着人口的繁衍，很快便形成人口集中地区。从其戴氏家谱中可见："廿五世的柱满英公、伯英公兄弟俱于十八世纪初的康熙年间就携子去到强渡北路新牌、携子外迁之前，其本人一定先行，认为那里更适宜生活，有发展前途，才返里携眷前往。""到廿八、廿九以下，便有好多同一房派成片迁台。"[3]

近代以来，南安人出洋目的地改为东南亚。"西欧资本主义列强英国、法国、西班牙、荷兰等国家占领东南亚之后，便着手开发当地资源、开通道路、建造码头等繁重劳动，除利用当地人之外，更多的是招募华工。而当地民族缺少一定的知识文化和眼光，而华人则赋有中国人特有的勤劳俭朴的民族传统，他们目的很明确，是为了改变生活境况而来此地，因此才渡'乌水'来到南洋的。他们特别能吃苦耐劳，而且刚毅不拔，更重视积蓄，加上有不少人还拥有一定的文化知识和经营才能，故能较快适应那里开发建设的需要，因此，华工深受西方殖民者的欢迎。第一次世界大战之前，只要买一张船票便可以出洋了。于是，处于生活窘迫但具有一定文化修养的中国东南沿海一带的华侨，便久旱逢甘霖般地渗透到当地的工商业活动，利用积蓄完成资本的原始积累后进行资本扩张，他们把经济活动领域扩大到手工业、工业、采矿等行业，进而组成金融机构。"[4] 而后代在前人基础上

---

[1] 南安市人民政府外事侨务办公室编：《南安侨情资料汇编·南安出洋史》，2009 年。
[2] 陈良学：《明清川陕大移民》，中国文联出版社 2009 年版，第 464 页。
[3] 《诗山戴氏谱志·华侨志》，1991—1993 年修，第 26 册，第 161 页。
[4] 同上。

一代接一代，形成庞大的移民网络。

从家谱来看，华人华侨具有声望者一般都是在晚清期间；从代系数来看，则以第 32 代、第 33 代为多。估计时间为 20 世纪上半期，按其家谱排系时间约为第一次世界大战后，如"卅十二世猷金，从小就勤奋好学，机敏过人，为生计所迫，少时便在堂亲梧桐帮助下，漂洋过海，侨居菲岛，从店员当起，吃苦耐劳……自行开企业。太平洋战事胜利后，曾回乡布施公益，营建宅第。卅十三世梧桐，从小果敢，不避艰险，随父南渡马尼拉，初以肩挑小，兜售货物入手。经几年奋发经营，扩大资金市场，终于成为旅菲宗亲中的首要富商，购置大量房产，资望俱著。且慷慨糜资首倡组织宗亲会，号召力强"；① 等等。家谱还对有突出成就海外族人列传，如菲律宾华侨首领戴金华（1867—1941 年），其侄子戴愧生（1922—1979 年），其孙子戴旭民（1917—1988 年），都列入家谱列传。从列传可知，戴愧生与戴旭民都出生在南安大庭，稍长大后便赴菲律宾投奔戴金华，在菲律宾成长，后又回国报效而功绩卓越，成为族人的佼佼者。②

第二次世界大战期间，闽南人出洋停顿（南安大庭戴氏也不例外）。第二次世界大战后，由于国共内战，中国民众面对频繁的战争，于是又有一大批人出洋。据可考的戴氏后人（以大庭为基准点）人数的粗略统计有一万多人，其戴氏移民及其后裔人数分布如表 2-1 所示。

表 2-1　　　　　　戴氏移民及其后裔人数分布情况

地区	新加坡、马来西亚	印度尼西亚	菲律宾	越南、缅甸	加拿大	美国	中国台湾	其他	合计
人数（人）	3881	3254	2999	504	24	13	5400	98	16173
比重（%）	23.99	20.11	18.54	3.12	0.148	0.08	33.39	0.61	100

资料来源：根据码头镇侨联侨情普查和续修家谱调查得到，1990 年统计。

---

① 《诗山戴氏谱志·华侨志》，1991—1993 年修，第 26 册。

② 《诗山戴氏谱志·菲华一代侨领金华公列传》《诗山戴氏谱志·国民党中央委员海外部副部长愧生公列传》和《诗山戴氏谱志·解放军上校参谋长旭民公列传》，1991—1993 年修，第 25 册。

从表 2-1 中可见，在东南亚华人及其后裔占总人数的 65.78%。

对于乡人移民，晚清戴凤仪对此不太赞同。他认为，自己家乡土地肥沃，只要多栽种各种经济作物，多花一点时间在农耕上，就大可不必漂洋过海吃那份苦。"设聚一家一乡之人于播谷治蔬之暇，协力垦辟，留心种植，则无弃地无弃人，资生有余，天伦足乐，何至有阔绝游离之伤哉！"① 然而，农业经济的开垦在收入上远比不上商业流转来得快，这是希朱先生所不能理解的；再者，一个地方的习俗有强大的推动作用，一旦形成就很难改变，正可谓积重难返。村里形成了出洋谋生的习俗，便把全部的心思都放在出洋上，一旦生活条件不好，其出路便是出洋，这便是与内陆地区的不同所在。戴凤仪的儿子同样也抵不住海外世界的吸引而纷纷出洋，从年谱中可见，他的儿子有往菲律宾、荷兰（西）等地。"是冬（光绪元年），仲兄往吕宋。"② "是月（1907 年 3 月），四儿瑶阶往荷兰西，予作诗以勉其行"；"适七男瑶柱自苏朗发"③；等等。

新中国成立后，戴凤仪生前未能完成的开垦山地、荒地的心愿得到了实现。农业学大寨浪潮中，很多荒地和山地都得到了开发，但农业的产量却并未增加，农民的生活也并没有提高多少，估计这一点是始料未及的。为了谋生，移民活动还在偷偷地进行。

三　戴氏家族与宗教信仰

福建地处东南沿海，前临汪洋大海，背靠莽莽大山，艰难的自然条件，产生了福建独特的民间信仰。"民间信仰是一种社会现象，它的发展建筑在社会变迁的基础上。"④ 由于自然地理条件的半封闭性及方言的不同，导致了福建人具有强烈的地缘观念，反映在民间信仰上就是不同区域间的明显差异。另外，府、州、县行政区域的划分和明清时期里甲制度的推行，对于福建民间信仰的区域性特征的形成产生

---

① 《诗山戴氏谱志·物产》，1991—1993 年修，第 26 册。
② （清）戴凤仪：《松村诗文集补编·自著年谱》（上），中国文联出版社 2003 年版，第 27 页。
③ 同上书，第 18、32 页。
④ 徐晓望：《福建民间信仰源流》，福建教育出版社 1993 年版，第 4 页。

了重大影响。①

福建民间信仰具有很强的区域性。根据府、州、县等可以具体细分，如清水祖师信仰在永春、安溪、德化等县流行，青山公主在惠安等县流行，而南安县则流行广泽尊王。②

（一）广泽尊王

南安供奉的广泽尊王郭忠福就是以"孝德流芳"，其生前大事是葬父、奉母，敬重孝德，记取生前"孝德"事迹，编造和安排身后行孝的情节，既是民间信仰的道德取向，也是在造神、信神和祭神三个层面上的"崇德"倾向。③

广泽尊王。"王，闽之南安人。郭其姓，忠福其名。唐汾阳王，其远祖也。由汾阳传至嵩，入闽，再传入华，迁于泉。王世居泉之南邑十二都郭山下，山以姓得名。祖父多隐德，母感异梦而娠，诞生于后唐同光初二月二十二日。王生有孝德，气度异人，尝牧于清溪杨长者家，晨昏之思忽起，驰归侍奉，依依如也。父死，艰于葬地，王忧心忡忡，虽就牧犹潸然泪下。一行家鉴其孝，指长者山而告曰：'窆此大吉。'王然之，稽颡谢。吁求长者面茔之，竣，乃归郭山下而奉母以终身焉。后晋天福间，王年十六，忽牵牛登山，翼日，坐古藤上而逝。母至，攀其左足，塑像者因塑其左足下垂。迨母死，里人感至孝，为袝于清溪故茔，其得鲁人合袝之礼与！初，王甫著灵响，里人建庙祀之，号'郭山庙'，亦号'将军庙'，盖伪闽时也。"④

郭忠福以纯孝闻名于世。少时因家贫而为人放牛，父亲去世无钱安葬，经一风水先生指点葬之，后回家侍母，年十六蜕化于古藤上，郭忠福是以孝而被塑造为神的。

后米，被民间附化多功能，如抵抗外敌、消除水旱、禳瘟疫疾病、御寇等不一而足，从而一再被朝廷加封。"宋绍兴朝（1131—1162年），敕封'威镇广泽侯'；庆元朝（1195—1200年），加封

---

① 林国平、彭文字：《福建民间信仰》，福建人民出版社1993年版，第40页。
② 同上书，第41页。
③ 汪毅夫：《从福建广志和笔记看民间信仰》，《东南学术》2005年第5期。
④ 戴凤仪纂：《郭山庙志》，戴绍箕参校，中国文联出版社1999年版，第50页。

'威镇忠应孚惠广泽'；庆元朝（或作开庆元年），加封'威镇忠应孚惠威武英烈广泽尊王'；同治九年（1870），加封'威镇忠应孚惠威武英烈保安广泽尊王'"。[①]

民间传说，广泽尊王得道升天后，娶黄姓姑娘为妻，封妙应仙妃，生了十三个儿子，号称"十三太保"，以辅佐其庇乡佑民。自古以来，王公太子总是要分封，于是十三太子就分封到各地，"大子顾祖，因郭圣王乃山头城人氏，故大太子封于祖地，即山头城（诗山）龙山宫；二子顾墓，因郭圣王父母葬于安溪金谷乡，故二太子分封于此；三子顾半路，即三子以下分封于各地：三太子——南山旧门鳌山宫、四太子——溪头、五太子——殿坂、六太子——大庭、七太子——宫下、八太子——溪东、九太子——山兜、十太子——坑柄、十一太子——罗埔、十二太子——古宅、十三太子——仙境。"[②]

陈达认为，"在乡人的心中，往往感觉到神明的存在；这些神明是可以感觉而不可以理解的。对于这些神明，乡人往往愿意祈求，以期得福而免祸。乡人有许多习惯是不知不觉的，有些习惯是历代传下来的，他们大多不了解习惯的真实意义。有些习惯是以生活的实际经验为根据的，对于这些习惯，他们有时候能够明白习惯的效用"。[③] 宗教信仰就是一种习惯与传统。

大庭村坐落于高盖山之南，传统行政管辖都隶属于诗山镇，1935年前后，"陈仪治闽"时被划入码头镇。村民有"宁可奔头也不可去尾"之说，感情依附还是诗山，故赶集等还是愿意往诗山而不愿往码头镇，即便是现在也是如此，足见其惯性力量之强大。但是，估计更多的还是出于一种对凤山寺广泽尊王的信仰，再兼之路途也不是很远。大庭是广泽尊王六太子的分封所在地，自然是受到六太子的"眷顾"。作为此地居民，对广泽尊王信仰有加。

（二）清水祖师

闽南民间信仰根据行政区划分得很细，如果再根据村落进一步细

---

① 戴凤仪纂：《郭山庙志》，戴绍箕参校，中国文联出版社1999年版，第55—56页。
② 同上书，第182—183页。
③ 陈达：《南洋华侨与闽粤社会》，商务印书馆2011年版，第265页。

分，每一个村落、街道都奉祀一个或若干个特定的神，作为保护神，旧称境主、社公。① 大庭除县域信仰外，还有村落信仰，即清水祖师。清水祖师原先是安溪、永春的主要信仰。

据戴氏族人说，大庭供奉的清水祖师是由永春盛氏带来的。戴女嫁他为妻，于是，他就在该村安家，并供奉清水祖师，其他村民也去祭拜。三代后，盛氏到别处安家，其中一子想带走清水祖师像，结果走到村外的林子里，转来转去怎么都转不出去。他明白了，原来是清水祖师不愿离开村庄。村民得知后，对清水祖师恭敬有加，香火日盛。而盛氏在别处安家后，只从该处请了香火去供奉。据说，清水祖师的佛身是用沉香木所做，在"文化大革命"期间遭到破坏，被人藏了起来，但后来也未见有人献出。每年，戴氏轮值的房头，由他负责种植宗田（即公田），除了负责祭祖，同时还负责祭拜"佛爷"。每年腊月十六开石，由戴氏的四大福轮值，正月初二进香，有时还要去安溪清水祖庙进香，队伍浩浩荡荡，以求祖师爷保佑一年的收成。② 据闻，清水祖师的黑脸，是为百姓救火被熏黑的。可见，乡村的民间信仰直接来自保护本村庄的神灵，即："在闽南乡民看来，与本宗族有某些渊源关系的神祇，或是本族的同姓同宗，或是与本姓氏有过缘分，这类神明对于保护本宗族的安全和利益最为可行。"③

一个村庄，既有本地信仰的广泽尊王六太子的行宫，又有清水祖师福佑当地，这在戴氏族人心中产生了强烈的自豪感和安全感，戴氏族人也以此为荣，以宗族的名义在两大信仰的节日举行祭拜活动。陈达先生在对新中国成立前闽南地区信仰的开支做了调查，认为"华侨与非华侨家庭，每月都有对于信仰的支出"。④ 在该村同样是如此，这形成了一笔不可省略的开支。随着他们的出洋，根深蒂固的信仰神也随他们漂洋过海，继续"护佑"着在海外谋生的乡民。

---

① 林国平、彭文宇：《福建民间信仰》，福建人民出版社1993年版，第41页。
② 由村支书戴祖煌口述，于大庭村老年协会办公室，2013年12月3日。
③ 陈支平：《福建族谱》，福建人民出版社1996年版，第204页。
④ 陈达：《南洋华侨与闽粤社会》，商务印书馆2011年版，第266页。

第二节　新中国成立后的戴氏家族
（1949—1965 年）

1949 年 8 月 21 日，南安县解放。中国共产党在全国开展运动，首先是土地改革运动，然后是人民公社运动，以及"文化大革命"运动，对中国乡村展开了改造的摸索之路。

一　新中国成立后的行政建制对戴氏家族的影响

（一）土地改革运动

孙中山先生等革命先辈在 20 世纪初就提出"耕者有其田"的主张，中国共产党是继承孙中山等革命党人的遗志，来完成孙先生等先辈未完成的任务。新中国成立后，对于农村做的第一件事，就是进行土地改革。1949—1952 年，实行土地改革。

1. 分田分地

1950 年 6 月 30 日，中央人民政府根据全国解放后的新情况，颁布了《中华人民共和国土地改革法》，它规定废除地主阶级封建剥削的土地所有制，实行农民的土地所有制。同年冬季起，没收地主的土地，分给无地或少地的农民耕种，同时也分给地主应得的一份，让他们自己耕种，自食其力，借以解放农村生产力，发展农业生产，为新中国的工业化开辟道路。

在土地改革中，作为戴氏族田，即"公田"全部被政府收归所有，重新分配到村民手中。而村里的族人根据家庭情况进行了划分。家里有地，如果是自己耕种者为富农，雇人耕种者为地主；家里有牛、犁者为中农，中农又按农具的多少划分上、中、下等级；无地帮人耕种者则为贫农。而侨眷则根据华侨的收入分为工商业者、华侨雇工等不同层次。划分层次上，难免出现被误划的现象，而这些都对侨眷产生了深刻的影响，如孩子的上学、就业等问题，都跟成分挂上了钩。戴天惜、戴天悯兄弟，在新中国成立前都自己开过诊所，被划为"自由职业者"，在故乡大庭也都分到了一份地，过了一段比较舒心的日子。但是，"反右"扩大化中，戴天惜因曾为国民党政府县议员被批斗、戴大帽子。由于父亲成分不好，孩子在校不能当班干部。[①]

"到了20世纪50年代，中国的农业人口还占全国百分之八十以上。各地虽有地方性的差异，中国农业基本上是劳力密集的精耕细作，以达到单位面积的产量。农村为了求生存，投入更多的劳力换取农业产出，虽有报酬递减之窘，也不敢松懈。在这种情况下，人们工作意愿的积极性，遂成为生产力的重要因素。"[②] 土地改革从一定程度上说鼓励了广大农民，解放了生产力。根据福建等7个省70多个乡的调查，土地改革以后，劳动力增加的情况是，福建省1952年是100个，到1954年年末是105.6个。劳动力增加的原因，据中共河北省沧县地委调查，主要是：①土地改革后劳动力的解放，群众生产积极性的提高；②取消了战勤；③发动妇女参加生产。[③] 福建省的情况也类似。

土地改革以后的几年，我国农业生产的发展比较快。1952年和1949年相比，粮食增长了42.8%，棉花增长了193.4%。可是，到1953年，速度就降下来了。我国以劳动力密集型为耕作特点的农业经济，在面对大型的水利建设、自然灾害防御等集体基础性建设方面体现出了生产力、生产资料、资金的分散、技术落后的缺点，农业内在自然发展需要一种更高层次上的生产改革或技术改革，然而，在当时被解读成一种生产力更集中型的劳作模式。

2. 商品经济政策的变幻

社会经济发展到一定程度后，必然会走向商品经济，这是社会经济发展的必然结果，而商品经济也必然会导致一定的贫富差异。在新中国成立初期，土地改革等运动激发了农民的劳动积极性，因此，在劳动过程中，也产生了一定的贫富分化。有些善于经营的农民生活条件明显改善，而有些农民则由于其个人原因而导致贫穷，于是他们把手中的土地

---

① 戴新民先生对其父的回忆，于2013年12月28日面谈了解。
② 许倬云：《历史大脉落》，广西师范大学出版社2009年版，第338页。
③ 苏星：《我国农业的社会主义改造》，新华出版社1980年版，第15页。

重新转卖。在城市和乡村，都出现了所谓的商业投机和高利贷的发展，从而进一步促进了农村的贫富和阶级再分化。1951年，中共中央东北局在一篇农村调查报告中写道："目前的基本问题，已不是敢不敢发展的问题，而是某些发展较快的农民，已开始感到发展无门的苦闷。"①

少数富裕农民向其他农民购买土地，形成土地积累，而多数农民在重利盘剥下，就会贫困破产，卖房卖地，直至变成雇佣劳动者。比如，福建长乐县龙门乡榕档村，1952年秋收后到1953年春耕前，31户出卖土地的农民，就有13户是为了还高利贷，其中43%的土地卖给了12户中农。② 而这种阶级分化引起了党中央的重视，并对此采取了一定的措施。

（1）取消商品交易，实行统购统销。1953年，随着大规模的有计划的国民经济建设的开始，工人、农民生活逐步改善，就业人数增加，粮食和某些其他农产品在市场上出现了供不应求的情况。部分社会力量利用自由市场，同国营经济和合作社经济展开尖锐的斗争，为了制止投机活动，保证有计划地供应城市、经济作物区和缺粮地区粮食，从这一年冬季开始，先后对粮食和其他主要农产品实行了统购统销。统购，就是农民所生产的粮食、棉花、油料等，除交纳农业税和自己消费的部分之外，必须从剩余部分中拿出一定的数量，按照国家规定的价格卖给国家，不许商人再向农民直接购买。统销，就是由国家按照一定的价格，按时定量供应城镇居民所必需的粮食、食油等消费品，对缺粮农户以及经济作物区农户所需的粮食，也由国家供应，严禁私商自由贩运。全国农民为中国工业化做出巨大贡献，"从1953年开始实行农产品的统购统销，到1985年取消粮食统购这个时期，农民对工业化的贡献是6000亿到8000亿"。③

然而，统购统销后，国家收入并没有立即相应地提高。1953年和

---

① 苏星：《我国农业的社会主义改造》，人民出版社1980年版，第43页。
② 同上书，第47页。
③ 国务院发展研究中心副主任陈锡文在央视"对话"节目的谈话，2003年3月24日，转引自苏海舟《"破茧之初"：1978年前后中国农村与农民的原初状态及地区差异》，中共党史出版社2010年版，第80页。

1952年相比，粮食增长1.8%，棉花下降9.9%；1954年和1953年相比，粮食增长1.6%，棉花下降9.3%。这两年，农业生产实际上处于停滞状态。"不容否认，这两年碰上了自然灾害，1953年农田受灾面积8000亩到9000亩，1954年受灾面积一亿六千万亩。1953年，由于调整棉粮比价、棉田加征、停止预购也影响了棉花生产……其根本原因还是由于农民个体经济的局限性，它的力量过于单薄，既没有抗御自然灾害的力量，又没有开展多种经营的条件。"① 因此，又开始探讨合作生产经营方式。

（2）农业合作初级社（1951—1956年），保留部分私有经济。为了克服家庭分散经营带来的生产资料和劳动力缺乏的困难，一些农民自发结成农业互助组。1951年9月，中共中央召开全国第一次农业互助合作会议，制定了《中共中央关于农业生产互助合作的决议（草案）》，它不仅认同了互助组的做法，而且引导农民在一些比较巩固的互助组内试办初级社。初级合作社还可以保有自己一定的自留地，即保留一定的私有制，有限的商品经济。从1952年到1955年上半年，农业合作化运动获得很大发展。据1954年年底统计，全国的互助组从1951年年底的468万个增加到993万个，初级合作社由300多万个增加到480万个，参加互助组的农户由2100万户增加到7000万户，占全国农户总数的比例由19.2%增加到60.3%。1955年春，全国初级社发展到67万个，经过整顿，初步巩固65万个。② 到1956年年底，参加初级社的农户占总农户的96.3%，参加高级社的达到农户总数的87.8%，基本实现了社会主义改造。"1956年，我国在严重遭受自然灾害的情况下，粮食产量达到3855亿斤，比1954年增产465亿斤，比丰收的1955年还多176亿斤，比合作前的1952年增加了577亿斤，社员收入普遍提高。"③

农业合作社的成绩鼓舞了人们，有人认为，合作社化程度越高，

① 苏星：《我国农业的社会主义改造》，人民出版社1980年版，第33页。
② 王朝彬：《共和国的村庄》，电子书，http://book.douban.com/reading/10765409/。
③ 《中国农村经济》1992年第6期，第208页。

生产力水平就越高，农业收入就更多，于是要求更高的合作社。

（3）人民公社期间，对自留地取舍态度反反复复。1957年上半年，在急躁冒进思想中，我国开始"赶英超美"的"大跃进"，直接走上"一大二公"的人民公社。"当时认为农村仅仅分产，还是小农意识的结果；于是政府在农村合作社会的基础上，推动成立'人民公社'，俾彻底实现农村所有制与工作制的集体化。"① 1957年8月，毛泽东认为，"还是办人民公社好"。于是，1958年8月，通过了《关于农村建立人民公社的决议》，决定在全国农村普遍建立政社合一的人民公社，并提出扩大公社规模，在并社过程中自留地、零星果树等都将逐步"自然地变为公有"。会议后，在短短的一个多月，全国农村除西藏自治区外基本上实现了人民公社化，社员自留地等全部收归公有。② 至此，个体农民土地私有制宣告结束。在人民公社中取消了自留地，剥夺了农民自由权。

1959年，规定人民公社实行"队为基础，三级所有"体制，从而确定了我国农村土地以生产队为基本所有单位的制度，并且恢复了社员自留地制度。1960年11月3日，中共中央发出《关于农村人民公社当前政策问题的紧急指示信》（即"十二条"），要求各地彻底纠正"一平二调"的共产风以及浮夸风、命令风、干部特殊化风和瞎指挥风，允许社员经营少量自留地和小规模家庭副业，恢复农村集市贸易。

20世纪60年代初，经过政策调整，农村经济稍有恢复。但是，国家对农村与农民的控制更加严厉，"不论公社、生产大队、生产队和社员个人，都只许出卖自己生产的产品，购买自己需要的产品，不许转手买卖，反对弃农经商。于是，在广大农村存在了几千年的个体商业活动、集市贸易以致家庭副业都在政策上被视为'资本主义尾

---

① 许倬云：《历史大脉落》，广西师范大学出版社2009年版，第338页。
② 张雁翎：《建国六十年来我国农村土地政策的变迁》，《中国乡村发现》，2009年11月15日，http://www.ccfc.zju.edu.cn/a/hezuoshihua/2010/1209/3772.html。

巴'加以取缔"。① 但是，人民并没有走上共同富裕的道路，反而在这种大运动的掩盖下造成农村的极度贫穷。"1958—1978 年的 20 年间，农民纯收入由 87.6 元增加到 133.6 元，年平均增长不到 3 元，而且几乎全部来自集体分配收入。粮食总产量也在 1958 年后一直减产，直到 1966 年才恢复到 1958 年的水平。"②

新中国成立之初，国家对商品经济态度的反反复复，群众难以跟上政策变化的步伐，从而对前途、对未来产生了不可预测性，在众说纷纭中，他们在有限的资源内自我寻找生存之道。

（二）乡村建制：区公所—乡政府—人民公社

民国在"陈仪治闽"时期定下的福建省行政区划，1949 年后一直未变，南安大庭行政村仍隶属码头乡镇所管辖。中国乡村是个松散村落，秦汉以来，有"皇权不下县"，乡村管理不需要政府政策的指导，它由一套其内生的礼俗来治理，如宗族就在乡村治理中起到至关重要的作用。也正因如此，"国家政权长期以来未能有效地整合、动员乡村社会资源，致使整个农村社会处于一种稳定而停滞的状态。农民形成了极强的主体意识和自我管理、自我协调、自我繁衍的能力"。③ 新中国成立后，一改 1949 年前政府对乡村管理的"真空"，新政府对农村投以无限的热情和关注，把中国的乡村管理权从宗族手里直接转到基层政府手里，农民成为当家做主的主人。在党和政府统一管理下全身心投入热火朝天的革命运动中。

1. 中华人民共和国初期的乡政权（1949—1958 年）

撤销县辖区公所，调整乡政权。乡政权工作重心的转变和乡管辖范围的扩大，使乡政府工作范围扩大，工作量相应增加，这样，新中

---

① 苏海舟：《"破茧之初"：1978 年前后中国农村与农民的原初状态及地区差异》，中共党史出版社 2010 年版，第 59 页。

② 中华人民共和国农业部政策法规司、中华人民共和国国家统计局农村司编著：《中国农村 40 年》，中原农民出版社 1989 年版，第 131 页。

③ 苏海舟：《"破茧之初"：1978 年前后中国农村与农民的原初状态及地区差异》，中共党史出版社 2010 年版，第 58 页。

国成立初期简单的乡政府体制就难以胜任了。①

我国的小农经济是一种极其狭小、极其分散的生产单位，占有的生产资料非常少。狭小的生产单位，为了保证生产和生活上多方面的需要，劳动力不得不零碎地支出，生产资料的占有和使用也是趋向于分散，而不是趋向于集中。为了克服这些家庭分散经营带来的困难，一些农民自发结成农业互助组。

据《中国的经济体制改革》统计，"1955 年加入合作社的农户达到 1.18 亿户，占全国总农户的 96.3%，参加高级社的农户占总农户的 3%，但是 1956 年底却猛增到 87.8%"。1956 年 6 月 30 日，第一届全国人民代表大会第三次全体会议通过并颁布了《高级农业生产合作社示范章程》，章程规定社员私有的主要生产资料转为合作社集体所有。1956 年年底，我国完成农业社会主义改造，农民走上了社会主义道路。但是，这种集中式的公有限制了农民积极性，也束缚了农村市场的发展。

2. 人民公社时期的政社合一制（1958—1965 年）②

随着国内对农村建设的热情高涨，在互助组的基础上完成高级社。1958 年，全国农村普遍建立了人民公社，取消了乡政府的体制。人民公社实行统一领导、分级管理制度。公社的管理机构，一般分为公社管理委员会、管理区（或生产大队）和生产队三级。管理区（或生产大队）一般是分片管理工农商学兵、进行经济核算的单位，盈亏由公社统一负责。生产队是组织劳动的基本单位。③

生产队是人民公社的基层组织。生产队的生产和分配等一切重大事情，都由生产队社员讨论决定，不能由干部决定。生产队社员大会定期召开，每月至少一次，也可根据工作需要和社员要求临时召集。生产队的队长、会计和其他管理委员、监察委员（或监察员），都由

---

① 张厚安、白益华主编：《中国农村基层建制的历史演变》，四川人民出版社 1992 年版，第 190 页。

② 人民公社（1958—1985 年），本书因考察需要，截取 1958—1965 年这一时间段。

③ 张厚安、白益华主编：《中国农村基层建制的历史演变》，四川人民出版社 1992 年版，第 194 页。

生产队社员大会选举，任期一年，可连选连任，不称职者由社员大会罢免。生产队管理委员会至少每月向社员大会做一次工作报告，并随时听取社员批评和建议。

"公社化开展的移风易俗运动，使宗族文化中有关礼仪和规范被简化或被革除。这些活动只改变了宗族势力的外在形态（如宗族礼仪、族谱、宗祠等），并不意味着血缘和文化的宗法观念、宗族意识等随着消失，作为一种自成体系的具有完整文化内涵的历史悠久的秩序，农村宗族已经根深蒂固地沉淀在人们的头脑中，渗入民族文化的骨髓，成为中国传统文化的重要基因。"[①] 生产队的划分，一般也以家族为单位，基本上按照几个比较近的家族分在同一个生产队，社员一起劳动、开会，频繁交流与接触，加强了其生产队内成员的活动。公社化改变了以宗族为单位、以家庭为单位的方式，同时配以近亲的家族成员和队员的活动空间，同一生产队内的家族成员也显得更亲密。

1958 年，全民大炼钢铁。国家为了能尽快赶上发达国家，实现钢铁产量目标，从而尽快实现国家工业化的目的，全国上下大炼钢铁。没有锅炉，就在田野路边挖个坑，把家里的铁锄、铁犁等铁具扔到火里烧，实在不行，就把家里的铁锅也搬来。这样，家里也就干脆断了炊。饿了，就到人民公社的食堂吃"大锅饭"。没有柴火就把树砍了，甚至把未成熟的粮食直接割了当柴火。这种轻率的行为成为 20 世纪 60 年代"大饥饿"的部分原因。

有人曾描写过一段淮北农村大饥饿时期："1960 年，我正在邻省上大学，春节前收到父亲的一封信，他再三告诫我：'千万不要回家过年！'我想这太不近情理。可能是家乡出现什么变故了吧？可是，即便我是从最坏的方面去想，也没想到会出现那种局面！半年后我回到故乡，简直被吓呆了！下了火车便找不到回家的路，老路废了，挖了深坎横沟，长满荒草、荆棘；而新路没有修通。深翻五尺的土地，留下一条条深沟，一道道土岭……绿油油的故乡大平原挖得遍体鳞

---

① 汪忠列：《当代农村宗族与农村社区建设》，硕士学位论文，福建师范大学，2005年，第 39 页。

伤，成了人造丘陵！'我的奶奶饿死，母亲逃往淮南，婶婶带着几个孩子逃往宁夏，父亲躲过这场大劫，吃草末树叶落下了胃病，几年后胃肠大出血亡故。可是，比起来，我家的灾难还算轻的，村里好些正是壮年，青年人饿死了，有几户人家老老少少全部死绝。'这就是'大跃进'之后的淮北农村，人口大量死亡，土地荒芜，村庄破败。"①

全国都在闹饥荒，闽南地区也不例外。那些有亲人在海外的侨眷，在经济生活上比较宽裕。远在海外的华侨亲属，通过报纸，他们了解到国内的一切，一些华侨就通过各种渠道寄回各种物资，如泰国米、蛋、面、鱼、肉等，这些东西在当时国内都是稀有品。戴天惜家里当时就能吃到他兄弟从菲律宾寄回来的一些物资，足以让村人羡慕。

二　中国政府对华侨的态度与政策

1949—1954 年，中华人民共和国政府在理论上基本继承了国民政府对华侨的权利与义务，即以血统主义为原则，所有海外中国人都是中国国民，都应首先对中国政府尽义务。诚如 1953 年中国政协庆祝国庆时提出的口号，"国外华侨团结起来，爱护祖国，保护自己的正当权益"②，鼓励海外侨胞为新中国建设做贡献。随着国际形势的变化，鉴于中国经济实力、军事上的不够强盛，对于海外侨务政策也做了调整。1954—1959 年，中国政府鼓励华侨应归化于当地。1955 年 4 月，周恩来与印度尼西亚政府签订了双重国籍问题条约，双方政府确定了华侨选择国籍的自愿原则，但中国政府实际倾向于让华侨选择当地国籍。1959—1965 年，实行以撤侨为中心的"三好"政策（即华侨自愿加入侨居国国籍，很好；华侨自愿保留中国国籍，同样好；华侨愿意回国参加祖国建设的，也好）。中国政府随时准备接纳不愿继

① 陈大斌：《"饥饿"引发的变革》，中共党史出版社 1998 年版，第 12 页。
② 何香凝：《1953 年中侨委扩大会议开幕词》，转引自庄国土《新中国政府对海外华侨政策的变化（1949—1965 年）——新中国政府侨务政策研究之一》，《南洋问题研究》1992 年第 2 期。

续留在侨居国的华侨华人。① 1960 年，印度尼西亚发生大规模反华排华事件，中华人民共和国政府随即派出轮船前往印度尼西亚，把自愿回国的华侨分批接运回国，当时大庭戴氏 33 世的"（戴）其仁一家十多人就是被接回的蒙难归侨，被安置在福清华侨农场，生活工作得很好，子女都上了大学"。②

（一）政府对华侨资金的态度

1. 投资

新中国成立之初，政府抱着对侨资负责态度，不鼓励华侨在国内投资。到 1951 年，国内基本稳定后，政府鼓励华侨回国投资，并未对华侨投资的经营领域和经营方式作特别限制，还成立了华侨投资辅导委员会（1961 年撤销），负责有关华侨投资的调查研究、计划与联系工作。1952 年，进行"三反""五反"，该项工作又停止。1956 年，对华侨投资做了重新调整，鼓励投资国家资本主义企业，并准备把华侨资金进行社会主义改造。1957 年 8 月，国务院正式颁布了《华侨投资于国营华侨投资公司的优待办法》，并制定了相应的优待措施。在这个阶段，华侨回国投资数目增多，如以 1951 年华侨投资额为 100 计算，则 1955 年为 717，1956 年为 1144。③ 在投资方式上，除公私合营形式外，华侨也独资创办了一些企业。投资行业方面，除工业外，华侨对农林牧业的投资增加也是这一时期的亮点之一。④ 福建华侨投资公司也由国家帮助创办。到 1957 年 6 月，有 7600 多侨眷和华侨投资，建立 14 个厂矿。⑤

2. 侨汇

新中国成立后的特殊国际环境，我们无法从国外获得外来资金，而国内渴求发展的经济建设和工业化目标又急需大量外汇。在这种状

---

① 庄国土：《新中国政府对海外华侨政策的变化（1949—1965 年）——新中国政府侨务政策研究之一》，《南洋问题研究》1992 年第 2 期。

② 《戴氏家谱·华侨志》，1991—1993 年修。

③ 侨务报社：《侨务政策文集》，人民出版社 1957 年版，第 68 页。

④ 张赛群：《1950—1957 年我国华侨投资政策分析》，《华侨华人历史研究》2011 年第 9 期。

⑤ 任贵祥：《略述建国初期的侨务政策》，《中共党史研究》1990 年第 3 期。

况下，侨汇就成了我国外汇收入的主要来源。[①]"为争取更多的侨汇以
支援社会主义建设，从根本上解决有侨汇收入的侨眷的物资供应，应
在尽可能的范围内满足有侨汇户的生活资料的需要"，各地应"根据
统购统销政策实行一种适合争取侨汇的供应制度，即凭侨汇收入按一
定比例供应的制度"。[②]但是，在执行过程中出现了大量侵吞侨汇的现
象。当时侵吞侨汇的情况在全国侨乡"普遍存在"，云南、浙江、广
西等省份尤甚。这些问题首先使侨汇呈明显下降趋势。如"以1951
年侨汇基数为100，1952年为95.3，1953年为71.5，1954年为
70"。[③]侨汇的下降，使侨务会认识到这一问题，重新进行了纠正。
"1955年2月23日，国务院特别颁布了《关于贯彻保护侨汇政策的
命令》，指出侨汇是我国华侨的切身利益和广大侨眷的生活依靠，是
侨胞、侨眷的正当权益之一。同时侨汇对国家建设有积极的作用。
1956年国家侨务工作会议再次重申'为了增加侨汇，应贯彻保护侨
汇政策的方针'。同时，这次会议还针对国家实行粮食统购统销政策
后，一些侨户口粮不足，生活发生困难的情况，提出要'照顾侨眷生
活习惯，解决侨眷、归侨的物资供应和粮食供应问题'"。[④]

（二）政府对侨眷政策

1949—1954年，确立华侨归侨参政地位，保障归侨、侨眷生活的
安定。但在土地改革时，对一些侨眷进行错误划分，出现了征收财产
过度的现象。但相对来说，成就较大，在较短的时间里获得数千万海
外华侨、归侨、侨眷由衷的拥护，稳定侨区社会生活，保障了归侨、
侨眷的基本福利。

---

① 杨世红：《新中国侨汇工作的历史考察（1949—1966年）》，《当代中国史研究》
2002年第3期。
② 《中共中央批转中侨委党组关于"争取完成1959年的侨汇任务"的报告》（1959年
6月7日），江苏省档案馆藏江苏省委办公厅档案，全宗号3011，第549卷（短期），转引
自杨世红《新中国侨汇工作的历史考察（1949—1966年）》，《当代中国史研究》2002年第
3期。
③ 任贵祥：《略述建国初期的侨务政策》，《中共党史研究》1990年第3期。
④ 杨世红：《新中国侨汇工作的历史考察（1949—1966年）》，《当代中国史研究》
2002年第3期。

1954—1958 年，鼓励侨眷参加社会主义建设，适当照顾归侨、侨眷。以前，侨眷生活基本依靠侨汇生活，现在鼓励侨眷参加劳动，自食其力，而这些措施也使海外华侨安心。1956 年，福建侨汇较 1955 年增加 4.9%，完成侨汇任务的 97.8%。①

1958—1966 年，国内侨务工作的任务是："一切为了加速社会主义建设、继续调动侨眷、归侨、归国侨生的积极因素"，调动积极因素的主要手段是"必须加强对侨眷、归侨进行社会主义教育"。在这一时期，对归侨、侨眷的政策主要有两个方针：一是"一视同仁，适当照顾"；二是"从同出发，以同化异"。1958 年以后，"左"倾思想对侨务政策干扰日益严重，集中表现在片面强调"以同化异"来抹杀归侨、侨眷工作的特殊性，直至酿成"文化大革命"期间对华侨、归侨、侨眷全方位的严重侵犯。②

三　戴天惜及其兄弟们的社会生活

土地改革彻底地打破了宗族族田，每个农民都拥有自己的土地，减少了对宗族的依赖，形成了以家庭为基础的劳动单位。然而，没过多久，在合作化运动中，土地又被收归公有，宗祠也成了公共财产，集体生产给农民个人的行动和自由带来了不便，从而使族人共同祭祖的观念逐渐淡化。但是，作为家庭成员间的关系，这种血缘亲情关系是难以阻止的。宗族淡化了，但家庭关系依然在。

（一）家庭关系

戴天惜（1914—1961 年），老中医戴心谷四子。戴心谷，戴氏第 32 世后裔，他有儿子六个，女儿两个。一个嫁给菲律宾华侨，一个嫁往泉州，这也就有了后来泉州这支亲戚由戴天惜儿子携往菲律宾发展，从而又掀起新一波家族成员的移民。

按照戴心谷原意，他的六个儿子（其中老六是养子），根据其家乡出洋的传统，应该是安排两个孩子往菲律宾发展，其他应留在国

① 张赛群：《1950—1957 年我国华侨投资政策分析》，《华侨华人历史研究》2011 年第 9 期。

② 庄国土：《中国政府对归侨、侨眷政策的演变（1949—1966）》，《南洋问题研究》1992 年第 3 期。

内。老大戴世德，从小跟父亲学中医。因为父亲是村里有名的中医，故开有一家小诊所，他从小在父亲身边帮忙，故而也熟悉一些医学知识。老二戴炳煌，1920 年（时年 13 岁时），由已嫁给菲律宾华侨为妻的姐姐带到菲律宾。戴炳煌到菲律宾后，先在亲戚布店里当学徒。十多年后，有了一定的积蓄，于是自己也开了家小布店，积累了一定的资金。荣归故里，他在家乡起大厝启承堂。在返菲时，遵父命带五弟戴天恻也去菲律宾。"兄弟勤奋俭朴粒积，由入股原布行而各自创立商号，经营布匹，兄弟能征善战，官商各界备至，参加侨团活动，打下了发展之雄厚基础，同布匹行业扩展办织布厂、制衣厂、汽车摩托车零件修配厂、保险公司诸多企业，其间援引本家众侄陆续往菲"。[1]

老三戴天悯（1912—1999 年），因老大已经跟父亲学习中医，如今西医东传，西医必然会占有重要的地位。故而戴心谷就把三子送往医学院培养。戴天悯考上了上海东南医学院，主修西医。这一事在小村庄里无疑是赛如中举，毕竟在当时中国专门的医学院不多，而这孩子能考进"大上海"的学校，那可是从未有之事，举族欢庆。戴氏族长在祠堂中设宴欢庆，并恭请其父戴心谷坐上宗祠上座。族人给予如此之荣耀，让心谷老人一吐多年来由于单支而在房族中所受之气，老人家一高兴，把自己的名字改成"宴乐"。戴天悯大学毕业后，任职于南京中央医院，抗日战争南京沦陷前，随医院移到贵阳。后因戴父生病，返乡悬壶济世，享誉诗淘码一带。先是在厦门开了间西医诊所，1950 年搬回故乡大庭。娶泉州黄氏为妻，黄姓为泉州望族。新中国成立后，戴天悯与其弟一同参与筹建南安南侨医院，后在医院任职，月工资 120 元，在土地改革中被定为自由职业者。[2] 夫妇两人育有六男二女：戴亚明（1944 年出生）、戴国兴等六子，孩子多，生活压力大。为了改善家境，他于 1956 年移居香港，再转道菲律宾。

老四戴天惜（1914—1961 年），其父安排他先学中医，然后再升

---

① 《诗山戴氏谱志·华侨志》，1991—1993 年修，第 26 册。
② 戴亚明先生的访谈，于 2013 年 12 月 5 日，于泉州。

学考入上海中国医学院，专攻中医，因其兄学习西医，他也虚心学习西医数理，中西融合。毕业后，就在家乡诗山镇上开了家诊所，因其医德高尚，深得医家依赖。在民国时期，他曾任县参议会参议员，新中国成立后，响应号召，策动医界同人开设诗山联合诊所，兼任诗山卫协会主委。并与其三兄戴天悯一起参与筹建南侨医院。医院成立后，任该院内科主治医师。"1941 年，天惜与洪彩霞女士结婚。洪，亦诗山侨乡华美村望族名门闺秀，温馨端贞，婚后生育八个子女（依次为：戴行健、戴自强、三子于 1962 年失水早夭、戴亚裕、戴新民、戴宏达、戴宏儒、戴宏博），七、八为二女，后一女嫁往香港，一女嫁入本村。1961 年冬，戴天惜因胃溃疡溘然长逝。当时，最大的戴行健二十来岁，还未成家，而最小的儿子戴宏博却才两岁"。① 戴天惜去世后，戴洪氏带孩子们回故乡大庭。孤儿寡母生活不容易，远在海外的兄弟伸手援助。

（二）兄弟情义

戴氏家族主要宣扬儒家道德文化，而这种道德文化一旦形成，便扎根在脑子里，并作为族人为人处世的道德评价标准。戴氏家族对"兄友弟恭"之情尤为推崇，这便成了其家族文化的核心内容。当时，其兄弟六人，已经有四位兄弟前往菲律宾，唯有长兄还在身边，对于四弟的早逝，兄弟们自是悲痛万分，其长兄戴世德留有一诗，以诗为证："天也如何不作情，惜哉四弟因病凋桐城（注：桐城指泉州）。临终嘱葬闾里，为兄摧肝泪雨倾。百里运灵柩，手足情难禁，不忍孤亲风露宿，越例将柩厅堂陈，全家俱哀恸，挥泪办丧仪，魂今兮渺茫，生者断肝肠，昔日劳燕同群时，疑难共相斟，长期互勖叮，今后万端谁与提。笔至此，泪沾衣，心已碎，不胜悲。从此音容伤隔世，他生有无再见期。"② 一篇至情至义的诗文足见其兄弟之情，其他兄弟皆在菲律宾，两国未建立外交关系，兼因路途遥远，通信不便，故未能奔丧。但他们以实际行动表达了兄弟之情、对侄子们的关爱。

① 《戴氏家谱·戴天惜列传》，1991—1993 年修。
② 《戴氏家谱·艺文》，卅十三世福山戴世德：《哭四弟天惜》，第 25 册。

戴天悯与四弟戴天惜参与组建南侨医院后移民去了香港，1960年又从香港赴菲律宾旅游，想在菲律宾寻找发展机会，但因菲律宾外籍无法办理行医资格，只能在五弟戴天恻公司当账房先生。戴天悯是新中国成立后来到菲律宾的，所以比较熟悉国内的情况，正可谓"亲戚越走越亲，朋友越走越近"。戴炳煌、戴天恻等出国太久，亲戚没有了联系，弄不清家乡有哪些亲人。故而每到逢年过节时，戴天悯就去找兄弟们商议应该给国内的亲友汇款，给他们减少家里负担。据戴亚明回忆说："每到逢年过节，父亲就去跟二伯、五叔商量寄钱回老家，给家里的亲戚们帮忙。毕竟二伯、五叔他们出来得早了，家里的亲戚不是很熟悉，所以，父亲就跟他们商量有哪些亲戚这事。"①

再兼之中国政府的侨汇政策相对比较稳定，尽管有一段时间侵侨汇现象很严重，但自1955年中央严令禁止后，情况略有好转。出于安全考虑，他们往往会寄一些物品给国内的人，这样比较实用，能解决温饱问题。而戴天悯去菲律宾后，他妻子带着孩子们回泉州娘家住。因此，他的儿子们对泉州的感情比较深，对大庭感情则有点淡。

（三）与菲律宾兄弟间的关系

由于两国政府限制，中国限制国人出国，而菲律宾政府也对在菲律宾的华侨回国做了限制。为了防止"赤化"，1950年，菲律宾政府移民局发布了规定：菲律宾的华侨一旦进入新中国境内，即不准返回菲律宾；在中国大陆的华侨不准返回菲律宾；即使前已有菲律宾移民局准许返菲，如曾进入中国大陆者，不准返回菲律宾。同时，也限制华侨从香港转道回大陆。这样一来，原来两国间亲属关系被隔断了。在当时人们的眼里，一旦出去，也就与故乡的一切都断了联系，除了侨汇。故戴天惜的病故，其他兄弟远在异国他乡无法为兄弟奔丧。1961年，已赴菲律宾的戴天悯从香港转道回泉州看望妻儿，得知四弟病故，考虑侄儿们还小，因此就带长侄子戴行健返回菲律宾，以减轻家庭的生活压力。

---

① 戴亚明先生的访谈，于2013年12月5日，于泉州。

第三节　戴天惜家族第一批赴菲
（1949—1965 年）

新中国成立后，国内开展了一系列的建设运动，然而，百姓的生活却并未立即好转，为了能过上好日子，沿海的人利用原有移民渠道继续偷偷地出洋，期望能给自己和家人带来好日子，他们成了新中国成立后第一批赴海外的人。然而，菲律宾国内也并非是热土，那里正掀起一股"排华排共"的风波。

一　赴菲原因及途径

（一）赴菲的原因

1. 对新中国政府的疑问

新中国成立后，当时的国际国内形势复杂，尤其是面对经济等问题，新政府在执政上表现了诸多的不成熟，如政策的变化，对同一问题的反反复复。鉴于当时复杂的国内环境，新政府开展了一系列频繁的政治运动，试图通过一些政治运动，在声势浩大的群众拥护声中，寻找新的价值观。政策的不成熟，再加上别有用心势力的煽风点火，自然就引起内部的不稳定，而这又使部分敏感民众产生不安全感。

由于国内政策频繁的变动以及不稳定，让民众一时难以适应，对未来对前途充满了不确定性。比如，对私有制态度的反复及对侨眷的政策变化。在解放初确实成功地安置了大批归侨，动员和组织广大归侨、侨眷参加社会主义革命和建设。但是，在土地改革中的打击扩大化，之后再于1954—1958 年，纠正土地改革遗留下来的偏差，1958年以后片面地强调"以同化异"来抹杀归侨、侨眷工作的特殊性，直至酿成"文化大革命"期间对华侨、归侨、侨眷全方位的严重侵犯。[①] 这些都给人留下了阴影，为了寻找安全的环境，沿海人就偷偷

---

① 庄国土：《中国政府对归侨、侨眷政策的演变（1949—1966）》，《南洋问题研究》1992 年第3 期。

地出海，到海外寻找安全的港湾。

2. 家庭人口压力

新中国成立初期，由于缺少对新中国人口的准确统计数据，对人口数量估计不足。同时出于对妇女的保护，出台了一系列禁止节育的措施和政策①，禁止人民进行非法绝育、人工流产和节育，这在客观上鼓励生育，形成了新中国成立后的"第一个出生高潮"。1953 年，新中国成立后第一次人口普查数据显示，中国人口总数（不包括港澳台地区人口数，下同）为 5.81 多亿。② 当第一次人口普查数据出来后，周恩来对人口压力也很担心，1953 年 9 月，周恩来在《关于第一个五年建设计划的基本任务的报告》中指出："我国人口大概每年平均要增加一千万，那么十年就是一万万。中国农民对生儿育女的事情是很高兴的，喜欢多生几个孩子。但是，这样一个增长率的供应问题，却是一个大负担。"③

1954 年起，在学界的倡导下实行计划生育政策。但是，由于当时政治形势的复杂性，1957 年开展的整风反"右"斗争中，对马寅初《新人口论》的批判，使提倡节制生育工作中止，为 20 世纪 60 年代初期人口"第二次生育高峰"埋下了祸根。据统计，1950—1957 年，人口出生率为 30‰，而 1950—1954 年人口出生率却为 37‰。④ 自 1962 年起，人口出生率竟高达 43.6‰，自然增长率为 33.33‰。这一年出生的人口就有近 3000 万。1964 年第二次人口普查已超过 7 亿，比 1953 年第一次人口普查增加了 1.2 亿人。⑤

新中国成立后的人口政策直接导致了 60 多年后中国人口步入老龄化，2011 年第六次人口普查数据显示，60 岁以上人口占 13.26%，

---

① 中央人民政府卫生部、中国人民革命军事委员会卫生部发布：《机关部队妇女干部打胎限制的办法》，1950 年 4 月 30 日。

② 彭佩云：《中国计划生育全书》，中国人口出版社 1997 年版，第 133 页。

③ 宋学勤、韩艳梅：《曲折中的前进：1949—1966 年中国人口状况与政策回应》，《商丘师范学院学报》2010 年第 8 期。

④ 袁永熙：《中国人口总论》，中国财政经济出版社 1991 年版，第 148 页。

⑤ 汤兆云：《20 世纪 60 年代中国人口政策评价》，《江苏行政学院学报》2004 年第 2 期。

比 2000 年上升 2. 93 个百分点。① 戴天惜家就有 10 个孩子，戴天悯家也有 8 个孩子，这在当时的中国家庭里是再平常不过的一件事。尽管当时开展了土地改革运动，农民都拥有了自己的土地，而戴天悯等还拿上了一份在当时国内来说还算不菲的工资。但毕竟家里孩子多，手头还是很紧凑。

3. 微薄的经济收入和单一的收入渠道

取消一切私有经济，也就取消了正常的商品经济，除土地（工资）外，百姓别无其他收入渠道和来源。从经济来源上说，单一的经济来源，难以维持家计。并且，由于当时新中国政府模仿苏联，执行工业化政策，把农业的收入都支援工业发展，就使原本生产技术、生产水平不高的农民变得更加贫穷。正可谓"穷则变，变则通"，他们利用一切可利用的资源，寻找生活的出路。于是，他们依旧走上了前人走过的道路——出洋。

（二）赴菲的征途

南安是侨县，大庭是侨乡，新中国成立前各家各户基本上都有亲人在海外。新中国成立后，远在海外的华人华侨对其寄予很大的希望。有些人兴冲冲地赶回来投入祖国的怀抱，但大部分持观望态度，与中国大陆保持若即若离。由于国内政策的不稳定，在生活上也未能立即出现所宣传的那样，故心思活络的沿海人又开始往海外走。但当时政府禁止移民，因而他们通过从香港转道来完成这一活动。

1955 年，戴心谷最小的儿子戴昭明赴菲投奔五哥戴天侧。1956年，迫于家庭生活压力的戴天悯也去了香港。在香港待了一年，又转往菲律宾，在其兄弟店铺里掌管财务，后来自己出来开了家小店铺。因妻小都在泉州，他不定时地从香港偷偷回泉州看望妻小。

戴天惜继续在医院里上班，在整风反"右"期间，他曾出任过民国县参议议员，因此被戴帽子批斗。1961 年，戴天惜病故后，家庭的重担就落在长子戴行健的身上。农业合作社之后，农村没有其他收入，只能跟大队早出晚归地工作，按劳力计工分，只够一个人吃饱

---

① 新华社，http://news. xinhuanet. com/politics/2011 - 04/28/c_ 121357815. htm。

饭，家里还有这么一大帮弟弟妹妹们要养，单靠这微薄的口粮，一家十一口人如何能活得下去呢？尽管远在菲律宾的叔伯们也会不定时地寄一些米、粮或外汇回来，但人口实在是太多，生活还是不容易。

此时，三伯戴天悯已在菲律宾自己创办一间店铺，得知四弟过世，念及手足之情，特趁回乡探亲之际带大侄子戴行健跟他一起去菲律宾。第二年（1962 年），戴天悯把正在南京水利学院水电动力装置系读书的长子——戴亚明也叫到菲律宾。大学读了两年的戴亚明申请出国，从香港辗转来到菲律宾，开始了人生的新征途。

二　菲律宾政府对华侨的态度与政策

自第二次世界大战后，东南亚各国纷纷独立。独立的国家谋求当地民族的发展，大打民族牌，以谋求国人在政治上对执政党的支持。再"又因中共建立新中国的新形势，激起了马来西亚、菲律宾及中南半岛各自的斗争。在太平洋战争中的抗日游击队，大都转变为独立运动的左派武装力量"。[①] 因此，东南亚各国纷纷掀起一股"排华风"，东南亚华侨一改以往的春风得意之态而低调地生活。菲律宾政府自1946 年独立后，对华人态度变得很微妙。由于中国大陆由中国共产党执政，原先执政党国民党退居中国台湾，故菲律宾与台湾当局保持密切的关系。而中华人民共和国政府在国际上却大受排挤，由于美国对共产党政府的仇视，亲美的东南亚诸国与中华人民共和国政府并未建立外交关系。因此，严厉禁止中国大陆民众移民。另外，中国国共两党之争从国内延伸到海外。亲美的国民党政府与菲律宾关系比较融洽，基于共同利益，他们发表声明，表示要把共产党势力挡在门外。因此，在菲律宾国内也一度掀起"清共"风，更有一些人借用"清共"名义，清除异己。

（一）中菲关系的演变

1. 从"中菲"关系到"台菲"关系

1947 年 4 月 18 日，台湾当局和菲律宾双方代表在马尼拉签订了"中菲友好条约"。该条约奠定了战后两国处理外交关系的基石，确定

[①] 许倬云：《历史大脉络》，广西师范大学出版社 2009 年版，第331 页。

了台湾当局与菲律宾两国关系的基本框架，在之后的 20 多年里，双方合作都以此条约为依据进行协商或处理，直到 1975 年马尼拉与北京建交，该条约才失效。① 菲律宾 1950 年 1 月于台北开设"公使馆"。1955 年 12 月，新任中国台湾当局驻菲"大使"陈之迈抵菲履新。两个月后，拉莫斯前往台北，作为首任驻"中华民国"大使。1956 年 10 月 16 日，代表国民党当局的陈之迈和菲律宾副总统加西亚签署了"台菲贸易协议"，并在协议书所附的备忘录中，规定台菲贸易每年至少增加 400 万美元。② 这样，确定了两地区间的关系，成为两地区交往的基础。

2. "台菲"合作反共

中国抗战胜利后，国共斗争也延伸到了菲律宾华社。两派冲突使华社处于无政府状态，爆炸、暗杀与绑架等非法事件时有发生。马尼拉警方的数据显示，从菲律宾自治政府返回马尼拉重新施政的 2 月 27 日至 1946 年 5 月，马尼拉华人居住区共发生 36 件无法侦破的凶杀案。许多观察员认为，这些案件都与华侨两派的冲突有关。美国军事当局、罗哈斯等菲律宾政客及中国国民党菲律宾总支部都认为，华侨左派积极参与菲律宾政治活动是"祸害"。因此，菲律宾政府与中国国民党协力对"左"派清算。③

1948—1950 年，菲共领导下的农村武装革命运动渐成气候，季里诺总统起用了麦格赛为国防部长应对这一局面。季里诺政府在菲律宾人民武装力量的强大攻势面前几乎无力继续下去，只是在美国五角大楼的刺刀下和华尔街的美元帮助下，才免遭垮台。④ 因此，菲律宾当权政府对美国感恩戴德，言听计从。在仇视菲律宾共产党的同时也仇视中国共产党政权。菲律宾政府经常以剿共为借口，突然对某个地区的华侨集体拘捕。在白色恐怖氛围中，1952 年 12 月 27 日，菲华社会遭遇了百年来的重大打击。菲律宾政府以"华侨共党"罪名实施大逮捕和白色恐怖，时称"禁侨案"。

1946年9月5日，菲律宾军警在中国国民党人带领下，袭击搜查《华侨导报》报馆、华侨民主大同盟等团体、报馆、学校，逮捕了23人。①

在罗哈斯和季里诺的高压政策下，《侨商公报》在1947年9月停止营业。一个月后，《华侨导报》也被迫解散或停止活动。战后初期曾经活跃于华侨社会的左翼知名人士纷纷回到中国大陆。曾经与菲律宾人民并肩抗日的"华支"战士，有不少从马尼拉疏散到南岛。从此，中国国民党势力主导了菲律宾华人社会长达27年。②

由于国共之争，20世纪50年代的华社动荡不安，唯恐一不小心，被扣上赤色嫌疑而被送往中国台湾，有的被遣返回国。如南安大庭的戴瑶志③也在60年代初被菲律宾政府遣返回国，被妥善安排在集美华侨实习学校，继续教书育人。④

3. 禁止华侨前往或返回中华人民共和国

鉴于美国对中国共产党的态度，菲律宾也对共产党采取排斥态度，只是偶尔因对美国支持力度不够而表示不满，故意表示要亲近中华人民共和国，当从美国那里捞得一定美元时，就又态度坚决地表示跟美国步调保持一致。此时的中华人民共和国，在菲律宾政府里作为对美国要银两的筹码。1950年，菲律宾移民局发布通告：菲律宾的华侨一旦进入新中国境内，即不准返回菲律宾；在中国大陆的华侨不准返回菲律宾；即使前已有菲律宾移民局准许返菲，如曾进入中国大陆者，不准返回菲律宾。同时，也限制华侨从香港转道回大陆。为此，还限制了在香港的时间，并要求不定时去香港领事馆报到并签证，以防止华侨借口返大陆。

鉴于以上这种复杂的国际政治形势，华侨一旦出去，那就意味着有可能一辈子也不能返回故土。所以，那些出去的华侨就抱着一副

---

① 黄薇、龚陶怡：《风雨人生》，中国文史出版社2000年版，第91页。

② 庄国土、陈华岳等：《菲律宾华人通史》，厦门大学出版社2012年版，第444页。

③ 戴瑶志（1917—？），戴凤仪第十一子，老年得子，可参见戴凤仪年谱核实。

④ 《戴氏家谱·华侨志》，1991—1993年修。

"破釜沉舟"誓不回头的气概，踏出了那片生他养他的热土，只为寻找一方安身立命之处。

（二）对华侨的政策

1. 经济菲化案

菲律宾独立后，民族主义情绪高涨。不少政客在选举时，利用民族主义作为角逐政治地位及鼓动政潮的手段。因此，国会议员争先恐后地提出各种菲化议案。"菲化"以菲律宾经济民族化的诉求为借口，实质是立法排斥和限制华人的经济活动，是极端民族主义的政策。[①]

1954—1961 年为菲律宾国民党执政时期，也是菲政府提倡"菲人第一"的阶段，国会议员所提出的菲化议案特别多。仅 1954 年，国会提出的菲化议案就多达 77 件，这个数目多于过去 20 年提出的总和。[②] 对华人影响深远的《零售商业菲化案》和《米黍菲化案》就是在这个时期通过的。为了扶持菲律宾人在这一行业迅速取代外侨商人，政府拨出 5000 万比索，建立流动基金，借贷给菲律宾人和菲律宾的企业。[③]

2. 同化华侨

1955 年，菲国会以"共党渗透华侨学校"为名，大造舆论，抨击华侨学校，主张严格监督华侨学校，甚至主张关闭华侨学校。迫于形势，中国台湾方面经过多次磋商后，于 1956 年 1 月与菲律宾方面签订了"中菲督察华侨学校备忘录"，在课程上规定中、英文的上课时间。菲政府全面监督华侨学校后，对华侨学校的影响并不大，没有从根本上改变华侨学校的性质。1961 年 11 月的总统选举中，倡导"不歧视，不排斥"和继续完成"未完成革命"的自由党候选人马卡帕加尔，击败了谋求连任的加西亚，成为新一任菲律宾总统。马卡帕加尔执政以后，菲律宾经济菲化运动由高潮转入缓和。在其四年执政期间，他的华侨政策是以"同化"取代"经济菲化"，实质是菲化华

---

① 庄国土、陈华岳等：《菲律宾华人通史》，厦门大学出版社 2012 年版，第 459 页。
② 刘家驹：《菲律宾菲化运动之研究》，学津书店 1983 年版，第 32 页。
③ 庄国土、陈华岳等：《菲律宾华人通史》，厦门大学出版社 2012 年版，第 468 页。

侨。他认为："一个中国人在通过法律程序入籍后，继续送他的子女到专供华侨子弟的学校去学习，只在华侨圈子中活动，又不愿参加菲人团体或者学习菲语。在严格意义上，并不是一个善意与真正的菲公民。因此，为了减少苦难与莫须有的牺牲，主动地采取行动，求取合理地解决，才是最有利的。"① 这就使当地中文学校纳入当地的国民学校系统，并鼓励华侨将效忠、认同对象转向居住国。同时，由于家长重英轻汉，学生不堪双重课程的重负，放弃学习中文，年青一代也就离故土越来越远了。②

三 20 世纪五六十年代，侨菲戴氏族人经济与生活

（一）菲化案对华侨经济的影响

1. 退出零售做批发

近代华侨来菲，一般都出于生计才漂洋过海，背井离乡地来到南洋。在南洋，便于谋生，都会做一点小生意，挑担走街头，一点一滴地积累起来，然后再拥有自己的店铺。零售业，对于刚来菲的华侨是主要的谋生手段，而菲律宾政府在零售业菲化的主要目的就是防止新偷渡来的华侨。同时，也是为本国居民提供更多的发展机会。

1954 年颁布了《零售商业菲化案》，即 5 月 15 日以后，菲律宾政府规定：只准菲民或资金 100% 为菲公民拥有的公司组织，从事经营零售业。并且工商部还要对在此之前经营零售做了诸多要求，如不准扩大规模，不准改变原来经营的项目，不得增售与营业性无关的产品等，要求比较苛刻。

1960 年，又通过了《米黍菲化案》，规定：经营米黍业的外侨应在 6 个月内、从事批发业务的应在 1 年内，经营碾米厂的应在两年内结束业务。《米黍菲化案》对华侨的冲击大于《零售商业菲化案》。《米黍菲化案》实施之后，外侨米黍商先后退出该行业。其中，包括华侨经营的零售店 2845 家，批发店 1231 家，碾米厂 390 家。然而，

---

① 菲华商联总会：《菲华商联总会成立十周年纪念特刊》，载《菲华年鉴》，马尼拉，1964 年，第 36 页。

② 颜长城、黄端铭：《菲律宾华文教育的演变》，《菲律宾华文教育综合年鉴》(1995—2004)，菲律宾华教中心出版。

由于这一法案实施得太急，菲籍商人因经验不足，无法全部替代外侨，以致从1963年1月起华侨开始退出该行业时，粮食供应不上，物价扶摇直上，居民日常生活大受影响，菲律宾国内一片反对之声。菲律宾消费者协会、生产者协会、稻农及地主、米黍业职工协会纷纷向总统请愿。最后，菲律宾政府不得不于1973年5月宣布废除这项法律。[1]

华侨华人具有顽强的生存能力，只要一有机会，他们就能继续生存下去。菲律宾最高法院对"零售"一词的解释是："要断定一种买卖是批发或零售，应根据购买者的性质而不是货品的数量为根据，假如购买者货品是自用，该种买卖是零售，不管所购买数量多少。倘若购买者是为了要转售给他人，则属批发。"这就为华侨谋生提供了新的生存空间。不能零售，那就做批发，在那段时间就有许多批发店涌现出来了。

2. 进军制造业

从菲律宾国家经济发展政策来说，为了真正实现其民族独立，要有自己独立的经济体系，菲律宾政府开始在经济领域推行进口替代发展战略，目的在于通过给予民族工业必要的保护，加快其发展步伐，提高本国工业化水平，减少对进口的依赖。[2] 禁止外侨做零售，就把一批有点资金和实力的外侨赶上制造业，但皆因资金实力不雄厚，只能办些小企业。这样就造就了菲律宾小型加工制造业的迅速发展。

结果，在整个20世纪50年代，菲律宾加工制造业保持了年均9.85%的增长速度。在此推动下，经济实现了快速发展，国内生产总值在整个50年代达到了年均增长6.3%的水平。此时，菲律宾无论是在工业化程度还是在经济发展速度方面，在整个东南亚地区都是最高的；其人均收入在50年代末60年代初超过了东南亚其他国家，在整个东亚地区仅次于日本。[3]

---

[1] 庄国土、陈华岳：《菲律宾华人通史》，厦门大学出版社2012年版，第468页。

[2] 陈明华编：《当代菲律宾经济》，云南大学出版社1999年版，第8页。

[3] 覃主元：《战后东南亚经济史（1945—2005年）》，民族出版社2007年版，第271页。

1960 年，菲律宾加工制造业在国内生产总值中所占比重达 20%；而泰国、马来西亚和印度尼西亚则分别为 13%、9% 和 8%。① 1961 年，菲律宾国内的加工制造企业达到了 37400 家，而泰国到 1970 年才有 30000 家，印度尼西亚到 1972 年有 29000 家。就是与日后成为亚洲"四小龙"的韩国和中国台湾相比，菲律宾在工业领域的某些行业也毫不逊色，对此有人评论说，"在 60 年代，菲律宾的金属加工与工程机械企业就已比韩国和中国台湾更先进了，而且还向巴基斯坦出售了本地制造的机器半成品"。②

（二）五六十年代移民的社会生活

尽管菲律宾国内的移民环境不安全，但从经济水平来说，中菲两国存在很大的差距。20 世纪 60 年代，菲律宾马尼拉地区已经有了一流的公路。笔者随戴宏达参观其郊区的工厂，车子开在一条有点旧的高速公路上。戴宏达告知，这条公路就是 60 年代修建的，现在还在使用中。"当时菲国的经济比中国好。但是，移民环境却是非常恶劣，移民局要来抓，所以就躲在工厂。"同样，也是 60 年代来菲律宾的南安籍苏先生说："为了躲避移民局，我们只好白天躲在店里，不敢出去。刚开始时，我和行健他们一起卖布，后来做摩托车零件批发。尽管移民局抓得很严，但是跟大陆这边的经济相比，生活境况还是蛮好的，所以一批批大陆人通过各种渠道来菲律宾。"③

学医的戴天悯来菲后，准备在此开个医馆，但菲律宾于 1959 年 6 月 20 日已经颁布了《医药法》，规定只准菲公民或有互惠国家之公民参加考试。而华侨则不能当医生，因此，就在其五弟戴天恻的布店里负责财务，后来，他自己也开了个布店。

"我父亲（戴天悯）原来是个医生，从上海的大学毕业后，先分配到厦门一公私合营的南侨医院当医生，当时的工资为 120 元。但由于家里孩子多，不能满足家用，生活比较艰辛，因此才到菲律宾赚

---

① 陈明华编：《当代菲律宾经济》，云南大学出版社 1999 年版，第 9 页。
② 查德·多纳：《东南亚的政治和本地资本的增长：菲律宾和泰国的汽车工业》，转引自陈明华编《当代菲律宾经济》，云南大学出版社 1999 年版，第 10 页。
③ 苏先生的访谈，2013 年 5 月于菲律宾马尼拉。

钱。本来是想在这里开个医馆之类的，后来菲法律规定不能开医馆，
但又因为年龄问题也不愿在其他店铺工作，于是就先开了个布店。
1961 年，父亲叫堂哥行健（其戴天惜之长子）也来菲律宾。我是
1962 年来菲的，来菲之前，我在南京华东水利水电动力装置系学习，
当时是大二。父亲叫我过来，所以我就过来了。但过了两年（1964
年），父亲自己又去了香港。来菲律宾的那几年，我和行健两人相依
为命。尽管二伯和五叔他们都已经在这里安家，但那些堂兄弟都是在
本地出生的，所以跟他们有一定的隔阂。而我们这些大陆来的年轻
人，有着共同的语言，外面又不能出去，除了工作还是工作。"①

"最初，他在马尼拉亲戚的布店帮忙当学徒。日薪六菲币。那时
他父亲又跑到香港开了一家拉链厂。工厂在起步阶段，资金紧张，无
法接济家庭。因此，接济在大陆的母亲及七位弟妹的生活重担就落在
戴亚明的肩上。有限的薪金收入，被他分成两份，大的一份寄给母
亲，小的一份自己留着。这种状况持续了两年，直到戴父在香港的工
厂上了轨道才结束。"②

1964 年，戴亚明从布店里出来和其堂兄戴行健一起开了家布店，
两个人互相配合，一个人负责销售，一个人负责管理，后来戴亚明专
门负责货源。为了能减少中间的流通，戴亚明从日本进口布匹到菲律
宾销售。但是，由于菲律宾政府的"菲化"政策，禁止华人做零售
业，因此，他们的生意也越来越难做。当时，其五叔戴天恻在 1968
年左右开始进入摩托车零配件，而且生意比较好。几个年轻人看着，
心里又活络开了。于是，哥儿几个就一起开了家摩托车零配件店。几
个人都是家里的长子，家里都还有兄弟姐妹一大帮，因此，经济上的
压力比一般人要大，压力大，动力也就大。

"面对艰难的生活环境，如何生存下去是第一观念。因此，在菲
律宾这片未开垦之地，到处充满了机会，但就看你如何去挑选机会、
如何能闯进市场。因此，他们不停地尝试，不断地摸索，试图找到一

---

① 2013 年 5 月 28 日，对戴亚明先生的访谈，在马尼拉办公室。
② 《闽商》2012 年第 2 期。

个能赚钱、赚大钱的门路。在强烈的成功欲的促使下，他们又开起了摩托车店。"①

　　然而，由于这一代华侨来菲谋生时间不长，资金并不是很宽裕，因此，投资的重点也只能放在一些简单的日用品的制造上。故工厂设备一般也都比较简陋，基本属于家庭式的制造业。

---

① 《闽商》2012 年第 2 期，第 67—71 页。

第三章 "运动"与"稳定"时期的戴天惜家族（1965—1986年）

1966—1976 年，中国开展了"文化大革命"运动；而菲律宾正处于马科斯政权统治时期（1965—1986 年），政权相对稳定。马科斯政府实行一系列促进经济发展的策略，合理处理华人华侨问题，从而使菲律宾走上相对繁荣、稳定的 20 年。

第一节 "运动"期间的戴天惜家族

一 "运动"中的戴天惜家族

1966 年 5 月 16 日，"文化大革命"开始。1966 年 6 月初，福建大、中、小学全面停课闹革命，校内外张贴批判反动学术权威和反革命修正主义分子大字报，一些知识分子和干部、教师都遭到打击迫害。6 月 18 日，形成了"六一八"造反运动。1966 年 8 月 5 日，毛泽东发表《炮打司令部》，学校动乱向社会动乱蔓延。在福建省各县、市纷纷成立各种群众组织，南安县就有"八二九南安分部""八二九工人总部""一二四革命行动指挥部"。① "文化大革命"运动中，人人都是主角，然而，华侨眷属因为政治、历史原因而成为运动中的"边缘人"。

（一）"文化大革命"中的"边缘人"

边缘人，是指在某项活动中，泛指对两个社会群体的参与都不完

---

① 叶青：《文革时期福建群众组织研究》，当代中国出版社 2004 年版，第 179 页。

全，处于群体之间的人。狭义上讲，边缘人是指各个方面都脱离主流
社会群体的人群（"边缘人"这一概念最早由德国心理学家 K. 勒提
出，边缘人的特质之一是金钱地位上的卑微及性格上的桀骜不驯，之
二是敢大胆对亚历山大说"请不要挡住我的阳光"，所以，这也注定
了他们与主流社会某种程度上的隔膜——一方不愿屈尊以降，另一方
则是不屑一顾）。本书所说的"边缘人"是指在整个运动过程中，他
们不是组织者和参与者，但也并非在运动中未曾沾边，他们就相当于
整个圆的边缘，都沾点边。他们具有心理学上边缘人的特点，两极化
的倾向。

1. 人生"污点"：家庭成分

"文化大革命"期间，有海外关系者意味着可能与境外敌对势力
发生联系，海外关系成为人们避之唯恐不及的"污点"，华侨华人及
其眷属自然更被视为有"海外关系"者的代表，所受的打击和排斥自
在预料之中。[①] 反"右"倾运动中，各级侨联受到冲击，在"社教"
"四清"运动中，一些侨户被重新戴上地主的帽子，有些归侨被错划
为资产阶级。

戴天惜曾任民国时期县参议员，又长期在诗山镇上开诊所，尽管
土地改革时已经被认定为"自由职业者"，然而，在反"右"倾扩大
时，又在他曾担任民国县参议员之事上做文章，戴高帽游街。他病故
后，他们的孩子也因此成了"黑五类"。再者，他们的叔伯兼之大哥
又在菲律宾，还有一层复杂的"海外关系"。在政治挂帅的年代，绝
对是比较"危险"的家庭。戴宏达就曾谈起当时读书时的事："那会
应该正进入初中吧。我因学习成绩好，当班长。可是某天突然来了运
动，好像是说我的成分很不好，把我的班长撤了。第二天，我再去上
学。当老师走进来时，我照样喊'起立'。结果同学们都笑话我，搞
得我很难为情。"[②] 其他兄弟也一样，由于家庭成分问题，他们都不能

---

① 庄国土：《1978 年以来中国政府对华侨华人态度和政策的变化》，《南洋问题研究》
2000 年第 3 期。

② 戴宏达先生的访谈，于菲律宾办公室，2013 年 5 月 13 日。

担任班干部。运动高潮的时候，上中学都成问题。大庭村的老支书戴住煌谈起华侨子女入学问题时说："我当时看到新民他妈妈曾带着孩子找过校长，想让他能上学，但后来好像没同意。"① 笔者曾就此事问过戴新民。他没说自己的事，倒是说，"当时我九弟就因这个原因不能上中学，所以只能小学毕业，到十弟的时候，好像政策又可以了"。② 学校也处于半瘫痪状态。随后，又停课"闹革命"。

当时的家庭出身很重要。读书、工作，甚至结婚都要与"家庭出身"挂钩。根红苗正的学生，可以推荐上大学。即使在生产大队，也根据其家庭出身提干。家庭出身不好的孩子，在当时来说没有什么前途了：不能读书，不能经商，他们似乎成了社会的"弃儿"，而这种污点将跟随他们一辈子。

2. "大串联"中的戴氏兄弟

"1966 年 6 月 1 日，新华社播发北京大学聂元梓等 7 人的大字报后，一些城市的大、中学校开始组织红卫兵，夺学校的权，批斗校长与老师，停课'闹革命'。在很短的时间内，动乱波及整个教育界"。③ 1966 年 6 月初，福建大、中、小学全面停课闹革命。1966 年 9 月 5 日，中共中央、国务院发出《关于组织高等学校革命学生、中等学校革命学生代表和革命教职工代表来北京参观文化大革命运动的通知》，规定外地师生进京参观"文化大革命"运动，路费和生活补助费由政府财政提供。1966 年 9 月 15 日，《人民日报》头版发了一个通栏大标题，"毛泽东思想把全国革命师生的心串联在一起"，其副标题是"各地革命师生满怀激情来到祖国首都交流无产阶级文化大革命"。④ 于是，国内掀起史无前例的免费"政治旅游"——大串联。

1966 年 8 月 18 日，毛泽东首次在天安门接见了全国各地的红卫

---

① 2013 年 12 月 3 日，于大庭村老年协会。

② 2013 年 12 月 28 日，于南安。

③ 赵德馨主编：《中华人民共和国经济史》（1967—1984），河南人民出版社 1989 年版，第 290 页。

④ 燕帆：《大串联——一场史无前例的政治旅游》，警官教育出版社 1993 年版，第 93 页。

兵代表并检阅首都百万群众，在这种形势下，福建省红卫兵运动也蓬勃兴起，各种组织纷纷建立。"在福建，10月10日前，主要是按中央、国务院9月5日规定组织革命师生赴京。据统计，自9月12日至10月10日止，全省组织师生赴京参观开出34列专车，总人数达71万人。从10月8日开始至11月20日，主要是组织赴省内、外各地串联。据统计，从10月8日开始至11月14日，38天内外出串联总数已达148284人，外出人数已占全省师生总数38万人的39%。从10月24日，福建省开始办理步行串联。据统计，每天步行串联的人数都在500人以上，最高峰12月9日，达到644人。"①

北上大串联是按家庭成分来分的，第一批是红五类，依次类推。大庭本村族人戴住煌，他年轻时就去过北京，见过毛主席，他是属于第四批次的。如今回忆起那段往事，他还是激动不已。"前面有摩托车警察开道，人流如潮水，鞋带松了也不敢弯腰去系。"他家是工商业者，不算是"红五类"，也不是"黑五类"，所以，也拿了五块钱去北京，一路免费吃免费住，结果等从北京回来，五块钱一分没少还在袋子里揣着呢，最后乡里还有额外补贴。②

从当时政治成分和家庭出身来看，戴天惜算"黑五类"，是受教育被革命的对象。从家庭出身看，戴天惜的儿子们无缘此次免费"政治大旅游"，面对如此轰轰烈烈的免费"政治大旅游"，他们又岂能甘心只做一个旁观者呢？在看到本村其他人一个个都去了北京，作为新中国的同时代人，戴氏兄弟还是以各种方式积极参与。戴宏达先生还曾回忆了当年大串联的情况：当时，他就跟他五哥（戴新民）等商量选择一个地方去串联。第一站，他们选择了省城。于是，他们就步行到福州。从福州回来后，有了第一次经验，戴宏达、戴新民兄弟就准备下一站行程。大伙商议道，要不，去北京？但北京从哪去呢？总不至于走路去吧，想了一番后，先南下广州再从广州坐火车，然后再北上。于是，一行几人就上路了，由于红卫兵吃饭不用钱，他们一路

---

① 叶青：《"文革"时期福建群众组织研究》，当代中国出版社2004年版，第103页。
② 对戴住煌先生的访谈，于2013年12月5日，大庭村老年协会。

走到汕头，到汕头后，发现这样走下去何时是个头呢？于是，就立马决定坐车。随便在马路上拦了一辆车，把他们送到了广州。"当时为了找回来的路，问了老半天都没人跟我说清楚，听不懂啊。我发现，广州这个地方，实在是不好待，你跟他们说普通话，他们听不懂，他们讲的广东话你又听不懂。最后，自己差不多走遍了大半个广州城才走回住的地方。"后来，因伙伴们不愿再北上，于是一群人又闹哄哄地回来了，那是他第一次走这么远的路①，而这种经历无疑对今后人生有很大的影响。

（二）"四清"运动中的戴氏宗族

1964年12月到1965年1月，中共中央在北京召开工作会议，讨论和研究农村社会主义教育运动问题，毛泽东主持制定《农村社会主义教育运动中目前提出的一些问题》（即"二十一条"）规定，城市和农村的社会主义教育运动，今后一律称为"四清"（清政治、清经济、清组织、清思想）运动。据统计，1966年春，全国有1/3以上的地区开展了"四清"运动。

在大庭村，"四清"对象成了历史文物古迹。有两百多年的祖祠被改作榨油厂，而其他各小宗的祖庙都受到不同程度的破坏。当时有人想要毁坏祠堂里的祖先牌位，族中有人偷偷地保存下来。家谱作为封建遗毒被焚烧，其中有一部分被族里的大婶收藏好了，等后来重修家谱时再献出。② 大庭村有许多文物古迹，如待驾宫、天赐岩、寿山宫、后港仔宫等都在"文化大革命"中被夷为平地。这期间更有人趁火打劫，抢劫文物，如天赐岩所供奉的清水祖师像是用沉香木所雕，在破"四旧"时，这个雕像被人拿走了，至今也未见有人献出。③ 在运动中，福建被拆庙宇6683万座，打掉菩萨53.5万件。④

虽然在土地改革后，族田被收归集体，重新分派，村里也按生产

---

① 戴宏达、戴新民先生告知笔者，于2013年。

② 《戴氏家谱·修谱缘起》，1991—1993年修。

③ 戴住煌的访谈，2013年12月，于村老年协会办公室，非常感谢老书记。

④ 转引自叶青《"文革"时期福建群众组织研究》，当代中国出版社2004年版，第60页。

大队管理。但本房中人的多少还是直接影响到本房人在生产大队中的发言权。比如，上学和提干的指标，在"红五类"里，就要争取这一上学的指标。大姓的名额多，小姓的名额相对就少了。

二 "运动"期间，戴天惜儿子们的社会生活

（一）生产与生活

骚动过后，一切归于平静，摆在人民面前的便是生存问题。1958年后，全国实行人民公社，在集体经济所有制外，不允许其他经济形式存在。几千年来，中国农村的管理依赖于乡里制度和宗族，国家并没有更多的时间和精力来"指导"其内部事务，这样就导致了乡村内生一套自然的礼俗及经济模式，如《江村经济》所描述的那样，从而保证了乡村正常有序地缓慢发展。然而，一大二公的"人民公社"彻底打破了农村的生活方式，把其内生于广大农村几千年的个体商业活动、集市贸易以及家庭副业在政策上都被视为"资本主义尾巴"加以取缔，认为农村集市贸易是"资本主义泛滥"，是"黑市"，必须关闭取代，三令五申地对集市贸易要"管紧、管严、管死"，"宁左毋右"，对出售农副土特产品的农民进行罚款，没收以致批判斗争。① 这种僵化的单一的经济体制，使农村资源被国家强制集中、调配，这种做法破坏了生产资料的合理配置状态，也使农业无法获得后续增长能力。

戴新民、戴宏达兄弟等大串联回来之后，尽管学校开始复课，但由于成分问题，他们的学业生涯却只能到此为止。为了生活，只能加入劳动大军。他们都参加生产劳动。生产队一般以20户、30—40个劳动力为宜②，小规模的生产合作组织有利于内部成员感情的沟通，在一定程度上以生产队为组织的单位代替了宗族房派间的联系。但生产队员的划分，还是基本以其房派为单位，同一房派的划为同一生产队，发展到后来，甚至有的都是同一曾祖名下的。诚如大庭年轻的村主任所说："我看了一下家谱，发现我们生产队的（人）原来都是同

---

① 李宗植、张寿彭编：《中国现代经济史》，兰州大学出版社1989年版，第319页。
② 许永杰：《福建农业合作化历史》，福建人民出版社2011年版，第117页。

一曾祖或高祖名下的，都是本房人。"①

"文化大革命"十年，我国多数农村尚未摆脱贫困的威胁。"社员人均集体分配收入 1965 年为 52.3 元，1976 年为 62.8 元，年均提高仅 0.95 元，其中集体分配的现金还下降了 17.2%。农民的消费仅限于吃饭，农业吃饭仅处在糊口的状态。"② 别看生产大队投入了更多的劳动大军，但其劳动效率却是极其低下的。1976 年，每个农业劳动力平均生产粮食为 1948 斤，低于 1957 年 2020 斤的水平。③

从表 3-1 可以看出，有几个年份是略有增长的。但是，在那个浮夸风盛行的年代，这些数据只能作参考。

表 3-1　　　　　　1966—1976 年我国农业总产值变化

年份	1966	1967	1968	1969	1970	1971	1972	1973	1974	1975	1976
为上年的（%）	108.9	101.6	97.5	101.1	111.5	103.1	99.8	108.4	104.2	104.2	102.5

资料来源：《中国统计年鉴》（1984），第 25—26 页。

生存，是本能。面对生存问题，农民为了渡过难关，曾自发地搞起包产到户，但最终皆因不被允许而未能进行。有人认为："在许多农村，'文化大革命'乃至此前的人民公社化运动造成后果的严重性很大程度上取决于当地村干部的'政治觉悟高不高'。"中国农民在生存面前体现了其对政策理解的"灵活性"，表现为"农民与党的政策的博弈"，这种博弈体现在普通农民与农村干部间的协同。④ 像在闽南的村庄就表现为"睁眼闭眼""不闻不问"的不作为，这在很大程度上鼓励了当地敢闯敢搏的一部分人。

为了改善生活，戴天惜五子戴新民自己偷偷地种蘑菇、养猪、养蜂，大家也都睁一只眼闭一只眼。而老六戴宏达更大胆，"在那个把

① 2012 年 11 月 29 日，对大庭村主任戴祖福的访谈，在此非常感谢他的接待。
② 李宗植、张寿彭编：《中国现代经济史》，兰州大学出版社 1989 年版，第 327 页。
③ 同上书，第 326 页。
④ 苏海舟：《"破茧之初"：1978 年前后中国农村与农民的原初状态及地区差异》，中共党史出版社 2010 年版，第 133 页。

经商当成罪过的年代里，戴宏达却没有埋没自己的经商才能，开始倒腾摄影，并以此为谋生，贴补家用。他身无分文，从向别人借相机开始；慢慢有了积蓄后，就买了一台上海出产的海鸥相机。为了学习摄影技术，他四处借有关摄影书籍材料，按图索骥；摸出门道后，自配显影粉，自设暗房洗相，掌握相片的放大、彩色技术。为了降低摄影成本，他向厦门的胶卷厂论斤购买廉价胶卷废料，取出其中可用的部分。他的摄影技术很快闻名一方，连县城办展都请他去准备摄影的部分"。①

（二）与亲友间的关系

戴天惜过世后，他的同事也会经常来看望并照顾他的家人，林亚燕之父就是其中之一。后来，林亚燕也随祖母去了菲律宾，林亚燕和戴宏达在菲律宾成亲。戴天惜的同事们为了纪念戴天惜还特地出了一本纪念诗集。由于当时国内普遍生活比较紧张，父亲同事们的支持也只能是杯水车薪。然而，侨眷由于海外亲戚不定时的侨汇大大地改善了生活。戴新民说，菲律宾的叔伯们都会有侨汇回来，后来主要还是靠大哥。毕竟他们兄弟在生产队里的收入只能糊口而已。大哥会每月定期寄钱回来，这些钱，首先满足正在上学的兄弟们。而有了钱，戴氏兄弟才有资本可以鼓捣相机、养蜂与猪等副业。然而，他们的发展空间也有限，不能光明正大地经商，不能正常地上学、工作，更无缘于政治，只有当一辈子农民，过着"上工一条龙，干活大呼隆"的集体劳动，或是等着大哥和叔伯们的侨汇来改善生活，这些都不应该是一个有抱负、有理想的青年所应该过的日子。

（三）70年代的移民——家族移民的完成

正当国内忙于搞各项运动，一片热火朝天，而此时的菲律宾国内政治稳定，经济繁荣。已经在菲律宾站稳脚跟的戴行健和戴亚明经营的布匹生意也有了起色。兄弟两人先是做布匹经纪，再合作进口布匹。因进口管制比较严，最初只能从二盘商、三盘商进货，后来，他们直接从日本进货，减少了流通渠道，生意盈利不少。20世纪60年

---

① 《闽商》2012年第11期，第41—45页。

代末，菲律宾的摩托车开始有了起色。1968 年左右，戴天侧开了家摩托车零售店，生意不错。1974 年，戴亚明他们也开了家摩托车配件店。多家店面的开张，使他们的经济越来越宽裕，侨汇额也多了起来。同样，由于店面的开张，需要人手的加入，而自己家人的加入则是最需要的。一边是为了运动而勒紧裤腰带，另一边是资本中等发展的国家，这种鲜明的反差对有海外关系的国人来说实在是太有诱惑力了，兄弟们纷纷到菲律宾投奔大哥。老六、老五、老二、老四分别于20 世纪 70 年代中后期转道去了菲律宾。

1976 年，中国终于结束了十年动乱。1979 年党的十一届三中全会召开，国家的工作重心从"阶级斗争"转到了以"经济建设"为重心上，表示一个新时代的开始。1976 年，乡村居民平均每人每年布匹生活消费量为 6.39 米（其中，化纤及混纺布为 0.65 米），比 1966 年增加 0.94 米（其中，化纤及混纺布增加 0.42 米），但与新中国成立后最高年份相比，减少 2.38 米。[①] 1978 年之后，中国农民收入略有变化，见表 3-2。[②]

表 3-2　　　　　　1978—1985 年中国农民收入变动

年份	1978	1979	1980	1981	1982	1983	1984	1985
收入（元）	133.6	160.2	191.3	223.4	270.1	309.8	355.3	397.6
指数	100	122.38	138.97	158.7	189.49	216.4	244.96	268.94
比上年增长数（%）	—	22.4	13.6	14.2	19.4	14.2	13.2	4.8

资料来源：根据历年《中国统计年鉴》的相关数据换算得到。

为了追求"幸福"生活，移民活动还在继续。尽管当时中菲两国已经建交，但国人出洋的很少，按照经验，一般出去很难回来，所以，其心情还是很悲壮的。戴宏儒在戴天惜家排行第九，他说："我是 1978 年来菲律宾的。当时大陆真的很穷啊，我家隔壁的孩子饿得直哭，但是一点办法都没有。为了不至于自己以后也要过这种日子，

① 赵德馨主编：《中华人民共和国经济史》（1967—1984），河南人民出版社 1989 年版，第 279 页。

② 杨德才：《中国经济史新论》（1949—2009）（上册），经济科学出版社 2009 年版，第 349 页。

所以也就想办法出来了。当我跨过深圳桥时，我转过身去深深地看了一眼，心想，别了，我的家乡，也不知道今后还有没有机会再回到中国。因为当时交通不方便，一旦出去后，很少会有人回去的。"他不无感慨地说："没想到，自我出来之后，国家就一天天好起来了。现在中国很好了，我们也经常回去，家乡那边的人也时常会过来，很方便。"①

他们家族的各房堂兄弟们也都于 20 世纪 70 年代陆陆续续到了菲律宾，到 80 年代初，完成了整个家族的移民，具体时间见表3 - 3。

表 3 - 3　　　　　戴天惜家族众兄弟子侄入菲时间及途径

姓名	时间（年）	途径	国籍	姓名	时间（年）	途径	国籍
戴天惜兄弟							
戴炳煌	1920	从香港转道	菲律宾	戴昭明	1955	从香港转道	菲律宾
戴天侧	1930	从香港转道	菲律宾	戴天悯	1956	从香港转道	菲律宾
戴天悯家族							
老大戴亚明	1962	从香港转道	菲律宾	老四戴国兴	1978	从香港转道	中国
老二戴国治	1983	直达	中国	老五戴国隆	1978	从香港转道	中国
老三戴国安	1974	从香港转道	中国	老六戴国强		从香港转道	中国
戴天惜家族							
老大戴行健	1961	从香港转道	菲律宾	老六戴宏达	1973	从香港转道	中国
老二戴自强	1975	从香港转道	菲律宾	老九戴宏儒	1978	从香港转道	中国
老四戴亚裕	1975	从香港转道	菲律宾	老十戴宏博	1978	从香港转道	中国
老五戴新民	1975	从香港转道	中国				

资料来源：戴氏家族兄弟们提供。

第二节　"稳定"时期的菲律宾戴氏家族（1965—1986 年）

1965 年，费迪南·马科斯（Ferdinand Marcos）当选总统，从此开始了长达 20 年的统治（1965—1986 年）。他一改以前对华侨的态

---

① 对戴宏儒先生的访谈，于 2013 年 5 月 19 日，菲律宾公司办公室。

度，简化了入籍手续。同时，利用周边国家快速发展的经济环境，重新制订工业发展计划，使菲律宾进入快速发展期。在其任内，他还改善了与周边国家的关系，改变对中国的外交策略，并于 1975 年同中华人民共和国建立外交关系。华侨华人纷纷建立自己的企业，成为菲律宾经济不可或缺的一部分。

一 戴氏家族经济的发展

菲律宾一直唯美国政策马首是瞻，但是，从马卡帕尔总统时期开始就实行"回到亚洲"政策，与亚洲国家，特别是与东南亚邻国改善了关系。亚洲地区经济的崛起，给菲律宾经济发展提供了有利的条件。

（一）亚洲经济的崛起

1. 东盟

1961 年 7 月 31 日，马来西亚、菲律宾和泰国三国在曼谷成立东南亚国家联盟。但成立后因"沙巴"归属问题，马来西亚与菲律宾中断外交关系，印度尼西亚与马来西亚也进入对抗时期。三国之间的关系直到 1965 年才恢复正常。1967 年 8 月 7—8 日，印度尼西亚、新加坡、泰国和菲律宾四国外长和马来西亚副总理在泰国首都曼谷举行会议，发表《东南亚国家联盟成立宣言》，即《曼谷宣言》，正式宣告东南亚国家联盟（Association of Southeast Asian Nations，ASEAN，简称东盟）的成立。成立之初，美国对东盟并不太热衷。进入 70 年代后，美国基于政治和战略考虑，支持东南亚地区的区域合作。1976 年，各成员国首脑在印度尼西亚巴厘岛举行第一次首脑会议，签署了《东南亚友好合作条约》和《东南亚国家联盟协调宣言》，正式将政治合作列入联盟合作范围，并就经济合作制定了具体原则，同时加强了组织上的联系，标志着东盟进入新的发展阶段。[①] 东盟的形成改善了菲律宾的周边环境，通过建立联盟形成经济贸易的联系，便于国内经济的发展。东盟成员国在经济发展中采取协调一致的步骤，建立的区域经

---

① 梁英明等编：《近现代东南亚》（1511—1992），北京大学出版社 1994 年版，第 467—472 页。

济合作区促进了各国的经济增长。1973—1983 年，东盟各国国内生产总值年均增长率，印度尼西亚为 6.4%，马来西亚为 6.8%，菲律宾为 5.2%，新加坡为 7.6%，泰国为 7.1%，这样的高增长率在世界其他地区极为少见。[1]

2. 日本

第二次世界大战后，鉴于美日的密切关系，菲律宾于 1951 年在《旧金山条约》上签字[2]，并且与日本进行了小规模的贸易，但菲律宾政府并没有放弃向日本要求战争赔款的权利。[3] 1956 年 5 月 9 日，双方经过多次交涉，正式签署日本对菲律宾的《赔偿协定》与《关于经济开发借款的交换公文》。前者规定：日本在此后 20 年间分年以货物、资本和技术服务的形式赔付菲律宾损失，总值为 5.5 亿美元。后者规定，日本将对菲律宾提供 2.5 亿美元的长期贷款，用于经济发展。同年 7 月 23 日，《赔偿协定》生效。同日，日菲两国正式建立外交关系。[4] 自此，日本开始对菲律宾进行大规模的商品输出和资本输出，1955—1966 年的 11 年间，日菲贸易额激增了 4 倍，即从 1.044 亿美元增为 5.22 亿美元。[5]

在日本向东盟出口中，菲律宾所处地位最重要。当时，日本向东盟出口额中，菲律宾占 32.8%。从 20 世纪 60 年代到 70 年代中后期，日本对菲律宾的政府开发援助累计额从 1.49 亿美元增长至 5.87 亿美元，年均增长 15.9%，居第二位。[6] 经过十多年的努力，日本重新恢

---

① 梁英明等编：《近现代东南亚》（1511—1992），北京大学出版社 1994 年版，第 476 页。

② 《旧金山条约》，是指 1951 年 9 月，在美国主导并控制下召开的国际会议，有 52 国参加，主要探讨日本问题，这是一次美国对日本的媾和，以严重侵犯中国、苏联等国利益为代价而换取美国在日本的利益。《旧金山条约》的签订，使日本正式步入世界舞台，重新走进亚洲视野。中华人民共和国不承认这一条约的内容。

③ 金应熙编：《菲律宾史》，河南大学出版社 1990 年版，第 663 页。

④ 宋有成、李寒梅等：《战后日本外交史》（1945—1994），世界知识出版社 1995 年版，第 251 页。

⑤ 金应熙编：《菲律宾史》，河南大学出版社 1990 年版，第 708 页。

⑥ 赵晨：《东南亚国家联盟——成立发展同主要大国的关系》，中国物资出版社 1994 年版，第 196 页。

复了第二次世界大战期间在东亚的地位。到了 70 年代初，日本已经在许多方面替代了美国在菲律宾的作用，并通过经济渗透实现了它在第二次世界大战期间使用军事征服而没有达到的目的。由于日本已经成为菲律宾产品的最大市场，又是菲律宾进口需求的首要供应者，因而它成为菲律宾的第一贸易伙伴。

20 世纪 80 年代，日本经济进一步增长。1987 年，日本人均收入为 19553 美元，超过美国的人均 18570 美元，居世界第一位；至 1987 年，日本对外贸易顺差近 1000 亿美元，超过联邦德国而居世界首位，日本成为世界最大的贸易债权国；占世界总人口 2.5% 的日本拥有世界总收入的 11.2%，总出口额的 9.8%。[1]

日本经济飞速发展，促使其对能源需求和市场的极度短缺。日本是菲律宾铜精矿的最大购买者、原木的最大顾客，又是菲律宾香蕉的最大市场（近年来则成为唯一的市场），日本还是菲律宾生产工业品所需的生产资料（包括汽车和运输设备）的最大供应者。美国一贯是菲律宾汽车和其他运输设备的最大供应者。自从四汽缸小型汽车流行后，欧洲汽车制造商（英国、德国、意大利和法国）接替美国而成为菲律宾小型汽车的主要供应者，但不久之后，日本便占领了菲律宾的汽车市场。[2]

3. 亚洲"四小龙"

20 世纪 60 年代开始，亚洲的新加坡、韩国、中国香港和中国台湾实行出口导向型战略，重点发展劳动密集型加工产业，在短时间内实现经济腾飞，一跃成为全亚洲最发达、富裕的地区。这种"东亚模式"引起全世界关注，它们也因此被称为亚洲"四小龙"。

从 20 世纪 60 年代开始，四地区的国内生产总值年平均增长速度都接近或超过 10%。中国台湾 1970 年出口总值是 1960 年的 9 倍，1980 年为 1970 年的 13 倍；韩国 1980 年出口总值是 1960 年的 534

---

① 宋有成、李寒梅等：《战后日本外交史》（1945—1994），世界知识出版社 1995 年版，第 539 页。

② 伯纳迪诺·期奎洛：《日本和菲律宾：亲密的区域伙伴》，《南洋资料译丛》1976 年第 3 期，第 10 页。

倍；新加坡 1980 年出口总值是 1965 年的 20 多倍。韩国农业在国民经济中的比重从 1961 年的 47.4% 降到 1985 年的 15%，工矿业从16.5% 上升到 33.4%；中国台湾农业比重从 1952 年的 35.7% 降到1978 年的 12.1%，工业比重从 17.9% 上升到 40.3%，中国香港与新加坡也从转口港变为工业城市。"四小龙"的奇迹给菲律宾地区经济提供了机会。其中，三个地区又是华人区，鉴于华人之间的网络关系为菲律宾华人经济发展提供了机会。

（二）马科斯政府的经济繁荣

独立后，菲律宾政府开始在经济领域推行进口替代发展战略，目的在于通过给予民族工业必要的保护，加快其发展步伐，提高本国工业化水平，减少对进口的依赖。这种战略在 20 世纪 60 年代的确取得了很大的成效，但是，其经济发展后劲不足。进口替代战略在保护本国市场、培植新兴产业方面具有一定的积极作用，因而对一些基础薄弱、经济门类不全的发展中国家来说不失为一个有益的选择。亚洲经济发展取得较大成就的国家和地区，如新加坡、韩国、中国台湾等在其经济发展的不同阶段都曾推行过进口替代发展战略。然而，以满足国内或地区内需要为目的的进口替代发展战略在一个内部市场相对狭小的国家或地区，很容易造成发展局限，影响经济持续发展，菲律宾就是如此。

马科斯当政后，实行一套"出口导向工业政策"。1971 年后，政府制定了一些鼓励外来投资的新措施，这些政策上的变动在当时被看作是政府开始在经济领域以出口导向型工业化发展战略取代进口替代工业化发展战略。同时，马科斯政府实行了土地改革，颁布关于解放佃农，宣布在全国范围内取消分成制，以固定租金（比实行分成制时少一半）为基础的地租制取而代之。改革的最终目的是建立拥有 5 公顷旱地或 3 公顷水田的巩固的"家庭式"小农场，它们将成为菲律宾农业生产的基本单位。[1]菲律宾土地改革在一定程度上促进了农业发

---

① 覃主元：《战后东南亚洲经济史》（1945—2005），民族出版社 2007 年版，第 275页。

展，从1976年起，菲律宾粮食已能自给；1977年，粮食能少量出口。[1] 1965—1980年，菲律宾经济保持了一个较高的增长水平。1965—1970年，国内生产总值年均增长4.8%；1970—1975年，年均增长6.5%；1975—1980年，年均增长6.3%[2]，这一增长速度接近于当时东南亚的主要国家。到1982年，菲律宾人均国内生产总值达到1946比索，世界争先将菲律宾列为中等收入国家[3]，当时被称作是马科斯统治下的繁荣。

二 戴氏家族与马科斯政府对华关系的改善

（一）中菲关系的改善与建交

马科斯上台后，一改对中华人民共和国的仇视，重新审视第二次世界大战以来完全依附于美国的弊端与危害，开始调整多年来唯美国是从的外交政策。1965年10月30日，中国国际广播电台针对菲律宾开通"空中彩桥"广播，用他加禄语、英语、闽南语和普通话四种语言对菲律宾播出广播节目，菲律宾人通过收听该广播节目，了解中国经济成就及中国对菲律宾的外交政策。1967年4月，经菲律宾新闻署主动批准，中国纪录片在菲律宾大学和计顺市公开放映三天。[4]

开放信息封锁和人员往来的禁令，必然会增加双方的沟通和交流，两国关系的紧张氛围在20世纪60年代末逐渐被打破。菲律宾政府开始放松与社会主义国家交往的限制，取消记者和民间的团体访华禁令，允许菲律宾人公开到中国大陆访问，甚至还鼓励菲律宾人访华。

菲律宾国防部长卡洛斯·普·罗慕洛将军第二任美国妻子回忆说："事实上，早在两年多以前，菲律宾就宣布正在与中国、苏联建立关系。这是罗慕洛使菲律宾保持中立的高明计划的一部分，通过与

---

① 覃主元：《战后东南亚洲经济史》（1945—2005），民族出版社2007年版，第276页。

② Philippines, Prepared by the Federal Research Division of the Library of Congress, the U-nited States, 1991.

③ 陈明华编：《当代菲律宾经济》，云南大学出版社1999年版，第15页。

④ 庄国土、陈华岳：《菲律宾华人通史》，厦门大学出版社2012年版，第524页。

共产党集团建立关系，摆脱美国的保护。在他看来，'冷战'的年代已经过去。菲律宾必须通过自己的外交同所有国家和睦相处，以谋生存。"①

1971 年，中美关系的缓和直接促使了菲律宾对华态度的转变，开始考虑承认中华人民共和国及与中国建交等问题。

1972 年 3 月，马科斯颁布总统第 384 号令，菲律宾政府取消与共产党国家直接贸易的禁令，准许进行有限度贸易，不再限制菲律宾商人、贸易与商业公司前往共产党国家进行商务考察。同年 5 月 19 日，菲律宾与中国进行了第一次直接贸易，菲律宾出口 4500 吨椰子油，价值近 80 万美元换取中国万吨粮食，中国很快成为菲律宾的重要贸易伙伴。1975 年 6 月 7 日，马科斯总统访华，两国于 6 月 9 日签署了《中菲联合公报》。

中菲建交结束了第二次世界大战后长达 20 多年的对抗和仇视，两国关系呈现出新趋势和新方向。同时，也给菲律宾华人华侨传递了隔绝 20 多年祖居国的信息。中菲建交后，菲律宾和中国台湾双方互设办事处。1975 年 7 月 24 日，中国台湾驻菲机构——太平洋经济文化中心在马尼拉成立，首任代表为刘宗翰。次年 3 月 16 日，菲律宾驻中国台湾机构——亚洲交易中心在台北成立，首任代表为西蒙·罗哈斯。

（二）加速对华侨的菲化政策

随着对华政策的调整，菲律宾政府调整过去排斥华侨经济、限制华侨入籍的"离心"政策，寻求一种新的民族主义，即采取放宽入籍，加速同化过程的政策，以加强华侨、华人对菲律宾国家的认同感，避免菲中建交后华侨可能产生的亲华倾向。菲律宾观光部长亚斯比示在 1975 年颁布放宽入籍法令时说："菲政府在与共产党国家建立外交之前，必须顾及本地华侨，它绝不致使华侨成为一个无国籍的集团。"②

---

① 贝丝·戴·罗慕洛：《菲律宾政坛回忆》，李延凌译，广西人民出版社 1992 年版，第 99 页。

② 《联合日报》1975 年 4 月 23 日，转引自庄国土、陈华岳等《菲律宾华人通史》，厦门大学出版社 2012 年版，第 545 页。

文化上实行全面菲化。①菲化学校的所有权。1976—1977年，所有学校应为菲律宾人所有，其资本投资的60%属于菲公民。②管理权。1976—1977年，所有侨校的管理权与控制权应属于菲律宾公民。③课程与教材。1973—1974年，所有华文学校采用菲文化教育部门规定的课程设置。禁止使用中国台湾的课本，要使用菲律宾教育部规定的课本。法令规定，华语只能作为选修课，上课时间每天不得超过120分钟，中学中文课程由高、初中六年制改为四年制。① 同时，在新闻传媒方面，也做了菲化。通过一系列"去中国化"措施，消除中华文化对华侨华人的影响，达到同化华侨的目的。自此，菲律宾华文教育性质发生了根本性改变，不再是华侨教育而是华人教育。

简化华人入籍程序。为避免建交后中国政府取代台湾当局过多影响菲华人社会，菲政府欲将华人转化为菲公民，促使华人的政治认同转变为效忠菲律宾国家。为此，马科斯政府对华侨入籍做了很大调整，简化入籍程序，延长入籍申请时间，同时降低入籍门槛。华侨只需在菲律宾居住五年，有一定的收入，其子女只要进入教授菲律宾历史、政府及公民教育科目的学校即可申请公民权。到1975年8月，华人大约有80%的华侨、约50万人取得菲律宾国籍。②

为了能在菲律宾真正安定下来，并能在经济上取得一定的成就，应势而变，侨菲的戴氏族人也完成了这一蜕变，在政治上有了稳定的保障后，其商业经营活动也得到了提升。

三 戴氏家族企业"分流"

菲律宾政府对华人华侨态度的改善，为在菲华人创造了经济发展的机会；周边地区经济的繁荣，尤其中国台湾、中国香港经济的发展，为菲律宾华人经济发展创造了条件。而善于抓机遇的华人利用20世纪60年代在夹缝中生存获得的技能，搭上了经济快速发展的"末班车"。

---

① 颜长城、黄端铭：《菲律宾华文教育的演变》，《菲律宾华文教育综合年鉴》（1995—2004），第118页。
② 庄国土、陈华岳等：《菲律宾华人通史》，厦门大学出版社2012年版，第536页。

1956 年来菲的戴天悯把戴行健和戴亚明等安顿好之后，他自己又去了香港，在香港开了一家拉链厂。因此，菲律宾的店铺完全交由年轻的兄弟俩。1972 年，香港经济萧条，而当时菲律宾已经改善了对华人华侨的态度，同时政府又鼓励往制造业发展，戴天悯又把工厂移到马尼拉。1972 年，戴行健与其三伯父戴天悯等开办了一家拉链厂。新厂的开设，需要大量人员的投入，他请来六弟戴宏达。1973 年，应大哥之邀的戴天惜六子——戴宏达加入了侨居行列。戴宏达的到来，给戴氏家族增加了助力。之后几年，其他兄弟也先后来菲。戴天悯的儿子们也于此前后赴菲，子侄们的到来，增添了其家族在菲的力量，也为他们的创业增添了助力。两房人重新分配行业发展，由其各房自行发展。"一个家族的崛起，很大程度上取决于一个或几个核心人物的出现。"[1] 戴天悯这房主要以其长子戴亚明为核心，戴天惜这房主要以其六子戴宏达为核心，两房人在他们引领下开辟各自的新天地。因此，接下来的考察分别针对这两支为核心进行。

（一）以戴宏达为核心的摩托车配件公司的起步

1885 年，德国的"汽车之父"特利布·戴姆勒研制成用单缸风式汽油机驱动的三轮摩托车，但实用性不强。20 世纪初，经过技术改造，有了第二代商品摩托车，德国、美国进行了批量生产。真正具有实用价值的是在 1930 年左右流行的竞赛摩托车，具有现代性。20 世纪三四十年代，菲律宾从美国进口一批摩托车。第二次世界大战后，日本政府致力于经济恢复和发展，在这样的背景下，一批摩托车制造公司应运而生，如本田公司（HONDA）、铃木（SUZUKI）、雅马哈（YAMAHA）、川崎（KAWASAKI）也都在这时期开始生产摩托车，日本迅速成为亚洲现代摩托车工业的代表，50 年代末进军欧美市场。

菲律宾是一个岛国，基于其特殊的地理环境，摩托车便是他们最方便的交通工具。在 50 年代左右，随着日本摩托车新兴工业的崛起，一些有识之士也开始经营摩托车。基于菲律宾对摩托车整车的关税比

---

① 马学强：《江南席家——中国一个经商大族的变迁》，商务印书馆 2007 年版，第 70 页。

较重，一般都从其他地方进口零配件进行组装，因此，也就催生了一批摩托车零配件批发公司。戴天恻等也开始经营摩托车配件，经过十来年的经营，已在摩托车配件行业占有一定的市场地位。60 年代来菲的侄子们也都在摩托车配件店打过工，他们深知其潜在的利润。戴行健、戴亚明等也开了家摩托车配件批发店，后来，他们又各自开了一家。尽管当时的摩托车配件行业利润可观，可是作为一家新开店铺，没有一定的客源，也没有固定进货渠道，因此，相对于一些老牌商号来说，缺少一定的竞争力。

1973 年，老六戴宏达辗转来到马尼拉，新的移民者同样度过了艰难的适应期，但经过"文化大革命"锤炼、"徒步长征"洗礼的年轻移民更具有吃苦耐劳的创业精神。为了能更好地融入当地，戴宏达利用业余时间学会了当地语言。

最初，戴宏达先在其大哥布店里帮忙，然而，他对布匹生意的前景不太乐观，反而对不景气的摩托车配件行业产生了兴趣，对市场具有天生敏锐性的他看好这一行业。他与大哥商量，他们自己另起炉灶，开了家摩托车零配件的公司。为了熟悉业务，他直接与店员分类件，熟悉摩托零件的名称和用途，并按类进行归并。两年后，尽管摩托车的零件品种繁多，经过努力，他对摩托车零件的各种性能和名称相当熟悉。"尽管戴宏达很用心经营，摩托车零件的生意仍然像温吞水一样，收入仅够维持开支。经过一番考察研究，戴先生发现自己的产品，从一开始就输在起跑线上。原来，当时摩托车零件市场已经被若干大公司控制，自己向这些垄断商家进货，被批发商赚了一手，因此，产品价格在市场上不具竞争力。戴宏达很清楚，一定要找到第一手货源。否则，生意将难以发展。打定主意后，他便前往当时摩托车零件进口的来源地——中国台湾。"①

1. 打通进口来源地的第一道关卡——中国台湾

20 世纪 50 年代，日本摩托车工业的兴起，直接并迅速影响到与它有点"渊源"的中国台湾。中国台湾在国民党当局迁台后实行了土

---

① 《闽商》2012 年第 11 期。

地改革，因为土地改革的成功，中国台湾安定了。^① 1954 年，原来代理日本山叶乐器产品的中国台湾攻学社，因为日本代理厂家生产摩托车，并寻找在台代理商，因此，中国台湾攻学社也就成了代理山叶摩托车即后来的"雅马哈"。在 50 年代，中国台湾进口摩托车商很多，"除了庆丰行、功学社外，包括陈义成车行、安泰贸易、进轮贸易、台隆贸易、广合贸易、建华贸易等，进口厂牌则有本田、山叶、铃木、山口、雷立克、兔牌、普恩德、明发、目黑、川崎、石桥等，以上均为日本车。当时，外车进口量在 1957 年约 1900 辆，1959 年开始整车进口，外车大量涌入，1960 年已达 5400 辆，三年内增加近 3 倍。唯因外汇耗用过巨，1961 年 6 月又将机车管理进口，当年因整车不能进口，机车零件之进口值达 146 万美元"。^②

由于中国台湾与菲律宾贸易，加上华商在中间所起的作用，菲律宾摩托车市场逐渐培育成熟。到 20 世纪 70 年代，随着世界摩托车技术的发展，菲律宾摩托车市场也日渐繁荣，越来越多的人经营这一行业。因此，为了能在众多经营商中取得一席之地，戴宏达充分发挥了其商业天赋。

为了拿到第一手货源，戴宏达利用"那些大商号仗着掌控着的广大经销网络及供货商对其的依赖心理，慢慢养成了一种骄傲的情结，并对供货商和消费者越来越强悍和冷漠，而且，大家已经对此有所怨言。"^③ 于是，他就充分发挥自己吃苦耐劳的品质，热情服务，更多让利给供货商。每次中国台湾的供货商到菲律宾考察市场，他都亲自安排住宿、行程并全程陪同，任劳任怨，他的诚意感动了一位中国台湾客商，两家建立了合作关系，解决了货源问题。

2. 争取客源，扩大当地市场

20 世纪 70 年代，菲律宾进口摩托车零配件商仅就马尼拉已有 30 多家。1971 年，这 30 多家进口商成立了摩托车零件同业协会。同业协会成立，有利于其内部的联系，同时也为了同政府争取进口关税、配

---

① 许倬云：《中国历史大脉落》，广西师范大学出版社 2009 年版，第 351 页。
② 《台湾摩托车工业发展史》，http://www.docin.com/p-108988426.html。
③ 《闽商》2012 年第 11 期。

额等方面的权限。然而，同业协会却无法解决行业间其内部的竞争。

为了争取更大的利润空间，销售途径有两个：一是争取货源，减少中间环节，降低产品周转成本；二是扩大市场，提升销售量。在解决了供货问题后，接下来便是销售量。面对马尼拉现有的市场容量，开展竞争是必不可少的。戴宏达利用大商号的傲慢服务和态度，以其最优质的服务赢得消费者的满意。久而久之，他们建立了自己的供销网络。20 世纪 80 年代后，其摩托车零件公司走上轨道。一旦生意走上轨道，其他商家已无法与其竞争。

（二）戴亚明 Bestank 公司的创建与发展

1974 年，戴亚明与戴行健等开了摩托车配件店。但是，随着摩托车配件批发店越来越多，摩托车配件行业的利润越来越薄，再加上摩托车零件品种类型多，做得越多则会越细，仓库的库存越来越多，也就需要更多的仓库来进行储存，也就意味着更多的资金投入，因而戴亚明想转行。一次去中国台湾进货的偶然机会，跟中国台湾的朋友聊天。中国台湾朋友说，现在菲律宾的水塔还是锌板做的，容易生锈，很不卫生，而中国台湾已经全部换成塑料的。这让戴亚明心里一动，返菲后，就着手准备新的塑料水塔企业。

他租了个厂房，从中国台湾进口了生产塑料水塔的机械设备。然而，设备虽然安装起来，却一时请不到工程师，他们自己投产生产出来的水塔质量有问题，根本无法投入市场。戴亚明潜心研究，不断改进生产技术。一年后，合格的产品终于生产出来了。[①]

一个好产品在其设计阶段就决定了该产品未来的市场定位。戴亚明对于产品的思考比较成熟，在决策之前，就把后面的销路考虑成熟了。他将公司取名为"Bestank"，如果把这个词拆成两个部分，就是"Bestank"，意为：最好的水塔（箱）。可见，戴亚明对于产品的定位是高品质、高标准，他要做菲律宾最好的水塔。

产品有了定位还需要市场认可。"Bestank"是菲律宾国内首家塑料水塔厂，它的创建改善了菲律宾人用水质量和卫生，从而提高了居

---

① 《闽商》2012 年第 2 期，第 67—71 页。

民的健康系数。一个人，每天消耗的水占其总消耗量的80%以上，居民饮水、生活用水、工业用水，等等。由于水质的提高，同样可以提高某些产品的质量和档次。然而，所有的新产品问世，都会遇到市场接受和认可问题，而这个过程是艰难和漫长的。产品问世后，果然遇到了市场冷遇。人们习惯使用便宜的锌板水塔，质优价昂的"Bestank"产品的销路一直打不开。为了打开市场，他一个人驾车上门推销，向客户讲解塑料水塔的好处，让客户明白塑料水塔将取代锌板水塔的必然性，也让他们看到塑料水塔的使用将在未来具有广阔的市场空间。

除了亲自向客户推销，戴亚明还借用其他媒体宣传"Bestank"这一品牌。在20世纪70年代，菲律宾的媒体不是很发达，电视也还是奢侈物，他的广告宣传还主要靠报纸。为了能尽快地加大宣传力度，他想到了菲律宾人的体育爱好——篮球。篮球是菲律宾人最喜爱的运动。漫步街头，只要有一丁点空间，便可以看到竖着一根篮球架。而每个篮球架下，总会看见一群光着上身、被太阳晒得黑黑的正围着杆子抢球的孩子们。

于是，戴亚明决定举办中菲篮球比赛。20世纪六七十年代，菲律宾国家篮球队曾经是亚洲劲旅。篮球队的出色表现激起了菲律宾人对于篮球比赛的热情。因此，戴亚明选择篮球比赛以吸引菲律宾观众的兴趣。"那时，中菲建交不久，国内的体育代表队还是首次赴菲参加篮球比赛，戴亚明当时邀请了北京首钢篮球队。在比赛场上，中国运动员穿的就是他提供的、印有'Bestank'字样的运动衫。他先后五次邀请北京首钢篮球队赴菲参加比赛，每次都赢得比赛冠军。第五次赢得冠军后，时任总统拉莫斯还在总统府马拉干鄢亲自为他们颁奖。"[①] 这是他们家族第一次与菲律宾体育结缘。

后来，薄板不锈钢材料问世。不锈钢材质生产的水塔兼具塑料和锌的优点，美观、清洁。于是，戴亚明又开始生产不锈钢水塔。到20世纪80年代初，公司发展到一定规模，他的公司还做进口贸易，兼营一切与水利有关的设备，如抽水机、压力槽，等等。他的工厂规模

---

① 《闽商》2012年第2期，第67—71页。

也从最初租下的两千平方米，发展到今天的四公顷。

第三节 侨菲戴氏族人社会生活

一 侨菲戴氏族人的社会生活之变化

马科斯政府统治时期，菲律宾政治相对稳定，经济稳步发展。在这个稳定期，侨菲的戴氏族人在其社会生活上发生了细微的变化。

（一）国籍改变

在菲化时期，由于政府规定不是菲律宾籍公民不允许经商，鉴于当时的中菲关系，华侨们觉得回国无望，为了生存，他们想方设法加入菲律宾国籍。在中菲建交前夕，马科斯放宽加入菲籍的政策，许多华侨在那时完成了"华人"的转变。菲律宾政府为了进一步控制华人，还要求他们从骨子里成为菲国的公民。

（二）婚姻与家庭

一个人的婚姻，在一定程度上会给人产生助力。好的婚姻是"合力"，即把两个人、两个家庭的力量合在一起。华人华侨的婚姻，在以前主要有两种方式：一是和本地的华人华侨后人结合；另一种是回国结婚，娶祖居国女子为妻。但当时由于两国尚未建交，中国大陆禁止移民，而菲律宾政府则反对华人回中国大陆。因此，回国娶亲比较困难，最好的选择便是与当地女子结婚。

20世纪60年代的移民者，由于当时菲律宾政府对华侨的限制和对中国大陆的敌视，他们只能低调地生活，平时一般都只能待在店铺里。由于身份的限制，他们不能自由地开展商业活动。到了70年代后，马科斯政府放松了对华侨的入籍程序，他们才可以过上比较正常的生活。

基于当时社会环境，为了便于商业活动和更好地生活，那就是与当地女子结婚。这样，可以更快地融入当地社会。当地女子中，华人女子便是最好的选择，同文同种，然而也有一部分人为了解决身份问题，和当地菲人女子结婚。与当地华人女子结亲，可以使华侨快速地融入当地华人圈；同时，由于当地华人女子一般都受过良好的教育，能说一口菲律宾语即他加禄语，同时又多少懂一些英语，这样，便于与当地政府和街区打交道。更难能可贵的是，她们身上还保留着中华传统的一些美德。1973 年以前，菲律宾的华校教育都是华侨教育，其教育标准由当时中国台湾当局教育部门所拟定，故而所采用的都是中国台湾的教材，自然保留了中华传统文化的印迹。

事实上，不管是华人女子还是菲律宾姑娘，她们身上都有浓厚的家庭观念。一位从美国嫁到菲律宾的作家——前菲律宾国防部长遗孀贝丝·戴·罗慕洛在其回忆录里写道："在菲律宾社会里，对家庭的忠诚是重要的。社会上没有老人收容所。家庭成员会互相关照，而且常常会为了亲人而舍弃自己的利益。人们以此为荣。任何一个有亲属的人，都不会孤独地受苦或孤单地死去。"① 对家族（家庭）的忠诚已成了当地女子所拥有的优良品德。成婚后，她们能很快地融入该大家庭，宽容而大方地接受"夫家"的人，在她们眼里，大家都是一家人。戴宏达说："我大嫂是个特别好的女人，有着宽大的胸怀。她原先就受过较好的教育，嫁给我大哥后，便全心全意帮助我大哥，相夫教子。对老家来的兄弟，她也很宽厚，我们兄弟多，她也无二话，收留了一个又一个来投奔大哥的兄弟们。"戴亚明夫人也是当地华人，受过高等教育，专业是化工。成婚后，她成了戴亚明事业上重要的帮手。同样，她对夫家的兄弟们也很是宽厚，对于财产上的事，她从不多话。"我的兄弟们来菲后都在我的公司工作。后来，兄弟们各自发展，开枝散叶，在财产分割上，太太从不插手。"②

（三）生活

菲律宾中产阶级人数少而穷人多。中产阶级 1956 年占就业人口的 9.4%，1965 年占 11.5%，在整个马科斯时代，中产阶级占就业总人口的 11%—12%。③ "对于有钱人家而言，马尼拉的生活是很快乐

---

① 贝丝·戴·罗慕洛：《菲律宾政坛回忆》，李延凌、卢保江、温满玉译，周南京校，广西人民出版社 1992 年版，第 218 页。

② 《闽商》2012 年第 2 期，第 67—71 页。

③ ［美］彼得·J. 卡赞斯坦、［日］白石隆编：《日本以外——东亚区域主义的动态》，中国人民大学出版社 2012 年版，第 286 页。

的，因为这里的劳力很便宜。我每月支付给我的司机 50 美元，他的小弟弟照管院子，工资是他的一半。如果他们不干了，必定会有一长串的申请者等着接替他们。他们从农村来，那里不雇用工人。如果他们作为我的雇工住下来，就会得到额外的好处，不必再栖身于违法搭起的小窝棚，而大部分正在寻找工作的农村人，都得住这种小棚子。"①"特权阶层的孩子，每人都有'雅雅'（笔者注：'雅雅'相当于中国的保姆或奶妈）。通常婴儿呱呱落地就有一个年轻的乡下姑娘照管，因而她往往对孩子怀有深厚的感情。菲律宾有钱人家的孩子都有人送他们上学，甚至到了十一二岁，还要'雅雅'帮背书包。"②而经济条件有所改善的华人，也都会请佣人管家或带孩子。"菲律宾的中产阶级人数很少而穷人很多"，正因如此，一般华人都不愿意与菲律宾人通婚。

（四）宗教信仰

华侨华人来菲时，不少人都带着当地的信仰——信佛。到菲后，他们找地方把佛龛一摆，就地而祭。久而久之，此地便成了附近华人华侨的朝拜之地。菲律宾是个天主教国家，其宗教控制了国家政权。一个人从出生到成长、成人、结婚等都经过天主教的认可，甚至总统上任还需经过主教的宣誓才能正式认可。故而罗马教皇同菲律宾政坛保持不同寻常的关系。1981 年 2 月，教皇约翰·保罗二世对天主教占优势的菲律宾进行期待已久的访问，总统夫人伊梅尔达全程陪同。③同样，对于华人来说，如果要在菲律宾结婚，必须征得教会的同意。要取得教会的那一纸婚书，还须皈依天主教，要读一段时间的天主教课程，需要考试，考试合格后，方能发给婚书。④

中国是一个多宗教、多民族、多信仰的国家。在中国国内，人们可以信仰很多教。单就闽南一个村落，其信仰神就有很多，有佛教、

---

① ［美］贝丝·戴·罗慕洛：《菲律宾政坛回忆》，李延凌等译，周南京校，广西人民出版社 1992 年版，第 46 页。

② 同上书，第 47 页。

③ 同上书，第 122 页。

④ 这套流程从戴宏博先生那里了解，非常感谢他耐心的解说。

道教还有地方信仰，而众多神佛可以居住于同一庙宇，大家相安无事，便于信众的顶礼膜拜。在外国人看来，这是很不可思议的，所以，有人攻击中国人没有宗教信仰。其实，中国人很务实，只信对他们有帮助的神佛，活着，是首要。如今在异国他乡，想要完成人生大事，但必须要信仰天主教，那就信天主教；反正，先结婚再说。至于其他的，该信什么照样信什么，从家乡带过去的神佛和祖宗还是照样祭拜。

二 新老华侨的"代沟"

（一）家族内的代沟

中国传统观念中，以"孝"为核心。忠，是指对国家的忠诚，这里的国家一般往往指君主。从家庭角度来说，对国家的忠表现为对家长的忠诚，即为"孝"。所以，"忠"与"孝"往往相提并论。传统儒家文化一直是中国人伦文化核心。

《礼记》说："亲亲，尊尊，长长，男女之有别，人道之大者也。"这里说的"人道"，正是这种"人伦"理念，使中国传统的家庭与家族获得了"超稳定"的存在形态，并由此而具有"绵延不绝"的可能性。[1] 因此，五伦之义，在世人观念中已作为一种道德标准。在当时的家族文化中，如兄弟之情及对子侄的提携与照顾，在戴天悯与戴行健这对伯侄身上得到了很好的体现。戴天悯把侄子从老家带出来，亲自带他一起开店、创业。而戴行健为人厚道，对其伯父敬爱有加，充分体现了对伯父的孺慕之情。

菲律宾宋戴宗亲会会刊里有专门记录对五伦的观感："父子有亲，君臣有义，夫妇有别，长幼有序，朋友有信"谓之五伦。依照中国传统观念，在五伦之中含有下列意义：①对人与人之间的行为应采取怎样的态度，才算是正常的。②个人对家庭、社会及国家的关系应当如何？③群己关系又当如何？在五伦关系中，所表现的行为都有一定的道德标准。对象不同、表示不同，标准也不同。[2] 从五伦之义中演化

---

[1] 段启明：《"家族传袭"与红楼"四仆"——读红偶录之一》，《辽东学院学报》（社会科学版）2010 年第 5 期。

[2] 戴火丁：《五伦的功能》，《菲律宾宋戴宗亲总会成立三十周年暨新会所落成纪念刊》，1974 年。

出后辈对长辈的尊重。这既是家族之伦，更是社会道德。从这套学说中可以看出，新中国成立前赴菲的华人在思想上保持着非常传统的中国伦理道德观念，同时对当时年轻人轻视中华传统儒家伦理而深感忧虑。

新中国成立前后出生的年轻人，由于当时特殊的政治环境，他们在生活中学会了自立和自保，更在各种困境中学会了生存。尤其是受"文化大革命"中宣传的"敢于向一切权威挑战"影响深远。在那个信任缺失的年代里，人们的思想经过了剧烈的转变。因此，在他们的身上无可否认地烙有时代的"革命"印迹。而这些印迹自然也会或多或少地在异国他乡体现出来，这自然引起了族中长者的不满。如新来的人不安分、到处想投机、敢于挑战前辈的权威等。这些"代沟"更多地通过商业竞争方式表现出来。

学者研究得出，在中国传统社会里，由于缺乏有效的商业保障措施，人们在从事商业等经济活动时，自然而然地把商业等经济活动的诚信寄托在血缘关系之上，并且以为血缘关系越亲近，这种诚信就越可靠。[①] 于是，华人华侨在从事商业活动过程中往往通过家族关系进行，商业活动的长期延续也往往通过家族内部的血缘关系而得以传承。

在异乡经营商业，家族内部的相互提携和相互帮助，对于事业的成功起到了重要作用。据载："（泉州）蚶江郊商的特点，以其家族为基础，郊行中的一切人员如司库（仓管）、出采（驻外人员）、内柜（出纳）、出海（船上管理员）、经理以及一切勤什人员，必须在本族中挑选，非不得已，绝不雇用外人。此所谓'肥水不流外人田'。另一方面，一有事故发生，族中人也会出面排解，以壮声势。"[②]

海外华人创业大多如此。侨菲戴天恻等是菲律宾经营摩托车行业最早的商家之一，其兄弟子侄刚来时也都先在他的店里工作。等过了

---

① 陈支平：《清代泉州黄氏郊商与乡族特征》，《中国经济史研究》2004 年第 6 期。
② 黄杏仁：《蚶江郊商之兴衰》，载中国人民政治协商会议福建省市狮市委员会文史委编《市狮文史资料》第一辑，1992 年。

适应期，再另开炉灶。同行竞争也是难免的。新人为了生存，为了能在异乡扎根所表现出来的商业手段和方式，使生意蒸蒸日上。随着生意的减少，商家老号自然也会体现出诸多微妙变化。这就直接表现为商业"代沟"。

（二）"新"侨与土生华人间的距离

20世纪70年代的移民相对于之前的移民，可称为"新侨"。作为同龄人，新侨与土生华人由于在文化、经济上的差异，之间有一定的距离。

1. 经济差异

土生华人一般都是"富二代"，其父辈经过多年的拼搏，已为他们挣下一份可观的家业，过着较富裕的生活。再者，20世纪60年代的菲律宾，属于亚洲经济发达国家之一。他们的生活方式受到了一定的西化，过上了属于"现代"的生活方式，在他们身上自然也体现着某种优越感。而新侨来自贫穷的大国，在他们身上融合两种很典型的思想：一种是千年古国的自豪感，另一种是由于经济贫困而不得不远赴他国来改变命运的复杂感情。但是，在骨子里，他们表现出一种自傲和不屈服，而这种性格正是土生华人缺少的。新侨身上体现出来的一种对改变命运的执着和自信在一定程度上引起了土生华人的反感。

2. 生活差异

新中国成立后的中国讲究政治斗争，再加上国内物质生活的缺乏，国内民众对于穿着等方面不太讲究。1975年马科斯访华后，与他随行的国务卿卡洛斯·普·罗慕洛将军对中国的印象就是没有色彩。他们认为："在现代的中国没有性别之分——没有什么东西能引起人们的激情，哪怕是微弱的兴趣。妇女们不化妆，都穿着深灰色的男女不分的单调服装。没有使人感到有诱惑力。他把这些印象告诉马科斯总统，总统同意他的看法，并大笑说：'我们应该住在这样的地方'——除工作之外，别的事都不干。"① 20世纪六七十年代中国的

---

① ［美］贝丝·戴·罗慕洛：《菲律宾政坛回忆》，李延凌等译，周南京校，广西人民出版社1992年版，第99页。

农村，更是一个没有颜色的地方。当他们从一个贫穷的农村来到充满色彩的具有"现代化"的菲律宾群岛，跟整个环境形成了明显的不协调。

3. 文化差异

菲律宾土生华人基于良好的经济基础，再加上美国在菲律宾的影响，英语是菲律宾的日常用语。他们都有良好的英语基础，能说一口流利的英语。平时与家人沟通，一般都用菲语和闽南语。新中国成立后，菲律宾与中国台湾当局保持外交关系，中国台湾当局在菲律宾驻有"办事处"，行使着保护菲律宾华人华侨的权利和义务，菲律宾的所有社团全部都由中国台湾当局控制，从而控制着整个华人社会。从文化传承来说，菲律宾的华校课程全部都经过中国台湾当局的批准和核定，教材也是由中国台湾当局直接派发，甚至教师也是由中国台湾当局派遣的。因此，在教育的文化思想上传承着中华文化传统。

菲律宾华校则一直延续着民国以来的华侨教育。中华人民共和国成立后，由于两国尚未建交，华侨学校中文都通过中国台湾当局驻菲"领事馆"向中国台湾侨务委员会注册，接受中国台湾"领事馆"的监督。华侨教育基本上保持了战前的特点，仍然是双重课程、双语教学，课程设置也大体和战前一样。"到了1955年，菲国会以'共产党渗透华侨学校'为名，大造舆论，主张严格监督华侨学校，甚至主张关闭华侨学校。迫于形势，中国台湾当局经过多次磋商，于1956年1月与菲律宾方面签订了'中菲督察华侨学校备忘录'。在新的规定下，英文课程略多于中文课程，但华校还保留着沿用半个世纪的双重课程制度"。[①] "菲政府全面监督华侨学校后，对华侨学校的影响并不大，没有从根本上改变华侨学校的性质。"[②] 但是，学生学习中文的兴趣和家长对子女学习中文的重视程度却在下降，战前存在的重英轻汉的倾向进一步明显。不少学生因不堪双重课程的重负，放弃学习中文。同

---

① 颜长城、黄端铭：《菲律宾华文教育的演变》，载《菲律宾华文教育综合年鉴》（1995—2004），菲律宾华教中心出版，第116页。

② 与侨中学校黄副校长访谈时了解，于2013年5月24日。

时，由于年青一代毕业后都在菲律宾升学就业，因而逐渐认同菲律宾，对故土的感情越来越淡薄。① 再加上当时国共两党间互相敌视，一个是从小接受中华文化传承的起点，另一个是父辈的故乡，选择站队实在不易，故在感情上与祖籍国慢慢疏远了。

由于经济、文化、政治等原因，新华侨的加入引起了华人社会的不少骚动。20 世纪 60 年代左右的移民是低调生存的，环境原因使他们不能张扬；70 年代，尤其中菲建交后的移民，带有明显时代特色，易引起华人社会的反响。而新华侨也要适应新环境中的新规则、新标准，找到适合自己生存的道德标准，在磨合中双方加深了解，而这种磨合其实正是两种文化和观念的融合。

但毕竟都是华人，出于同文同种的共同感情，两者慢慢"融合"共生，形成华人社会的共同理念，如对诚信的遵守、对中国传统文化的重新再接受等方面，从而形成了 90 年代的"老华侨"共同群体。

---

① 颜长城、黄端铭：《菲律宾华文教育的演变》，载《菲律宾华文教育综合年鉴》（1995—2004），菲律宾华教中心出版，第 116 页。

第四章　戴天惜家族企业群的形成与发展

20世纪80年代中后期，戴氏家族成员生活逐步稳定，因而致力于企业的经营与打造。在原有基础上，他们充分利用周边地区经济发展的条件，并利用华人圈内自成一体的经贸网，扩展了业务，从而在行业内崭露头角。核心人物在取得核心业绩后，他们在自己家族内部，引领兄弟们创业，从而围绕核心人物形成了一个相关企业群。这些企业群形成的内在原因是什么呢？体现了什么特征？国家和地区因素在其中又有多大作用？他们又是如何管理企业呢？本章将对此展开讨论。

第一节　戴氏企业群形成的原因

1986年，统治菲律宾二十年的马科斯政府由于贪污腐败而在"二月革命"中下台，科拉松·科胡昂科·阿基诺夫人（Corazon Aquino）走上政治舞台，菲律宾走向第五共和时代。20世纪80年代中期至21世纪初是菲华社会发展的黄金时期，在此期间，中菲交往进入合作期，中国政府放宽外资政策，加强与东南亚地区的经济合作；美国重新审视了东南亚，调整了外交战略；日本加大在东南亚地区的经济影响，太平洋地区重新热闹起来。随着国际环境的改变，菲律宾政府也调整了经济政策，以便跟上周边经济发展的步伐。

一　周边地区经济的快速发展

20世纪80年代，亚洲"四小龙"引领世界经济潮流。中国自80年代起也走上了改革开放之路，并在广东、福建开辟了经济特区。整个亚洲形成了新一波发展势头。21世纪来临之前，日本在东南亚地区的资金和作用却同样不容忽视。周边地区经济发展的环境刺激菲律宾经济的发展，政府也做了一些调整，以适应新形势发展的要求。

（一）日本在东南亚地区的经济扩张

经过20世纪六七十年代高速与稳定的经济增长，日本综合国力达到新水平。经济增长、国际地位的提高，以及80年代经济区域化势头的日益增强，使日本将亚太外交视为推行大国外交的重要一环。日本雄心勃勃地想建立以日本为中心的环太平洋经济区域，因此，将外交重点集中在东南亚地区，采用"首相互访""频繁出席东盟部长会议"等多种方式参与东南亚事务，以亚太领袖自居。① 随着国内经济发展，日本亟须更广阔的市场和能源，在外交策略的配合下，日本加大了与东南亚地区的经济往来。

20世纪70年代，日本取代美国成为菲律宾第一贸易伙伴。1985年秋，日元升值，导致日本企业纷纷对海外直接投资，而中小企业则直接把目标放在东南亚。泰国和马来西亚的经济基础设施比较健全，工资水平也比亚洲新兴工业化国家和地区低廉。因此，日本将其作为出口生产基地，对劳动密集型产业的投资尤为显著。

菲律宾虽然出现了阿基诺政权，但由于土地改革不彻底、经济效率低下和政变的频频发生，政局一直不稳，这些原因使日本的投资者举棋不定。但是，菲律宾的廉价劳动力、丰富的天然资源、政府对经济开发的热情等吸引着日本的投资。② 在1985年之后，日本在菲律宾的投资情况如表4-1所示。

由表4-1可见，日本并没有把菲律宾当作投资重点，而是把投资放在基础设施比较好的马来西亚和泰国。同时，菲律宾政府制定了一些吸引外资的政策，但效果不大，除宗主国美国外，其他国家都相对较小。外国资本的缺少，反而给菲律宾国内中小企业发展留下了空间，华人中小企业正好抓住这个空当，使企业得到了发展。

---

① 宋有成、李寒梅等：《战后日本外交史》（1945—1994），世界知识出版社1995年版，第554—555页。

② ［新加坡］林华生：《东盟经济的地壳变动——面向21世纪的次区域经济圈的形成》，复旦大学出版社1996年版，第24页。

表 4 – 1　　　　　　　　　日本在菲律宾的投资情况

年份	1985	1986	1987	1988	1989	1990
项数	9	9	18	54	87	58
资金（百万美元）	61	21	72	134	202	258

资料来源：［新加坡］林华生：《东盟经济的地壳变动——面向 21 世纪的次区域经济圈的形成》，复旦大学出版社 1996 年版，第 38 页。

日本在菲律宾投资不多，但对菲贸易量却不小。在对外投资的同时，日本也扩大在东南亚出口贸易，菲律宾政府也相应地降低了从日本进口的关税，使日本商品大量涌入菲律宾，提升了一些进口商品的质量档次，如摩托车。

20 世纪 80 年代末 90 年代初，由于亚洲各国经济快速发展，摩托车的生产和需求急剧增长，于是日本和欧洲的著名摩托车厂家开始关注并进入亚洲市场，这些进军亚洲市场的摩托车厂家主要有日本的四大公司和意大利的比亚乔。这些公司将自己多年来积累起来的摩托车生产技术以多种形式，如合资、技术转让或技术合作等方式转移到亚洲各国。其中，转移地区主要是中国（包括中国台湾）、印度、泰国、马来西亚、印度尼西亚、越南等。

日本的供货商体系特别适合"整体构造"产品（最具代表性的是汽车），在这种行业，产品设计或生产过程的各种模块一体化对产品的性能至关重要，因此对它的竞争力也至关重要。

日本的生产网络不仅包括归日本公司所有的企业，在中国大陆的日本公司也在增加从中国台湾或大陆当地供货商的采购。[1]

（二）美国在菲律宾的经贸影响

20 世纪 60 年代末至 90 年代初，菲律宾在从美国进口中，电子元件和电力机械所占比重从 7.5% 上升至 39%。同期，菲律宾向美国出

---

① ［美］彼得·J. 卡赞斯坦、［日］白石隆编：《日本以外——东亚区域主义的动态》，中国人民大学出版社 2012 年版，第 152 页。

口中，该比重则从零上升至 27%。① 菲律宾、马来西亚、印度尼西亚和泰国同美国的劳务贸易一直是逆差。四国中，菲律宾同美国的逆差最小。这主要是由于菲律宾长期维持美国基地，使其对美国的劳务出口有较快的发展。另外，菲律宾多数家庭都有亲属在美国工作，他们经常寄钱回来，这对菲律宾改善同美国的劳务收支状况有很大帮助。②

20 世纪 60 年代末，美国对东盟的直接投资主要集中在菲律宾。当时，美国对东盟的直接投资为 7.3 亿美元，对菲律宾的直接投资为 4.86 亿美元，占 66.6%。

70 年代，由于美国对印度尼西亚、新加坡、马来西亚和泰国直接投资的增长速度高于菲律宾，菲律宾在美国对东盟直接投资总额中所占比重下降，这也使美国对东盟直接投资在各成员中分布不均衡的状况有所改善。

80 年代，美国对印度尼西亚和新加坡直接投资的增长速度高于对菲律宾、泰国和马来西亚直接投资的增长速度，其直接投资在东盟各成员中分布不均衡的状况趋于严重。

90 年代初，美国在对东盟的直接投资中，约有 2/3 集中在印度尼西亚和新加坡，对东盟其他成员的投资占 1/3。从各成员情况看，美国对印度尼西亚直接投资占 40%，居首位。菲律宾在泰国之后，占 12.1%。③

（三）中国

中国自改革开放后，为了振兴经济，大量吸引外资，从而形成了中国台湾、中国香港以及东南亚地区华人华侨对大陆的投资热潮。20 世纪 90 年代初期，中国在与东盟的贸易中还处于顺差状态，但是，从 1997 年亚洲金融危机以来，东盟对中国持续顺差，并且差额越来越大，2002 年达到 76.3 亿美元，2004 年已经超过 200 亿美元。可以说是中国的市场在一定程度上支撑了东盟国家自金融危机以来艰难的

---

① 赵晨：《东南亚国家联盟——成立发展同主要大国的关系》，中国物资出版社 1994年版，第 164 页。
② 同上书，第 165 页。
③ 同上书，第 169 页。

经济复苏。①

（四）东盟

东南亚国家与美国都有千丝万缕的关系，美国在东南亚政策的调整直接影响东南亚国家的政策。1969年7月，美国总统尼克松在关岛发表政策演说，宣称美国将收缩力量，不再卷入亚洲地面战争，它标志着尼克松主义正式出台。美国多次声明，在没有受到核威胁情况下，东南亚国家应对维护自身的安全承担主要责任，一旦有事，美国将只限于海空支援。美国还大规模削减驻泰国、菲律宾、日本本土和琉球群岛的军队。美国推行尼克松主义使东南亚各国对美国"保护伞"可靠性的疑虑增强。连向来相信美国保护的菲律宾和泰国也对美国的保护产生不信任感。东盟各国因而相继调整安全战略。②80年代中后期，美国陆续将泰国、马来西亚、印度尼西亚、菲律宾等东盟国家列入"问题国家"名单，公开宣布如果它们不设法改进其对进口知识产权的保护，则将受到美国的贸易制裁③，这拉大了东南亚国家与美国间的距离。在美国太平洋政策的刺激下，东南亚国家加速了内部合作步伐。

1975年之后，每年东盟经济部长会议对特惠贸易产品数量逐年增加，到1990年，有500种产品转入特惠安排，另外3544种特惠产品可以享受更进一步的关税优惠。1992年，东盟第四次领导人会议提出一体化目标，建立东盟自由贸易区（ASEAN Free Trade Area，AF-TA），还通过了《东盟共同有效特惠关税协定》，即指东盟一致同意仅对东盟成员实行的实际优惠关税，优惠范围是东盟成员产品，其意在促进东盟区内贸易自由化，切实有效地加速东盟自由贸易区的建设。④东盟成员国内部合作的不断加强和紧密，为各成员国内的中小

① 王玉主：《东盟40年——区域经济合作的动力机制（1967—2007）》，社会科学文献出版社2011年版，第148页。

② 赵晨：《东南亚国家联盟——成立发展同主要大国的关系》，中国物资出版社1994年版，第147页。

③ 同上书，第167页。

④ 王玉主：《东盟40年——区域经济合作的动力机制（1967—2007）》，社会科学文献出版社2011年版，第108页。

企业提供了便利，各国中小企业在此期间一片繁荣。

1987 年开始，东盟国家开始续写"东亚奇迹"，泰国、新加坡和马来西亚增长率分别为 13.2%、11.1% 和 8.8%，表现出良好的发展劲头，然而，菲律宾经济增长速度却明显落后于这几个国家。因此，菲律宾政府采取了一系列措施刺激经济。

二　菲律宾政府调整对中小企业发展的鼓励政策

20 世纪 80 年代中后期，亚洲经济进一步发展。菲律宾各界政府也相应地做出了政策调整以有利于国内经济发展。

1986 年阿基诺政府上台后，为了刺激经济，政府扩大公共开支，激发国内需求，财政赤字出国外援助来填补。任内两次（1986 年和 1990 年）提高部分职工工资，到 1991 年，实际工资有所增加，马尼拉地区非农业工人工资增长了 3%。① 但阿基诺政府走的是扩大外资引进、引入出口导向型工业化发展战略，对国内企业发展与鼓励力度不够，再加上国内政局不稳定，曾经有四次反政府暴乱。动荡的政局，使其经济发展处于停滞状态，国内资本逃至海外，而外国资本则不敢轻易投入。② 因此，到阿基诺执政后期，经济发展陷入了停滞状态，1990 年和 1991 年的经济增长率分别为 2.4% 和 -0.6%。③ 而在这个时期，华人华侨企业则争取到了更大的发展空间。

拉莫斯④（Fidel Ramos）上台后，在继续推进自由化改革进程中，针对经济基础脆弱、发展容易受阻的问题，加强了基础设施建设；将改革引入金融领域，为经济发展创造良好的运行环境；同时继续扩大外资引进，加紧实施出口导向型工业化发展战略，促进产业结构调整，引导经济走持续增长的道路。⑤ 拉莫斯执政期间，公路建设主要

---

① 陈明华编：《当代菲律宾经济》，云南大学出版社 1999 年版，第 37 页。
② ［新加坡］林华生：《东盟经济的地壳变动——面向 21 世纪的次区域经济圈的形成》，复旦大学出版社 1996 年版，第 28 页。
③ 亚洲开发银行：《亚洲发展展望报告》；王玉主：《东盟 40 年——区域经济合作的动力机制（1967—2007）》，社会科学文献出版社 2011 年版，第 117 页。
④ Fidel Ramos，国内一般翻译为"拉莫斯"，菲律宾及中国香港等地的华文报刊都翻译成"蓝莫斯"，本书采用国内通行的译法。
⑤ 陈明华编：《当代菲律宾经济》，云南大学出版社 1999 年版，第 39 页。

是通过"修建—经营—移交"方式由私营部门承担。经过努力，1992—1997 年，共完成了 11472 千米公路修建、改造或恢复。公路设施的完善为菲律宾国内交通行业的发展提供了准备。

拉莫斯政府还扶持国内的中小企业。1995 年年底，政府宣布将 1996 年定为"中小企业发展年"，并与菲律宾工商会合作，实施 8 个重点项目。到 1997 年，建成了菲律宾贸易与信息网，以便于国内企业获取贸易和投资信息，并降低信息获取成本，增加本国工业行业的竞争力。

中小企业面临的最大问题是资金不足。为解决这一问题，拉莫斯政府制定了一些措施。根据政府制订的"小型企业融资服务计划"，政府在 1994—1996 年通过小型企业担保融资公司为中小企业提供了 16.8 亿比索的自动担保资金及对中小型企业 1.46 亿比索信贷服务，专项资金达 3.9 亿比索。另一个为中小企业服务的金融机构——中小企业担保基金在 1992 年到 1997 年 3 月，向生产、加工、制造及服务业中的中小企业提供信贷担保，使它们获得了总计达 45 亿比索的贷款。[1]

菲律宾商工会中小企业部主任贝尼尼奥里卡福特对此评论说："拉莫斯政府促进中小企业的计划正在发挥重要作用，整个政府的明确任务是增加中小企业的数目和实力。"而《亚洲华尔街日报》载文称："菲律宾在扼杀本国小企业数十年后终于放松了绳索。小企业成为菲律宾经济增长的火车头。"[2]

到 1997 年，菲律宾人均国内生产总值达到 1216 美元，超过了拉莫斯总统上任时计划到 2000 年所应达到的目标。从这些指标反映的情况看，菲律宾经济至此摆脱了 20 世纪 90 年代初的衰退，开始进入持续增长轨道。[3]经过一系列改革，菲律宾经济在 90 年代取得了迅猛发展，连同泰国、马来西亚和印度尼西亚三国被称为亚洲"四小虎"。

---

[1] 陈明华编：《当代菲律宾经济》，云南大学出版社 1999 年版，第 55 页。
[2] 同上书，第 57 页。
[3] 同上书，第 58 页。

三 戴氏家族成员的第二次"分流"

20 世纪 70 年代中后期，戴氏家族完成了整体家族大迁移，在菲律宾马尼拉，其家族成员在异国他乡实现了"合流"，增强了其家族内部的合力，实现了"兄弟齐心，其力断金"之愿望。与此同时，由于全部家庭成员的到位，戴氏家族也做了一次分流，即第一代兄弟家庭成员的分流，戴天惜、戴天悯家族。进入 80 年代，在完成第二批移民的合流任务后，各兄弟度过了在菲律宾的移民过渡期，适应了在菲律宾的生活习惯，同时也熟悉了各自手头的业务，掌握了一定的技术，有了一定的资金积累，于是很快就走入第二次"分流"，兄弟成家，另行合作创业。而这次"分流"直接形成了以其父辈为核心的家族企业群。本书主要以戴天悯和戴天惜两兄弟后人为中心，其中，又以戴天惜家族为考察核心。家族内兄弟成家、析产，又各自创业，形成了以父辈家族为中心的企业群，由于他们各自企业与兄弟间有着密切的联系，故称为企业群。

第二节　戴氏企业群的形成（1987—2000 年）

自 1987 年后，亚洲经济发展进入一个新时期。亚洲"四小龙"发展势头不减，而菲律宾国内经过一系列经济政策的调整后，90 年代也挤入亚洲"四小虎"之列。在此期间，戴氏家族的兄弟们各立门户，形成自成体系的中小企业群，并取得了相应的发展，各房以其兄弟为核心形成了父系企业群。

一 戴天惜家族企业群的形成与发展

（一）摩托行业：EASTON 公司经贸网络的发展

菲律宾是一个岛国，由于地理因素，使不少地方与外界缺乏联系而长期处于封闭隔绝状态，严重制约了这些地区的经济发展。拉莫斯上台后，先后实施了"JICA 桥梁援助计划""总统快捷多用途桥梁计划""英国援助桥梁计划"。到 1997 年，在全国修建、改造或恢复了总计长 105911 米的桥梁，一些地区与外界的联系得到了加强。① 而这些基础建设的完成，无疑把摩托车行业推向高峰。这直接成就了戴天惜后人的资本积累，从而成为菲律宾摩托车零配件和整车行业领军人物。

1. 打通第二道进口关卡——日本

20 世纪 80 年代中期，戴宏达通过努力，终于直接与中国台湾经销商建立了联系。然而，中国台湾的摩托车零配件最终还是来源于日本。从 60 年代起到 1992 年的 30 多年间，日本一直保持着世界头号摩托车生产大国的霸主地位。经过 70 年代的技术更新换代，日本摩托车以其质量和价格支配亚洲摩托车市场，成为世界最大的摩托车生产国。在菲律宾摩托车市场，到处充斥着日本摩托车，因此，直接与日本建立联系成为 EASTON 的最大任务。多年来，菲律宾摩托车经销商建立摩托车零配件同业协会，努力向菲律宾政府争取日本的进口权。1990 年，政府取消了进口限制，而戴宏达也通过努力与日本直接建立了供销关系，取得了日本牌子的代理权。

2. 产品国际化

随着东南亚各国经济的发展，东盟这个地区组织越来越发挥其区域经贸联系和协调的功能，并逐渐实行了成员国内部一些产品的免税制。随着经贸网络的扩大，产品质量和水平也逐渐上乘化，为了能获得更好的产品，其经销代理的产品也越来越多。1985 年后，日本直接在东南亚投资办厂，他们选择在资源丰富、基础设施配套较好的泰国和马来西亚等国投资，并直接出口到第三国（东南亚其他国家），这样就使东盟内部产品物美价廉，商家便于直接进行取货。例如，橡胶是马来西亚的主要产品，轮胎就从该国进口。事实上，东盟内部各生产厂家基本还是日本公司在海外的开设基地。正是基于日本和东盟的关系，EASTON 也成为一家国际性产品进出口批发贸易公司。

3. 摩托车行业的横向发展——Eastway 摩托车赛车改造配件公司

作为年轻商人，老十戴宏博平时经常关注摩托车赛事。菲律宾每

---

① 陈明华编：《当代菲律宾经济》，云南大学出版社 1999 年版，第 41 页。

周都有摩托车比赛，而赛车比的是车子的性能。为了能赢得比赛，赛车手一般都要花大价钱对其座驾进行专门的改造、配置，一辆赛车经过简单的改装约花费 30 万元人民币，而菲律宾人对摩托车有特殊的情怀。戴宏达也敏锐地看到这个行业的前景，兄弟俩立即再次合作成立一家公司，即 1997 年成立的 Eastway 摩托车赛车改造配件公司。

Eastway 摩托车赛车改造配件公司刚开始只从中国、马来西亚等国进口赛车配件，后专门做小排量改成大排量的赛车。菲律宾全国有 300 万—400 万辆摩托车在使用，每年增长 100 万辆。对于市场的未来估计，戴宏博很乐观地认为："现菲国有 1 亿多人口，印度尼西亚有 2 亿多人口，700 万—800 万辆，车子的使用期一般为 5—6 年。市场潜力是很大的！"

在摩托车行业，他们已经建立了自己稳定的进货渠道和销售网络，并取得了可观的利润，对于其他兄弟创办实业可给予实质性帮助。

（二）塑料行业横向化：产品市场的进一步细分

20 世纪 80 年代至 90 年代初，菲律宾经济陷入低谷，能源危机和政治不稳定是其症结所在，所有产业均受到了严峻考验，1991 年，增长率降到 -0.6% 这一有史以来的最低点。

1992 年拉莫斯总统上台后，政府开始制定菲律宾"2000 年规划"，有规模地发展经济并取得相应的成绩。"1995 年国内生产总值增长率为 5.7%，比 1994 年的 5.1%、1993 年的 2.6% 又有所提高。在经济恢复活力的同时，工业包括塑料工业也在蓬勃发展，产品满足国内及国外部分市场的需求，这些发展还得益于本国及外来资金的大量投入、利率的降低、世界先进工业技术的引进等，使工业、服务行业、贸易方面也因此都得到发展。"[1]

1868 年，人们已经利用沥青、松香、琥珀、虫胶等天然树脂，将天然纤维素硝化，用樟脑做增塑剂，制成了世界上第一个塑料品种，称为赛璐珞，从此开始了人类使用塑料的历史。1909 年，美国的贝克兰首次合成了酚醛塑料。20 世纪 30 年代，尼龙又问世了，被称为

---

① 莫浩林：《菲律宾的经济状况与塑料工业的发展》，《国外塑料》1997 年第 Z1 期。

"由煤炭、空气和水合成,比蜘蛛丝细,比钢铁坚硬,优于丝绸的纤维"。它们的出现为此后各种塑料的发明和生产奠定了基础。由于第二次世界大战中石油化学工业的发展,塑料的原料以石油取代了煤炭,塑料制造业也得到飞速发展。塑料工业在一定程度上成了衡量国家工业发展的"风向标"。

因此,发展中国家大力发展塑料工业,利用这一原料制造各类产品,如塑料拉链、家具、玩具等。

1. 塑料拉链厂(老二)

"1958—1973 年的 16 年中,(世界)塑料工业处于飞速发展时期,1970 年产量为 3000 万吨,70 年代末,各主要塑料品种的世界年总产量分别为:聚烯烃 1900 万吨,聚氯乙烯超过 10000 万吨,聚苯乙烯接近 8000 万吨,塑料总产量为 63.600 万吨"[1],许多塑料相关企业应运而生。老大戴行健曾于 20 世纪 70 年代和其三伯戴天悯合作一起创办拉链厂,故对该行业比较熟悉。1973 年后的 10 年间,能源危机影响了塑料工业的发展,因此,在一定程度上也影响了以塑料为原料的企业。原料价格的上升,提高了企业的经营成本,故而 20 世纪 70 年代创办的拉链厂不盈利。70 年代末,兄弟们都已陆续来到菲律宾,为了能拥有自己的事业,戴行健从三伯厂里析出,独自开拉链厂,老二、老四、老五等都在厂里帮忙。1979 年,戴行健又开了家塑料厂,老四与老九也参与其中。兄弟们因各自建立了家庭,在经济上也有独立的要求,故老二戴自强与老五戴新民另外合伙也开了家拉链厂。

2. 塑料玩具厂(老四)

1983 年起,塑料工业超过历史最高水平,产量达 7200 万吨。目前,以塑料为主体的合成材料的世界体积产量早已超过全部金属产量。[2] 与此同时,塑料行业也迎来了另一个春天。塑料工业的发展,为原材料的获取提供低廉的成本,从经济上看,生产同样体积材料的

---

① 中国五金塑料:《塑料的来源与历史》,http://www.wjsl114.com/news/14218315.html。

② 同上。

投资，塑料仅为钢铁的 1/3—1/2，能耗也只有钢铁的 2/3；从技术上看，塑料性能优异，加工方便，适合大批量生产。

戴家老四看中了塑料玩具市场。每年世界玩具的消费量大约 300亿美元，国际市场上的玩具贸易量维持在 100 亿美元左右。①

随着经济发展及人们生活的改善，玩具不再是儿童的专利，如布绒玩具已成为礼品、装饰品市场的娇宠。为符合消费趋势变化，玩具制造走向少量多样、讲求创新、视觉，并与科技相结合，以适应产品生命周期短的特点，所以，玩具市场几乎是一个边开发、边上市、边淘汰的市场。

菲律宾地处热带岛屿，对于易清洗、便于携带的塑料玩具有很大的市场空间。20 世纪 80 年代，老四戴亚裕开了家塑料玩具厂，并把工厂移到了马尼拉附近的 Malabon 市。

3. 塑料家具厂（老九）

1979 年来菲的老九戴宏儒讲了自己当时创业的考虑："我是 1986年开始办厂的。以前在大哥厂里帮忙的时候，里面就有塑胶机，因此，对这机器还是比较熟悉的。当时自己也在琢磨着究竟该办什么厂好呢？不熟悉的行业也不敢涉入。再说，塑料行业在菲律宾还是个新兴行业。菲律宾收入比较低，高档次的东西购买不起，塑料产品的价格相对比较便宜，比较好畅销。因此也就做起了这个行业。"

1986 年，他独自创业。六哥戴宏达有全球视野，兄弟们在生意上的事都会听听老六的意见。办厂要有厂房、资金，这时六哥全力支持兄弟创业。他生产的厂房一直租用六哥的，现在他自己也买了大片土地，正在建设新厂房。② 戴宏儒从中国台湾购入注塑机，模具是从中国广东东莞或浙江黄岩进口的。他生产的产品，最初的范围比较广，后来确定为家具产品。

市场：产品市场主要还是针对菲律宾国内。由于菲律宾经常下雨，塑料不易生锈，价格又比较便宜，使用比较方便。菲律宾国内贫

---

① 黄喆斌：《国际玩具市场发展的新特点》，《国际贸易》1990 年 10 月刊。
② 从戴宏儒的访谈中得知，于菲律宾工厂办公室，2013 年 5 月 16 日。

富差距比较大，对大部分当地居民来说，他们的吃、住、卫生条件都很差，因此，便宜的塑料制品有很大的前景，现在工厂的产品已涉及家用产品和用具等各个方面。

工厂管理：戴宏儒自己坐镇工厂，夫人也在工厂，孩子们则在外资企业上班。作为塑料公司，最主要的设备就是注塑机和模具，因此，选好这两种设备是关键。从工作流程来看，第一道工序是塑模，即把塑料材料放入机器，调到一定的温度，机器根据模具对变软的塑料产品进行加工打造，从模具里出来后，就是一个产品粗坯。第二道流程便是打磨，工人根据产品的样子对粗坯的棱棱角角仔仔细细地削磨，使其变得更精致、完美。最后是包装，把产品包装好。由于是家具产品，件都比较大，一般来说，产品在库的时间比较短，基本上每天都要出库，对于超大件的产品也不怎么包装，直接运往市场销售。塑料产品加工流程简单，工人按照相应的流程分工、分班。从人数分布看，打磨和包装程序的员工较多，因为这两道工序需要更多的手工操作，人手自然也要相应地增加。

二　戴天悯家族企业群的形成

经过马科斯时代打下的基础，戴亚明对企业经营越来越有心得。他认为，做企业就必须做到人无我有，实行一定的差异化。经过多次的中菲篮球比赛，他的产品市场销路也越做越好，"Bestank"不负所望，始终走在菲律宾国内行业的前列，成为该行业的"领头羊"。他时刻关注产品原料市场动态。后来，当国际上普遍使用不锈钢时，他的产品的材料也随之更新换代改成不锈钢。由于经营不锈钢产品，因而对原材料的系列产品——建筑材料产生了浓厚的兴趣，即行业的横向化产品。随着弟弟们陆续来菲，工厂的人手也逐渐增多。因此，他们又开了经营建筑材料的进出口公司，由老二戴国治来管理。

20世纪80年代末，戴亚明看到中国经济发展的希望，于是准备在中国泉州投资办厂。但是，他一向秉持"办企业一定要亲力亲为，这样才能真正把企业办好"，因其本人在菲律宾经营企业，无法完全离开菲律宾，故向弟弟们征求意见，你们谁以后要回国，有人要回，我们才在国内办企业。当老五表示以后要回国，于是戴亚明就回泉州办理企业的相关事宜。①

尽管 Bestank 产品现在不再采用塑料，但他毕竟从事多年的塑料行业，对菲律宾塑料的前景看好，因此，又专门开办了一家塑料公司，由老四戴国兴负责管理。之后，各兄弟所负责的企业直接成为其个人的产业。

Bestank 集团经过十多年的努力，各个分厂都已经取得进展，随着第二代的成长立业，也加入企业，壮大了企业经营管理力量。

在 20 世纪 90 年代末，戴氏家族各兄弟都已经建立了自己的企业，从而在各家族核心人物的周围，形成了企业群。

第三节　戴天惜家族核心企业的发展（2000 年之后）

1997 年下半年，亚洲金融危机爆发。这场危机使东南亚一些国家受到重创，各国货币币值大幅下跌，经济陷入倒退。1998 年，金融危机波及菲律宾。尽管菲律宾政府及时采取果断的金融政策，放任市场，使菲律宾在这场危机中损失最小。但是，由于东盟内部各国之间的经贸关系，还是直接影响了菲律宾的经济增长，1998 年增长率为 −0.6%，1999 年第一、第二季度，其增长率分别为 1.2% 和 3.6%，总的来说，其恢复也相应较快。对于菲中小企业来说，除了其国际市场业务受到一点影响，其他影响都不大，毕竟中小企业具有灵活、易操作等特点。金融危机之后，各中小企业调整了发展目标和空间，把目标市场放在中国。中国对菲律宾的经济产生了重大影响。

一　摩托车行业纵深发展的原因

1. 中国对东南亚国家经贸策略的改变

1992 年，中国开始加大改革开放的力度和步伐。中国经济的快速发展，引起了西方国家的恐慌，发布"中国威胁论"，东盟国家也把

---

① 戴亚明先生告知笔者，于泉州，2013 年 12 月 5 日。

这一威胁论作为与中国博弈的筹码。20 世纪末的金融危机，给中国带来了新的发展契机。金融危机发生后，面对东盟国家的经济困难，中国在国内发生重大自然灾害的情况下，坚持人民币不贬值，树立了负责任的大国形象，也改变了东盟对中国的看法。为了进一步取信于东盟国家和人民，中国加大在该地区的投资，并且加大地区的贸易进口量。20 世纪 90 年代初期，中国在与东盟的贸易中还处于顺差状态，但从 1997 年亚洲金融危机以来，东盟对中国持续顺差，并且差额越来越大，2002 年达到 76.3 亿美元，2004 年已经超过 200 亿美元。可以说是中国市场在一定程度上支撑了东盟国家自金融危机以来艰难的经济复苏。[①]

中国在 20 世纪 50 年代就建立了摩托车生产工业体系，后因国内"文化大革命"打乱了正常的经济生产和计划。80 年代之后，重新步入轨道。中国的摩托车年产量从 80 年代中后期开始迅猛增长，1993 年达到 367.49 万辆，首次超过日本，成为世界头号摩托车生产大国。其中，广东、重庆和江浙三大板块的摩托车产量占全国 80% 以上。

1994 年，中国摩托车产量达 522 万辆，1997 年以超过 1000 万辆的年产量再创历史最高纪录。[②] 全行业总体上由卖方市场转为买方市场，市场形势骤然严峻，产销量有所下降，1998 年又重新恢复增长势态，2001 年产量达到 1236.7 万辆。[③] 中国摩托市场供大于求，为了解决库存，需寻找新的市场出口。中国政府对东盟的重视，自然引起了国内工商行业对东南亚国家的关注。政府政策是"风向标"，中国摩托车进入菲律宾市场。

2. 商家对摩托车市场的多年培育

市场是需要培育的，其容量更需要商家精心与耐心的培育。日本企业为打开中国的咖啡市场，整整花了十多年时间培育了中国人的咖

---

① 王玉主：《东盟 40 年——区域经济合作的动力机制（1967—2007）》，社会科学文献出版社 2011 年版，第 148 页。

② 龙付军：《世界摩托车发展的四个阶段》，《摩托车》1999 年 5 月刊。

③ 王湘林：《中国摩托车发展转变对中国汽车工业的启示》，《中国机电工业》2002 年第 17 期。

啡文化。同样，日本摩托企业在菲律宾做了大量宣传工作。20 世纪60 年代，一些日本经销商成立摩托车行业协会，其主要目的是向政府争取低关税，但因会员比较少，力量比较薄弱。平时，摩托车行业协会经常组织一些展览活动，向观众展示各种类型的摩托车以及摩托车相关的各类知识，如安全驾驶、交通安全等，以及当前最新技术和各类款式的特点，让民众一点点地接受摩托车文化。到了 21 世纪初，戴宏达、戴宏博兄弟也加入这个行业协会，如今整个菲律宾有 7 家整车公司，其中 4 家是日本企业投资、两家是中国台湾企业投资。该摩托车协会还专门组织摩托车方案会，针对东南亚国家摩托车生产商，每年开一次会，主要沟通语言是英文。作为会员之一的戴宏博每年都参加，了解整个东南亚摩托车行业的动态和销售市场。随着大陆摩托车大量进军菲律宾，2013 年，又成立了大陆摩托车同业公会。两家同业协会，尽管主持者不同，但各家所应对的策略和措施具有一定的宣传作用，会进一步催生、催熟新的摩托车市场，拓宽整个市场容量。

2008 年国际金融危机之前，摩托车销量保持 20%—30% 的增长，但 2009 年摩托车销量从 2008 年的 594871 辆增加至 636989 辆，增速放缓至 6.6%。①

3. 全球摩托车技术日新月异，为摩托车工业发展提供了技术保障

继 20 世纪 70 年代的电子点火技术、电启动、盘式制动器、流线型车体护板等技术后，90 年代的尾气净化技术、ABS 防抱死制动装置等，使摩托车成为造型美观、性能优越、使用方便、快速便当的先进的机动车辆，成为当代地球文明的重要标志之一。尤其是大排量豪华型摩托车已经把汽车先进技术移植到摩托车上，使摩托车的发展进入鼎盛阶段。②

起源于 1947 年的国际摩联公路摩托车锦标赛（Grand Prix Motor-

---

① 中国商务部驻菲律宾经商处：《菲律宾摩托车销量增长减速》，2010 年 2 月 1 日，http：//www. mofcom. gov. cn/aarticle/i/jyjl/j/201002/20100206770483. html。

② 雪儿博客：《摩托车的历史》，http：//blog. 163. com/baixue70＿70/blog/static/12640621220106710 5926142/。

cycle Racing，MotoGP）每年在不同地点举行赛事，赢得了全球摩托车爱好者的关注。许多摩托车制造商都直接参与赛车，然后对技术进行更新换代，如日本的铃木摩托就从 1960 年开始加入 MotoGP，历经 50 年风风雨雨，在一步步取得赛车胜利的同时，其品牌也逐渐成为国际知名品牌。① 再如，中国宗申摩托车公司，也成立了中国第一个世界级摩托车队，直接参与赛事，宗申车队曾获得 2002 年世界摩托车耐力赛冠军，宗申的技术也得到了飞速发展，一跃成为中国最有实力的品牌之一。

在亚洲，摩托车联合会（UAM）成立于 1998 年，同时加入国际摩托车联合会（FIM，简称国际摩联，成立于 1904 年）。国际摩联主席弗朗西斯·泽比先生在他近十年的任期里，一直对亚洲摩托车运动格外关注。泽比先生表示，尽管欧洲一直位于摩托车运动的领先位置，但飞速前进的亚洲正迅速向欧洲靠近。最近十年亚洲发展显著，它除拥有世界一半以上的人口外，目前亚洲摩托车的年产量也超过 3000 万辆，占世界生产总量的 90%。② 每次 MotoGP 轮流在各站举办及电视直播、转播，都是对摩托文化的一种宣传。这些因素为亚洲摩托车运动的发展提供了帮助，并为摩托车市场的培育提供了广阔的土壤。

二 摩托车配件行业的横向、纵向发展

（一）纵深：从零件到自建品牌的整车厂——Eastworld

摩托车零件产业是菲律宾第三大出口产业。菲律宾全国有 256 家摩托车零件生产商，其中大多数是中小型企业，菲律宾摩托车零件生产商协会说："由于生产能力的扩大和新产品的推出，2005 年该行业出口额有望增加 9%，达到 19 亿美元，Yazaki Torres 公司生产的摩托车传动装置出口印度尼西亚、泰国、南非、马来西亚、越南、印度、

---

① 《50 年风雨参赛路——铃木参加 MotoGP 历史回顾》，http：//motorcycle. sh. cn/t_622355. html.

② 刘立涛：《综述：亚洲为世界摩托车运动注入新动力》，中新社，2006 年 5 月 15 日，http：//www. chinanews. com/news/2006/2006 - 05 - 15/8/729515. shtml.

巴基斯坦和日本。"①

中国经过改革开放成绩有目共睹，世界重新审视中国这一新兴工业国家。作为大陆移民，戴氏家族也与家乡保持着一定的联系和沟通，无论是出于故土情结，还是商业需要，对中国的关注成了必修课。

戴宏达敏锐地感觉到中国摩托市场的前景，主动联系重庆"嘉陵"摩托车，经过几年的努力，终于在 2000 年取得重庆嘉陵公司在菲律宾的代理权，并与该公司在生产技术上有了更广泛的合作，为其将来创立自己品牌打下基础，这是中国摩托车最早与菲律宾建立联系的商家。2001 年之后，中国许多厂家都来菲律宾寻找市场。2002 年，EASTON 又与重庆宗申建立了合作关系。

在有了技术依靠后，戴宏达在摩托车行业展开了深化拓展，鉴于菲律宾国内做整车的厂家虽多，却并没有一家是自有品牌，因此，2002 年，对市场富有敏锐感觉的戴宏达携同十弟戴宏博等又成立了摩托车整车公司 Eastworld，自做品牌——"MOTOR STAR"，中文名"摩托星"，寓意菲律宾摩托车市场上一颗冉冉升起的"明星"。

与此同时，购置土地，建立工业园区，建设了年组装十万辆以上的现代化摩托车生产线和检测线，保证了产品质量和数量，为"MO-TOR STAR"品牌市场占有率打下了基础。

1. 品牌建设

为了提高"MOTOR STAR"的知名度，公司聘请了产品代言人。对于代言人的聘请，着实花了一番心思。摩托车使用人群在年龄上比较年轻化，并且在产品使用特点上，倾向于速度与激情，这也许是因为摩托车在除方便之外，能给使用者带来更多的感官享受。同时，菲律宾人非常喜欢明星，崇拜名人。1998 年，曾经就把从影 20 多年的约瑟夫·埃斯特拉达②（Joseph Estrada）推上总统宝座。抓住这一特点，他们聘请当时菲律宾最红的世界级"拳王"——曼尼·巴乔。曼

---

① 《菲律宾摩托车零件出口额将增加9%》，慧聪网摩托车，2005 年 4 月 5 日 11 时 10 分，http://info.motor.hc360.com/2005/04/0511106750.shtml。

② 2001 年因收取贿赂和回扣指控被迫下台，2007 年 9 月被判终身监禁，同年 10 月获阿罗约总统特赦。

尼·巴乔是菲律宾人最喜欢的拳击手，他的拳具有出手"快""狠"等特点，用巴乔的人气，打出"摩托星"品牌。在与"MOTOR STAR"合作后，拳王巴乔在国际拳击比赛中连战连捷，创纪录地一举斩获七个拳王头衔，"MOTOR STAR"品牌也随之扬名菲律宾岛，成为菲律宾普通大众最喜爱的摩托车品牌之一。[①] 如今，曼尼·巴乔夫人是某市的副市长，而曼尼·巴乔本人也于2013年竞选上了众议员，踏上了政治生涯之路。随着曼尼·巴乔的成功，"MOTOR STAR"也深入菲律宾人心，成为菲律宾本土唯一品牌。

2. 销售和销售网络

有了品牌，还必须要有销售网络，趁代言人风头正旺之际，"MOTOR STAR"迅速在菲律宾建立了自己的销售网点，在菲律宾比较大的城镇设立零售店，全菲已有300多个网点，每个网点都有10名左右职员，由各店的经理负责管理，而各分店则由总经理负责。网点的设置，巩固并扩大了市场占有率，从而加速了资金回收。

菲律宾人喜欢摩托车，摩托车也很适合在菲律宾使用（岛国、山多的交通条件），所以，摩托车在菲律宾的市场很大。[②] 从消费水平和消费习惯来说，由于菲律宾人收入不高，没有储蓄习惯，并且也不擅长理财，所以，对他们来说，存钱购买一辆摩托车还有一定的难度。为了提高销售量，公司采用贷款购车的方式，即采取放账措施。一般都在各网点办理，实行分期付款，每周付一次，因为菲律宾是周薪。付款期限为一至三年不等，类似国内的按揭贷款。这种促销方式一经在市场使用，整个市场的销量直线飙升，月销售量达6000—7000辆。销量好时，工厂里的工人加班加点，有时甚至一些车子来不及出厂再检就被直接拉往销售网点。对于这一销售方式，其他厂家也纷纷仿效，现在菲律宾的摩托车90%都是分期付款的，一般价格为3万—5万菲币。

除自设销售网点之外，戴宏达还另辟业务通道——批发。做批发是

---

① 戴宏达：《星耀千岛情发桑梓》，《闽商》2012年第11期，第42页。
② 邓凤仪：《摩企在菲律宾的未来会更好》，《重庆时报》2013年3月6日，http：//news. sina. com. cn/o/2013 – 03 – 06/015926438273. shtml。

他的老本行，有专门的业务员负责批发。这样一来，其整个公司就相当于实行两套销售网络渠道和通道，可以拓宽整个市场宽度。这批业务员主要对象是批发客户，他们的薪金直接跟其业务量挂钩，这样，直接促进业务员对销量的敏感性，一个月内有销售量的任务，销售量取决于业务员的能力自身。销售员基本上都是菲律宾人，由戴宏达的长子负责管理。他们每周二都会集中在办公室开会，交流一周以来的工作经验，平时都是在各地跑业务。

3. 生产管理

品牌的建立还得要有一流的产品质量，即生产环节要把好关。尽管从技术含量来看，难度不是很大，因为所有配件全部从国外进口，然后按照要求进行装配。因此，最大的难度就是组装过程的细节和效率。"我们自己的品牌然后给工厂授权，给他们贴牌生产、销售，有几千种"①，要保证组装产品的质量和数量，这便是生产管理的主要内容。生产主要由厂长负责，鉴于股东都是华人，老板特别钟爱华人，厂里主要负责人都是华人或是土生华人，且有个共同点那就是都会一点闽南话。还有其他管理人员是中国过来的亲戚在里面帮忙打点，但都分工明确，各司其职，这样也便于与中国厂家派过来的技术员沟通。

整个工厂工作分两大块：一是生产管理，二是进出货管理（包括零配件和整车）。生产管理则由土生华人（第二代）陈彼得（Peter Chen）负责，其主要任务是负责生产部工人的招聘和管理，以及完成生产量。

菲律宾是个民主国家，在公司管理上重视管理程序。工人违反规定在被处罚前，有其申诉的权利。主管人员通过人力资源（Human Resource，HR）说明他所违反的事情，HR 根据主管反映的情况，把条子发到对方的手里，要求对方说明理由，而这个理由，如果 HR 认为是真实且是可以原谅的，那么就跟主管说明，然后叫员工下次不可再犯。如果这一理由 HR 不认可，HR 就直接给予警告或其他处分。工厂一般不能随便开除人，否则员工要告上法庭。当然，如果员工违

---

① 电视专访视频，2007 年 12 月 18 日。

反了企业的规定和纪律，如偷盗等行为就直接开除，并有可能会被送入警察局。

生产线安装由中国厂家派技术人员过来，便于技术员直接交流与沟通。但是菲律宾员工在学习态度方面，还真的不敢恭维。他们比较懒散，时间一到，最要紧的便是吃饭。在菲律宾，工厂一般为早上8点上班，到了10点多吃早点，工人们休息15分钟左右；中午12点，吃中饭，休息一小时，13点上班；15点多又是吃点心时间（休息15分钟）；17点下班，吃晚餐，用餐后各自回家。

菲律宾人效率比较低，他们不会主动要求加班加点，也不会饿着肚子干活。对于吃饭时间，他们有着德国人对工艺般精准、高效的要求。笔者曾在工厂一车间里遇到了一个重庆某摩托公司派过来的技术员小W，他向笔者抱怨说："他们简直就是吃饭第一！刚才正跟他们讲解这道流程该怎么把关的技术问题，可一听到吃饭铃声响了，立即跑去吃饭。一眨眼的工夫，整个车间的工人就全没了，只留下我一个人站在这里！"

菲律宾人在休闲中工作。在工作时，他们都会开着音乐，边听音乐，边工作，非常休闲、轻松。如果不对其进行管理，那么他们工作效率会更低，据彼得厂长介绍，2004年他刚上任那会儿，老工人有点欺生，一天只装两台车，让他很窝火，于是他就直接开除了那些老工人，这事引起了工人的反对，组织工会告他违反劳动法。菲律宾的法庭工作效率同样低。结果，这事拖了两年，赔了点钱不了了之。但是，对新员工来说，还是有警诫作用的，毕竟官司打了两年，工人在经济上拖不起，只能了事。

虽然菲律宾是个高度民主的国家，但政府办事效率低，再加上官员贪污腐败严重，导致地方治安不力。厂长是本地人，与村里的关系比较融洽。工厂也有意与村里搞好关系，碰到节日之类的日子，工厂会经常带礼物去拜访，村长有时自己也会办个出租车店，工厂都会去赞助、支持。这样，与周边搞好了关系，便于工厂的安全与保障。当然，有时工厂也会配合村里的活动。如2013年选举市长，村里要求工人参加选举，工厂要停产半日，为了配合村长要求，便停产半天。

4. 仓库管理

工厂的零配件都从国外进口，仓库管理是工厂的一项主要工作。一辆摩托车由上百件零件构成，不同的类型又有各种不同的零件，这就决定了其产品的多样化。为了能把所需产品备齐，就需要大量的场地来储存。当时戴亚明先生改行做塑料行业，就是考虑到摩托车的零件品种多、分类细，需要很多很大的仓库来储存，这样会使资金积压。产品越多越细，则需要越多的资金，摩托车零件行业做到后来拼得就是资金实力。正因如此，EASTON 公司的仓库面积非常大，为了能在宽阔的仓库里马上找到所需的产品，每种产品都有其固定的摆放位置，根据一定的标志来分类，如产地、功能、类别等，并在摆放货架上标上名称、型号、产地，以便查找时一目了然。为了能放置更多的产品，EASTON 公司的仓库设置了许多架子，两至三层不等，这样就可以增加产品的存放空间，但取货时就需要用梯子上下了。

仓库管理的另一项内容是进出货管理。每日产品进出，都要做明细账目。仓储人员会不定时对产品进行清查和清点，以保证每件产品的来去有踪。EASTON 公司采用了仓库管理软件，还有专人负责清点、核算。仓库和门房相互配合清点，这样，可以通过数字对比来进行核实，做得比较精细。仓库管理人员的学历不高，差不多国内的高中文化左右，但是，他们在仓库管理方面却同样达到了精致性。

如此庞大的仓库储存量，需要大量的资金。这样，就容易造成摩托行业的重新洗牌。经济实力不够雄厚的商家，则在长久的发展过程中被市场自然淘汰，而实力雄厚的商家则会占有更大的利润空间和规模，形成压倒性的资金优势。

5. 人力资源

在工厂管理人员的使用上，一般还是使用亲信原则，如财务方面还是由直系亲属管理。工厂管理一般是土生华人，能讲闽南话。根据菲律宾的劳动法规定，一般不会轻易开除员工，而员工一般也都不会随便换工作，所以，行政人员工作的时间都比较长。账务部有一位菲律宾老员工，她在此工作 30 多年，一直追随 EASTON 公司的成长，因此，她的薪水比较高，届时退休后还将按工作时间的长短发放年金。工厂的 HR 主要管理厂部的工人。一般来说，他们会专门聘请 HR，而 HR 则是菲律宾人，便于工厂工人与 HR 的沟通。工厂管理人员如果对工人提出批评的意见，都会给人一个申诉的机会。工人迟到早退，在处理之前都要由工人申诉理由。理由不成立，然后再处理。在申诉时，工人会找各种理由为自己开脱，但菲律宾人比较简单，他们一般都编不出其他更好的理由，有时一个理由会用上好多次。有位工人申诉他早退的理由，说是祖母故去，结果用了两次。①

工厂工人分两种：一是长期雇工，二是短期雇工（半年左右换一批），原因是菲律宾工会势力比较大，经常组织罢工，严重影响生产安排。短期雇工，由专门的公司或组织来负责，工资也直接打入该单位，工人再去该组织单位领取工资（被扣除一部分），长期稳定的工人，则由工厂直接发放工资。

工厂里的工人按周付薪，每到周末前一天，工厂里老林都会很认真地核算工人工资，并在第二天发放。等领到工资后，工人往往都会到周边的酒吧 High 一番，等到下周一上班，钱也花得差不多了，又开始过紧巴的日子，还好工厂一般都会包吃，不然他们又得过上吃不饱饭的日子。尽管如此，他们还是整天笑呵呵的，让你不得不佩服菲律宾人的乐观心态。

（二）摩托车行业的横向发展

1. 摩托车赛车——Eastway

在各类赛车发达的今天，摩托车赛同样也是年轻人喜爱的运动。1997 年，一直跟随六哥的幺弟戴宏博，出于对赛车的兴趣，兄弟俩创立了 Eastway。最初只是进口赛车的配件，后来随着世界对摩托车赛车的狂热，菲律宾每周都举行赛车，因此，他们的生意跟随市场的变化而调整。现在摩托车赛车都需要大排量，公司由专门做小排量改成大排量的赛车。随着菲律宾经济条件的改善，摩托车赛会越来越多。全球最高级的赛事是 MotoGP，然而，摩托车运动对车子有专门的要求，它是要单独进行改装设计，没有市售版，而这就需要对摩托车进

① 从工厂管理人员林巧红处了解，2013 年 5 月。

行改造。摩托车运动对车子发动机有专门的要求，如125CC、250CC不等。如今，对汽车进行改装成了一种流行趋势，有关资料显示，目前美国拥有汽车改装配件厂家及改装服务机构一万多家，改装市场从业人员达200万人，每年销售额达到400亿美元。在德国、日本、法国等国家及我国的台湾、香港、澳门地区，汽车改装也已产业化，并成为汽车相关产业链中的一个重要组成部分。摩托车行业改装是一个全新且具有潜在市场的新兴行业。[1]

如今面对的市场不仅是菲律宾国内，还有东盟成员国内的其他国家，产品基本上都从中国、马来西亚等国家进口。

2. 摩托车配饰公司——Racing Star

机会总是留给有心人。随着摩托车的普及，摩托车的一些配饰品也应运而生。处于销售末端的工作人员总会注意到菲律宾人喜欢在摩托车上挂一些配件，这就为一些有心人留下了新的发展机会。曾在销售店里工作多年的小C和小H是90年代初来菲律宾的新淘金者，前辈成功的事例深深地激励着他们，因此，他们也时刻准备着哪天能淘到"金"而荣归故里。细心的他们发现了这一商机，准备自己单干，但光有商机还不行，还要有资金、销售渠道和社会关系，这些他们都没有。于是，他们就去找戴宏达商量。对于市场敏锐且对年轻人肯大胆扶持的戴宏达立即表示，合股重新开一家新的摩托车配饰公司——Racing Star，主要资金由戴宏达出。这样，他们也成了股东，自己当起了小老板。在EASTON摩托市场的网络下，增加了新产品——摩托车配饰品。他们两人一个主外，一个主内，分工合作，一年下来，生意颇有起色。据菲律宾《商业世界报》报道，菲道路运输局数据显示，2011年新摩托车登记量达105万辆，较上年增长16%。[2] 而摩托车市场还在不断增长，这个"市场蛋糕"则还在继续增大。

---

① "挑战机遇促进我国汽车运动和汽车改装业共同发展"——亚洲摩托车联合会秘书长郦春伟先生发表演讲，21世纪房车网，2007年10月28日，http://www.21rv.com/20071028/2007-10/29/182239518.html。

② 中华人民共和国商务部驻宿务经商室：《菲律宾摩托车生产商将销量下降归咎中国》，2012年2月3日，http://www.mofcom.gov.cn/aarticle/i/jyjl/j/201202/20120207950033.html。

（三）从摩托车行业到其他行业——多元化发展

1. 房地产

戴宏达和苏世选于 1990 年涉及地产。随着摩托文化的深入，摩托行业市场就越大，甚至一度有"根本就做不完"的感触。这就促使他们购买土地自建仓库。随着产品的增多，大仓库不断增加。而这些仓库后来间接地成了兄弟们来菲后第一个据点。可以说，这些仓库的储存连同产品和兄弟一起都销售出去了。

随着建设仓库地皮的不断购入，EASTON 公司合伙人觉得，完全可以向房地产业进军，于是，产业链的触角就扩展到房地产业。

2. 机电行业

对于摩托车来说，其核心价值在发动机。为了能寻找质量上乘、价格合适的产品，EASTON 公司曾多方面、多角度地去寻找产品销售渠道。久而久之，对于机电行业也就相当熟悉，由此就衍生了新的企业——机电行业。这一行业，有许多感兴趣的戴氏族人和兄弟加入。

3. 服装行业

进入服装行业，大约是在 20 世纪 90 年代。由于和国内来往比较频繁，90 年代的中国服装业盛行，因此，戴宏达夫人和她朋友合伙开了一家服装店，其产品主要从中国广东等地进货。后来，戴宏达在当地开了服装厂，主要由他夫人在负责。

4. 超市

1985 年，晋江籍的施至成的 SM 集团在菲律宾首都马尼拉北邑沙地区开设第一个大型购物中心，面积 125000 平方米。1990 年，在马尼拉 Sta. Mesa 开设第二座 SM 商城（SM Leftpoint）；1991 年开设东南亚最大的商城 SM Megamall，面积 331679 平方米；1994 年 SM Prime 控股上市。在整个 90 年代，SM 集团在菲律宾一连开了七家 SM 购物中心。SM 的成功，向商界传递了现代商场与休闲时代到来的信号。在商界，一个成功的案例往往会引起其他企业和商家行动。20 世纪90 年代末，戴宏达的摩托车行业取得了丰厚的利润，而这笔资金也在寻找新的投资渠道。当时，有朋友向戴宏达建议开设超市。经过几番市场考察，他们把市场定位在一般超市，地点选在中等城市——碧瑶

（Baguio）。十多年来，超市稳扎稳打，已经在这个风景优美的城市占有了稳固的市场地位。

戴宏达以其摩托车零配件为核心企业，并在此行业进行了一系列的精细化经营，建立了横向与纵向一体化相关企业。由摩托车行业带动了房地产业，行业经营触类旁通，左右逢源。从摩托车行业来看，在20世纪五六十年代，菲律宾的经贸关系主要是中国台湾地区和日本，而此时的日本产品主要通过中国台湾地区进入菲律宾；到了70年代后，日本的产品直接进入菲律宾，日本厂家在菲律宾开辟了一定的海外销售渠道，但真正大规模进入菲律宾还是在1985年之后，日本产品直接进入菲律宾，日本到菲律宾的商品无须再绕道中国台湾地区。同时，由于日本在东南亚地区的投资，使日本产品遍布整个东南亚地区，而东盟成员内部又有一定的免税优惠，便于产品区域流通，实际上还是日本产品在东南亚生产并销售。

2000年后，中国商品大量出现在东南亚，中国地位日渐凸显。在菲律宾的摩托车主要以中国重庆为主，到了2005年，重庆帮充斥菲律宾，占菲律宾25%左右的市场。[1] 因为摩托车工业，重庆与菲律宾有了千丝万缕的联系。2009年，菲律宾驻重庆总领事馆成立。一些企业在菲律宾设有自己的销售办公室，他们在菲律宾机动车发展计划框架下与菲律宾企业签订了专利使用权转让协定。到2013年，重庆的摩托车企业与菲律宾供销商之间的合作已经非常成熟。[2]

---

[1] http：//info. motor. hc360. com/2005/03/1614056279. shtml.
[2] 《摩企在菲律宾的未来会更好》，《重庆时报》2013年3月6日，http：//news. sina. com. cn/o/2013 – 03 –06/015926438273. shtml。

第五章　戴天惜家族回乡投资与建设

近百年来，国人出洋谋生的目标便是荣归故里。改革开放后，中国政府为了吸引外资，充分利用"侨乡"的特点，大打乡情牌，戴氏家族利用这一机会得以回乡，并在家乡进行建设。戴天悯出国后，家小都在泉州居住，故而他的孩子们对泉州感情颇深。而戴天惜的儿子们因一直跟随母亲在故乡大庭居住，因而他们的活动还是以故乡大庭为中心。本章以戴天惜家族在家乡的投资与建设做考察点。通过考察，试图了解他们在华投资的行业特点，从中可以对其在菲的企业管理做一横向对比，两者间有什么区别？随着国家对农村政策的调整，海外族人参与家乡建设，家乡的面貌发生了改变，而这些变化对当地又会带来怎样的影响？

第一节　戴天惜家族在家乡投资与管理

1993 年 4 月 24—30 日，菲律宾总统拉莫斯率团访华，随行的有100 多名工商企业人士。此行中最显眼的有菲华"六大班"，即福州烟厂和联盟银行的陈永栽，首都银行的郑少坚，SM 的施至诚，罗敏那集团的吴奕辉，前驻华大使、菲律宾长途电话公司、黎刹银行等的杨应琳，菲华总商会理事长董尚真。除官方代表外，还有 70 多名商人随团，戴行健也在此行之列。拉莫斯总统此次访华达成多项协议。这次访华在菲律宾总统故乡班诗兰省还掀起了一股"中国热"。①

---

① 《世界日报》1993 年 4 月 25 日。

随行的六大班表示，每人出一亿比索组成联合财团投资中国国内的基本建设。访问期间，拉莫斯总统表示，"希望中国成为亚太稳定的伙伴"。这次访华是拉莫斯总统对外访问所收获成果最丰的一次，究其原因，还得归功于华人在中间的桥梁作用。媒体评价中国为"不失为信得过的朋友"，在菲律宾最为需要的时候给予援助，他们从中国获得了电力资源等方面诸多援助。① 对中国来说，这次访华最为直接的成果便是菲华人华侨在华投资大量增加。

一 戴天悯家族在泉州的投资和捐赠

20世纪80年代末，随着国内形势的好转，戴亚明也时刻关注中国的动态，面对国内的招商条件，他也准备回泉州办厂。当时，他问其他兄弟，有谁要准备以后回国发展的？如果想要回国发展，那就在国内办厂。因为戴亚明秉持的原则是：办企业一定要亲力亲为。征得兄弟的认可后，他才回到泉州，购地办塑料厂。至于要做哪种产品，他亲自回中国考察塑料市场。他很细心地注意到，本地注塑机都是小型的，做脸盆、桶等小产品。他实行差异化战略，专做大型注塑机，他的厂成为泉州地区第一家大型塑料厂。然而，当时中国在塑料业方面处于刚起步阶段，故而模具和机器都从中国台湾购买。对于泉州工厂的管理，戴亚明采取另一种方式，他亲自待在中国进行管理，在工厂进入轨道后，把工厂移交给回国的兄弟，让他专门留在大陆发展。如今，他所办的塑料沙滩椅厂经其兄弟经营已颇有规模。另一兄弟戴国兴在泉州创办中学，戴亚明等捐赠的款项也都倾向于其泉州的母校。

与三伯戴天悯家不同的是，戴天惜家族的投资重点则在南安，而在管理方式上则采用代理人制。

二 戴天惜家族在家乡的投资与管理：以东方实业公司为例

（一）背景

1. 福建公路

福建地形多山，自古以来交通艰难，而南安则更处于闽南一个山区，交通很不便。"想要富、先修路。"这是当地政府的主要宣传口

① 《世界日报》1993年4月28日。

号。政府要修路，必须要有资金的支持。为了能把当地经济提上去，本地政府想尽办法拓宽融资渠道。一直走在中国改革前沿的广东，先采用公路收费制度，以弥补资金的不足。20 世纪 80 年代初，以广深公路为主的一批基础设施建设率先打破公路建设全部依靠国家投资的传统体制，进行贷款建路、收费还贷的尝试。同时，山东滨州黄河大桥因资金缺口无着落，实行"以桥养桥"的收费理念。① 1984 年 12 月，国务院第 54 次办公会议将"贷款修路、收费还贷"确定为促进公路发展的优惠政策之一，沿海城市也纷纷效仿。

1992 年 8 月，福建省委省政府做出在约 4000 千米的公路主干线及繁忙路段上实施"公路先行工程"的重大决策，这在福建公路建设史上堪称"史无前例"。它确立了以打通国省道公路、提高公路技术等级和路面等级为目标的路网建设，来带动县乡公路的等级改造，从而全面提升公路通行能力。

"公路先行工程"是福建省公路建设投资体制的重大变革，国省道由省里"统一管理、统一筹资、统一建设、统一养护"的旧体制迅速转变为"统一规划、定额补助、逐级分段、承包建设"的新建设体制和"统一收费、比例分成、分段养护"的新管理体制。投资体制的变革，变部门行为为社会行为，举全社会之力建设国省干道，带来的是市场活力激发。②

全省各县市进行以"逢山开路，遇水架桥"为口号的修路工程。南安市委为了打通南安与各镇甸的交通要道，着手先修南安与官桥的道路，南官公路是通往沿海经济发达三镇（水头、石井和官桥）的主要通道。在南安城关与官桥的交界处，有一座气势雄伟的大帽山，其中，梅化岭是南安的内陆与沿海地区的交通要塞，因其岭上梅花盛开，被称为梅花岭。以往人们要过梅花岭，只能绕盘山公路。

为实现南安市在响应省"公路先行工程"项目而着手设计梅花岭

---

① 李在峰：《我国收费公路现状、问题及控管措施》，《广西市场与价格》2002 年第 7 期。
② 中华人民共和国交通运输部网站，《福建交通 60 年成就综述》，2009 年 8 月 12 日，http：//www.moc.gov.cn/huihuang60/difangzhuanti/fujian/huihuangchengjiu/200908/t20090812_609681.html。

隧道，专门对南安至官桥公路进行设计。在梅花岭隧道粗坯完成后，其后续工程由于资金所限，只能通过招商引资来完成此项任务。

1995 年，在厦门"9·8"贸易洽谈会上，南安市政府把"南安—官桥"工程作为重点招商项目进行招商。

2. 招商契机

1987 年，作为最先享有"特殊"政策地区之一的福建省步入改革开放的第八个年头。此时，开放意识弥漫在整个厦门经济特区，有人策划设计了以"招商引资"为主题的洽谈会。[①] 同年 9 月 8 日，由福建省的厦门、泉州、漳州和龙岩四个地市联合主办的"闽南三角区外商投资贸易会"在厦门开幕，即为中国国际投资贸易洽谈会最早发端。

1991 年，外经贸部批准厦门作为举办口岸级贸洽会的国际招商城市之一。之后，每年的 9 月 8 日成为"福建省贸易投资洽谈会"；1997 年，外经贸部将之升格为"中国投资贸易洽谈会"。[②]

1995 年"9·8"贸易洽谈会上，南安政府把"南安—官桥"公路作为洽谈会的一个招商项目。由于戴天惜家族正寻找项目，看到此项招商项目，慷慨投资。该项目的设计和规划由南安交通局负责，承建则由他们承包，其中以老五戴新民和老六戴宏达为主要股东。

（二）投资与管理

为了能更好地实现对公路投资与管理，戴天惜家族专门成立了东方实业有限公司，这样打破了国家以往公路建设与管理的计划性，实行公司化管理也是福建省内公路行业的首创。东方实业公司总经理戴宽南先生介绍："南安—官桥公路是全省第一条，全国第七条中外合资改造公路。它的建成，打通了南安市区连接官桥、水头和石井三大经济重镇的动脉，为南安的经济发展做了不可磨灭的贡献。且该公司被确认为全省百家侨资重点企业，南安市重点保护单位、纳税大户。"[③] 该项工程的设立引起省委省政府的重视，它的成功与否直接关

---

① 中国国际投资贸易洽谈会官方网站，http：//www. chinafair. org. cn/china/overview/history. aspx。
② 同上。
③ 戴宽南语，于 2013 年 1 月 25 日。

系到公路建设在借贷与金融行业之间的关系。

1. 组建公司，招兵买马

戴宽南，南安大庭村人，是戴氏第 33 代中的佼佼者，毕业于集美大学，聪明能干。戴新民相中了这位年轻人，让他担任总经理，全面负责公司的运作，并成为其在国内的代理人。戴宽南担任总经理一职后，立即组建公司，搭建公司的框架。其主要工作为负责拆迁、施工及日常工作的协调等事宜。拆迁则由市政联队承担，由于要拓宽路面，而路边的村庄较多，势必会引起一些纠纷，作为合资企业，市建设局担负了一定协调职能。

公司下设办公室、财务和两个收费站，另外，市交通局还派两人定驻东方实业有限公司，协助处理工作（1997 年之后）。

（1）施工。1995 年成立中外合资经营企业——东方实业有限公司，合资方为南安市交通建设开发公司和菲律宾东方实业发展有限公司。根据合约，设计与规划全部由市交通局负责，施工由东方实业有限公司负责。

"梅花岭隧道全长 818 米，宽度为 7.5 米 + 2 米 × 0.75 米，1993 年 4 月动工建设，1994 年 10 月竣工，1994 年 12 月，我市以交通建设开发公司（占 30% 股份）与菲律宾东方实业有限公司（占 70% 股份）合资建设经营南（安）官（桥）公路，1996 年 1 月全线竣工通车，合资经营期限为 30 年，由福建省东方实业发展有限公司具体负责经营管理。"[①]

1992 年，福建全省二级以上公路总长仅 413 千米，占总通车里程的比重不到 1%，居全国倒数第三位；高级次高级路面只占 17%，比全国平均水平低 11.525 个百分点，居全国第 23 位[②]，而计划新修的南（安）官（桥）公路按二级公路标准进行修建。

据总工程师陈工所说："原先的南（安）官（桥）公路，由于密湿度不够、路基的稳定性等原因，导致每年都在修路。因此，修建此

① 南安市交通局文件：《关于南安市政协十一届四次会议第 142 号提案的答复函》，南交函〔2010〕58 号。

② 悦胜利：《通向繁荣之路——福建公路"先行工程"建设纪实》，《经济纵横》1997 年第 19 期。

次拓宽公路，为了避免重复以前的问题，因此，着力改造路基等问题。例如，靠近官桥路段的'软基'，为了避免修路后由于车辆载重而导致路面塌陷，因此先把原有的淤泥挖掉，至施工时，又垫上井毛石（条石）（约 20×1 米）、乱毛石的（又称片石），有的地方放入钢筋网，这样以坚固地面。南官公路车流量非常之大，这样的建设尽量能保证路面的平坦，保证车辆的正常通行。"

"在施工时由于要经过许多村庄，该段公路是在原先道路的拓宽基础上进行的，四车道，中间还有宽约一米的绿化带。这种规模的设计和建设在当时省内算是较为先进的县市级二级公路。但是，在修建时还是不能按照原先的规划进行。由于经过的乡村多，许多房子都是邻公路而建，因此要拓宽就务必要进行拆迁房子。拆迁工作是由市联防办负责，可能是工作难度比较大，许多房子拆迁都不是很到位，以致没法进行修建路边的排水沟。在修建时，与路边的民房常常会产生一些纠纷，为了能保证工程顺利进行，施工队只能保证核心路基，保证整条路段的宽度。整段公路，共有 5 座（小）桥，涵洞 9 个。每座桥都设有护栏杆，保证安全。最大的桥叫龙桥中桥，全长有 60 米，高 8—10 米。该桥以前经常被水淹没，自从修成后，桥从未被淹过，该桥整整超出路面 5 米。事先，我们先向当地的老人了解最大洪水的水位线，近五十年来，最大的洪水为 1956 年，我们就按 1956 年的最高水位线作为标准，在此之上高出 5 米。龙桥是流向晋江的，水流量相对比较大。因此，为了保证桥墩两侧不下陷，我们把桥墩和基地打扎实，至少桥通行至今，桥两侧路面不曾下陷。"①

南安至官桥公路共有 21 千米，1995 年开始施工，差不多用了一年的时间，1996 年 1 月正式通车。

（2）收费。公路建设完成后，东方实业有限公司主要任务便是收费站工作。戴新民兄弟们让堂侄戴少扬任收费站站长，主要管理两个收费站（官桥与莲坑）的工作。收费站每周开一次例会，由站长戴少扬主持；半个月全公司要开一次大会，由戴宽南总经理主持。主要是

---

① 2013 年 1 月 25 日，在福建省南安东方实业有限公司对陈工的访谈整理内容。

交流沟通站里所遇到的一些人和事，大家互相沟通、交流经验，学习交通局及武警部门所下达的各类文件。

1995 年 4 月，经省政府办公厅批准在梅花岭设点征收通行费。1996 年 1 月，南官公路全线竣工通车。1996 年 3 月，出于安全考虑，认为设置在梅花岭隧道口的站点布局不合理，省政府办公厅发文批准收费站点由原来的梅花岭隧道车辆通行费征收站，移至南官公路的官桥路口和南安莲坑处，实行单向收费。

收费站是服务部门，该项工作主要体现服务水平和素质，由于内容简单，时间久了，容易让人产生一定的惰性。收费站站长戴少扬说："我们这项工作比较简单、枯燥，干久了，人都变笨了。"① 为了提高收费站的服务水平，泉州市交通局专门对此开展"民主评议政风行风"活动（以下简称"民评"）。作为交通局的下属单位，梅花岭隧道收费站同样将此项要求作为日常服务工作的标准来执行。

2. 员工培训与学习

为了提高收费站员工服务水平，让员工熟读服务用语和文明忌语，以便于在工作中使用或忌用，如"您好，请买票""师傅，请您出示证件核对""再见，祝您一路平安"；忌用一些"少啰唆，快买票！"这样尽量避免与司机间的语言摩擦。作为服务行业，很多时候由一些细节而导致工作上的摩擦甚至冲突。泉州市交通局也会经常下发一些其他地区不文明执法行为的文件让各收费站学习以吸取经验教训，这样，对收费站有一定的警戒作用。如 1996 年 6 月 22 日，宁德贯岭稽查员因货车司机没有停车检查而用手电筒打伤货车驾驶员的左眼角，并由于司机不配合而动手拆除对方车牌，恰被国务院纠风办检查人员所了解而进行处罚，为了让全省其他收费站的人员引起重视，特地下文让各收费站学习，并引以为戒。② 这一文件的下达，立即引起东方实业有限公司的重视，以抓好站内收费及稽查员的服务素质与

---

① 2013 年，时任站长戴少扬的访谈资料整理。

② 《关于转发省交通厅〈关于宁德地区福鼎贯岭交通公路稽查站稽查人员不文明执法等违纪问题的通报〉的通知》，泉州市交通局文件，泉交监〔1996〕9 号。

水平为主要任务，意识到高素质的文化和业务水平必将带来高效率、高质量的工作业绩，组织职工学习业务并展开竞赛以提高业务水平与能力。收费站每月组织职工进行一次业务学习，内容包括《通行费征收手册》《行政处罚程序》等。同时，开展业务竞赛和考试，以提高员工业务知识。业务竞赛有：比赛点钞、填写日结算单、判别车型等；业务考试均以闭卷的形式进行，如征收手册、法律法规的业务测试、青年文明号知识、民评工作考试等。通过这样的业务学习和练兵，提高了业务熟练水平和现场处事能力。[1]

3. 主动改善与征费站周边关系

（1）主动改善周边关系。由于梅花岭隧道收费站位于市区结合处，"先后多次发生了群众堵闹事件，加之一些单位、个人对收费工作不够理解，导致收费难度加大"，针对这种情况，收费站主动出击，搞好宣传、解释、教育工作。收费站人员经常走访沿线各村村委会和老人协会举行座谈会，主动征求他们的意见，在力所能及的情况下，解决一些实际问题，有效地协调好双方关系。逢年过节时，主动带礼物去慰问村老年协会（受1997年的"7·11"事件影响，那年的拜访停止，之后又继续恢复）。[2]

地方政府在财力不足的情况下通过银行贷款和引进商业资本，带来公路建设突飞猛进，民众享受着四通八达的交通所带来的各种便利，但人们在享受便利的同时，往往忽视了投资商所投入的商业成本。作为商业投资，务必要保证有一定的利润，这样，才能吸引商业资本的继续加入。如何收回公路建设成本，国内没有明确定论和先进办法，只能通过设收费站来回收成本与一定的利润。但是，民众习惯于享受免费的公路，对于公路设收费站，多有不理解，对于收费站点的设立难免有怨言，而这些思想无疑给收费站工作带来了一定的困扰。民众冲卡、阻道、占道之事时常发生，更有甚者聚众打砸收费

---

[1] 《南安梅花岭隧道车辆通行费征收站创建"文明行业"的征费情况汇报》，2005年汇报材料。

[2] 戴少扬站长访谈，于2013年1月25日。

站。1997 年莲坑收费站便是一例。

（2）妥善处理民众冲突——"7·11"砸站事件。莲坑收费站点位于榕桥村，而该路是处于南安城西的主要出入口。村民进城上下班都必须经过这一路口。如果是骑摩托车，则务必要收费，按照福建省交通局定价标准：摩托车收费为"2 元/次"。诚如戴少扬站长所言："收费站毕竟设置在他们村附近，村民来往不太方便。他们一天要来返两次，则就得要 4 元，而每天的工资也不外乎才二十来元，这样，来往的村民多少有意见、有怨言。这些我们也理解，可是，定价与收费的标准是由交通局定的，我们只有执行。"① 为了改善与邻村的关系，收费站由站长带头，每年拜访当地村干部、老年协会。同时，也给每个村送 5—10 辆摩托车免征证。随着南安市区企业的增多，越来越多的人到南安市区上班，从一定程度上说，收费站给他们带来了不便。再加上民众对公路收费本身的不理解，怨言越积越多，村里经常有人放言要砸收费站。

1997 年 7 月 11 日，由榕桥镇辖下的杏莲、上都、三保、祥堂、黄龙村村民聚众砸莲坑收费站，参与群众有两三千人，场面宏大。事件发生后，南安市领导出面协调，结果被愤怒中的村民掀翻汽车，并且打断了司机的腿。这一事件震惊了省委、省政府，由省里出面解决该次群众事件。

"南（安）官（桥）公路，是全省第一条、全国第七条中外合资的改造公路"，这事情涉及外资在华投资利益，如果处理不好，容易挫伤其投资者的积极性，也会对今后吸引外资产生不好的影响。因此，福建省政府要求南安市政府处理好这个事件。南安市政府非常谨慎地处理这个事件，派工作组去各个自然村去做思想工作，稳定村民情绪，并向村民说明收费的合理性与合法性，同时，也处理了几名聚众闹事人员。

作为外商投资方东方实业有限公司的董事长戴宏达、戴新民，虽然对事件的发生感到很震惊，但他们也从村民的角度出发，体谅村民

---

① 2013 年 1 月 25 日，对戴少扬站长的访谈。

的心情和难处，主动提出免征摩托车出入费，经过省里批准，免征莲坑站的摩托车费用。这一体谅行为使东方实业公司每年让利近百万元。

1998 年 1 月 1 日，实施新的《公路法》，法律肯定公路收费，并具体明确收费公路的条件：①由县级以上地方人民政府交通主管部门利用贷款或者向企业、个人集资建成的公路；②由国内外经济组织依法受让前项收费权的公路；③国内外经济组织依法投资建成的公路。① 而南官公路属于第三种收费公路。为保证菲华商的利益，南安市政府专门下文成立南官公路路政管理处，由交通局派两人入驻东方实业有限公司，编制属于交通局。同时，市政府还安排官桥派出所和柳桥派出所协助收费，作为警民共建收费站。

1998 年 8 月，经省政府研究，为鼓励利用外资，省政府办公厅下文"闽政办〔1998〕158 号"，同意南安车辆通行费征收站及分站的征收标准按"两纵三横"标准执行。

4. 加强与政府部门间的合作

"借资生蛋"是为了能更好、更方便地借用外资来进行国内基础建设，这样可以弥补国内资金的不足。为了吸引外资建设基础设施，在建设期，政府都会给予全力支持与全面服务，但在投资方投资后，政府如何进行操作，必然引起投资者的担心。收费公路政策性很强，涉及计划、交通、财政、税收、物价、工商、外经贸、外汇、金融等部门，但在具体执行上又面临法律空白，2004 年才颁布收费公路管理法。② 在一个市场和法制都未成熟的投资环境，投资者必然承担了一定的投资风险，出于稳妥起见，投资商倾向于与政府部门的合作。政府部门的加入固然有利于公司和各相关部门的沟通与协调，从长远来看却不利于收费公路的管理（出于对共同利益的保护），会影响投资环境的健康发展。

---

① 《中华人民共和国公路法》，自 1998 年 1 月 1 日起施行。

② 林伊亘：《探讨收费公路（普通公路）的发展趋势与对策》，《交通财会》2005 年第 7 期（总第 216 期）。

东方公司的合资方南安市交通局派人担任公司副董事长。广东"番（禺）中（山）公路"也是一条中外合资公路，由中山市路桥建设有限公司、霍英东基金会等公司共同组成广珠东线中山路段有限公司，经营期限 22 年，而其中股东之一中山市路桥建设有限公司则为国有企业（市政府全资）。①

"民间资本投向基础设施，投资阶段好说，收取阶段难免出问题。如果要大面积按商业化基础设施来运作，首先要求各级政府必须有诚信，这是投资软环境最重要的一条。"② 在投资初期，政府给公司以很大的优惠政策。在公路建设前期的路面拆迁、施工等方面，政府出面协调做周边群众的工作，等公路建成后，根据中外合资法，给予一定的免税优惠。

5. 相关部门间的协作

一条公路连接着公安局（交通警察、派出所、"110"）及交通局两大部门，需要部门间密切配合。交通警察，属于公安系统的分支队伍；而路政管理则属于交通管理局所属单位，路政的主要职能是：①负责管理和保护公路路产；②实施公路巡查；③依照法律、法规和规章，制止、查处各种违章利用、侵占、污染、毁坏和破坏路产的行为；④控制公路两侧建筑红线等事宜。③ 东方公司就需要与这些部门联系，保持工作联系和配合。

公路收费征收政策性强，涉及面广，社会影响大，关系千家万户，因此需要政府部门的支持与配合。政府考虑到这是省内首条中外合资公路，因此也对东方实业有限公司多加照顾，东方公司享受到一定税务减免的优惠。在工作上，相关部门也都尽力配合。同时，东方公司自己也积极加强与政府的合作。他们对于交通局下达的各项工作与文件都能及时地给予配合与支持（如开展民评工作、政治学习等内容），向当地政府及有关部门及时汇报情况，积极争取各界对收费工

---

① 中山市路桥建设有限公司网站，http://www.zsjtjt.com/about.html。
② 郑捷奋、刘洪玉：《中国收费公路的民营化》，《公路交通科技》2003 年 4 月。
③ 《公路路政管理》，1990 年 9 月 24 日，交通部令。

作的理解与支持。

收费站加强与交警、派出所、"110"联动，获得了公安部门的支持，签订了安全联防协议。"对于无故闹事者请当地派出所帮忙解决，这样极大地震慑了那些企图想方设法不按章缴费的车主，同时很好地教育了广大人民群众，营造良好收费环境。"① 成立夜间值班室，指定了兼职值班人员全面负责收费站及服务区安全工作的组织和协调，制定了各项安全管理措施和预案。② 交通局特派两人常驻东方有限公司，专门负责处理相关事宜。

6. 公司性

"贷款修路、收费还贷"政策对于筹集公路建设资金，加快交通基础设施发展，特别是加快高等级公路发展，改善我国公路技术等级结构发挥了重要作用。"截至 2003 年年底，通过公路收费，全国共筹集公路建设资金超过 8000 亿元，建成收费公路 14.5 万千米，约占全世界收费公路总里程的 70%。我国 90% 以上的高速公路、70% 的一级公路和 40% 以上的二级公路都是依靠收费政策建设的。"③

我国公路的管理机构既担负公路管理的行政职能，又承担公路养护、施工、设计等生产任务，是政、事、企合一的管理体制。④ 东方实业有限公司则是中国公路建设、收费进行公司化管理形式的新尝试。作为一家公司，必然要以市场为导向，以成本为中心。故而东方公司除了配合交通局的一些行风建设，还努力完善公司制度和管理章程。

（1）加强费源管理。公路收费的多少成为部门业绩，为了提高收费费用总额，泉州交通部在各县市展开了征费竞赛。而这一行为有利于收费站减少逃费，增加收入。

---

① 《南安梅花岭隧道车辆通行费征收站创建"文明行业"的征费情况汇报》，2001 年汇报材料。

② 同上。

③ 张光远：《收费公路市场结构与定价机制研究》，《中国物价》2004 年第 8 期。

④ 艾长江：《我国公路管理体制存在的问题及改革对策》，《黑龙江交通科技》2006 年第 6 期。

为了管好国内的收费站，交通部下达许多文件，而东方公司作为其下属单位也同样必须执行，配合行业部门的要求和检查，充分体现了作为国家基础项目的政策性，然而作为公司，同样，具有其自身的特点。

1）加大稽查力度。东方公司的两个收费站，均配备了专门的稽查班人员，加强稽查力度。同时，收费站设立了以站长为组长，各班、组长为成员的目标管理领导小组，负责每年的经济目标的完成与实施。

2）严把出入关口。对免征车辆，要求征费员在熟记车号的基础上监控人员及时做好电脑查寻。

3）做好疑难车辆的统计，及时分析变更原因及收入状况。收费人员最难判断的便是吨位，东方公司经常对收费员进行吨位培训，以提高收费速度，避免因收费而堵车。

4）及时做好收入及变更情况统计。为了能更好地保证收费站的工作开展，东方公司通过统一收费站、监控室、办公室相互配合、互相监督，形成上下结合，信息反馈灵敏的监督体系。还加强领导、行政办公人员跟班制度，加强对征费一线的指导和监督，并且能够及时地解决征费一线的突发事件，促使征费工作顺利运行。

（2）制定制度。没有规矩，不成方圆。作为公司的管理最主要的体现便是完善的管理制度与管理章程。东方公司对收费站进行的管理，建立了一系列的管理制度与方法：

1）明确岗位职责。公司有一套完整的岗位职责，每个员工的职责都有明确的说明，甚至都有明确的动作操作规范说明书。这样，有利于保证员工的操作规范性，从而降低堵车率。

2）奖罚措施。东方公司专门制定了一套对公司员工的处罚规定，如"当班人员不文明售票，售票动作不规范，扣3分"（注：每分10元），分数直接与个人奖金和工资挂钩，具有较强的约束力。对于私带现金上岗，公司直接没收现金。

3）监督制度。为了强化监督，公司安装了电视监控管理程序，收费站与办公室联网，系统票证票款管理程序，次票管理费管理程序。加强执勤管理，采取了科学排班，实行轮流值班制度。①

4）成本管理。在财务上建立了严格账务制度，健全台账规范行为：建立健全各种原始凭证及账本登记和财务档案的整理、保管，日清日结，资料完整、数字真实可靠，另外合理控制账务支出；各部门、班组作为成本控制关键，精打细算、开源节流，以财务作为成本调控管理中心，事后审计认定、账目透明公开，该站油耗、电费、管理成本等支出得到了有效控制；对通行费款，要按时收取、及时送交银行，不得截留挪用。

（3）加强窗口建设。窗口服务质量问题是收费站工作的重心。交通局、公路局为整顿行风开展民主评议行风，提高行业服务质量。东方公司以此为契机，开展行风重点整顿，收集群众反映意见，进行相应的整改。② 发放"致广大驾驶员的公开信"，在信中承诺应尽的服务，如售票时间不能超过15秒，同时设立领导接待日（每月15日），公开受理举报电话、举报箱投诉，保证"有诉必理，有理必果"。另外，还开展了以下工作：

1）开办简报。东方公司专门为民评开办简报，把收费站的好人好事及收费工作中遇到的事收入简报，在公司内部散发。诸如此类的宣传，有利于内部员工的沟通和交流，同时有利于提高员工的工作的成就感，体现其工作的意义和价值，丰富工作内容。

2）开展评优活动。东方公司制订了实施方案，开展自查、督察。并在自查阶段加强对此项工作的落实，使窗口服务质量明显提高。同时，开展争当"先进个人"活动，全体员工对照有关条款进行自评，由考评小组进行总考评。员工之间形成"比、学、赶、超"的良好氛围，促进了征费工作的全面提高。

（4）成立工会。为了完善公司管理，保障公司员工的权益，于2009年申请成立工会。2009年6月2日，工会通过批准成立，由戴

---

① 2006年，东方公司"民评"资料。

② 参见2004年9月20日《梅花岭隧道管理费站2004年民主评议行风重点整改问题公示》。

伦生任会长，主要负责员工的福利及协调工作。

（三）养路

通车后，南官公路通车量大增，每日车流量 200 多辆，因此，养路便是一项日常工作。南安市区自来水当时都是引自官桥水库，而在当时自来水管设计的深度不够，因此当穿过公路时，被来往的车辆一压，时间一久自然水管便爆了，冲刷了路面，以致当时车辆停顿两个小时。由于设计所限，只能对路面做简单的修补，不能根治，这是当时修建时所留下的缺憾。[①]

根据协议，养路由东方公司负责。东方公司日常对路面卫生多进行整理，由于当初修建时路面不够宽，为保证整体的路面宽度而没有修建排水沟，故一下大雨，积水尘土较多，来往司机反映较多。其养路工作主要是修补路面，修剪隔离带草木，以保证公路的畅通。[②] 重点对隧洞进行保养，但隧道也因当初设计所限，隧道顶部两侧经常漏水，难以进行根治，平时以清理积水为主。另外，隧道的照明维护，对群众反映灯光不亮的则及时更换灯泡。

（四）撤站

当公路等级低、路况差时，社会的主要矛盾表现为公路上大面积、长时间的堵车。为尽快解决交通问题，加快公路建设速度，提高公路等级，改善公路路况，收取公路通行费偿还贷款，这在当时被全社会所接受和支持。随着交通事业的快速发展，公路等级的大幅度提高，公路路况的大规模改善及路网的进一步完善，人们已经习惯于享受交通发展带来的胜利成果，这时候的社会矛盾却发生了根本的转变，表现为公路使用者逐渐对公路收费站点过多，对公路收费标准偏高而带来了营运成本上升而表示不满。[③] 同样，南官公路建设初得到了社会的支持，但在营运后随着形势发展变化，引发社会对收费站的关注度就越来越多。

---

① 2013 年 1 月 25 日，于南安东方公司对陈工的访谈整理内容。

② 2004 年 9 月 20 日，梅花岭隧道管理费站 2004 年民主评议行风重点整改问题公示。

③ 林伊亘：《探讨收费公路（普通公路）的发展趋势与对策》，《交通财会》2005 年第 7 期。

　　国内媒体对收费公路非议颇多，南安公路也同样受到当地社会的关注。早在 2005 年，就有群众来信要求撤销收费站；① 2006 年又有南安籍的泉州市政协委员就建议撤销南官公路收费站②，之后每年都有人提议撤销收费站。

　　2009 年 1 月 1 日，国务院实施成品油税费改革，取消原来成品油价外征收的公路养路费、航道养护费、公路运输管理费、公路客货运附加费、水路运输管理费和水运客运附加费六项收费，逐步取消政府还贷二级公路收费。从 2009 年 2 月 21 日零时起，取消福建省内 120 个政府还贷二级公路收费站，而省政府依法批准收费的高速公路、经营性收费公路以及一级公路仍将继续按原定政策收取车辆通行费，梅花岭隧道（莲坑和官桥两个站）便是其中之一。③ 而这规定一公布，反映撤销收费站的呼声更大，2009 年、2010 年，南安政协委员再次提议撤销收费站，但因东方公司协议 30 年，如今才不到一半，收回则涉及违约。④

　　2011 年，在重重舆论压力下，政府决定收回股权，提前 15 年停止收费。⑤ 后面的 15 年公路收费政府与东方公司协商。经过协商决定 2011 年 12 月 31 日正式拆除收费站。2011 年 4 月，政府已经开始为新的南官公路拓宽工程在招标。⑥

　　东方公司的员工，由于部分是合同工，其员工除了给予一定的补偿，需要另谋职业；其他员工则转入东方公司其他行业。

---

　　① 南安市人大常委会来信来访交办单：《关于整顿、撤销福建省南安市梅花岭隧道莲坑、塘上收费站的检举报告》，2005 年 10 月。

　　② 李贤斌：《南安市南官公路收费站停止收费半个月内拆除》，2011 年 1 月 1 日，海峡都市报电子版。

　　③ 南安市交通局文件，南交函〔2010〕58 号。

　　④ 同上，《关于南安市政协十一届四次会议第 142 号提案的答复函》。

　　⑤ 李贤斌：《南安市南官公路收费站停止收费半个月内拆除》，2011 年 1 月 1 日，海峡都市报电子版。

　　⑥ 南安市南官公路面改造工程，4 月 12 日颁布，http://www.jszhaobiao.com/z/notice/2011/4/12/26357413.shtml。

第二节　戴天惜家族与乡村建设

1993 年，戴行健等随拉莫斯总统访华，引起戴氏族人的自豪感。此次访华顺道回乡探亲，正所谓"荣归故里"。而这时的闽南地区，宗族意识又在乡里重新抬头。

一　重建家祠、续修家谱

家谱，英文名为"Family Tree"，很形象地说明一个家族的起源，如同一棵参天大树，而树的根就是始祖、始庙。因此，祠堂是一个宗族力量源泉的象征。

（一）重修家祠

祖宇是奉祀祖先之所，茔墓是妥藏祖先遗骸之处，祭祀祖先，祭扫祖墓，旨在弘扬祖先功绩，教育后代，溯本思源，怀念祖德，发扬光大。国人将举行宗族祭祀活动的建筑物称为"宗庙"。

戴氏祠堂建立于第五世（大约于宋代），进入祠堂有严格的规定："婚配正方可进入庙门，稍有不明不正，毋得入斯庙。""按朱子礼，冬至祭始祖，春分祭先祖，孟诜家祭仪用二至二分。吾宗祭始祖大廷均用冬蒸，相沿已久。唯先祖诸庙未举。"清末，戴凤仪又重新修订了春分、秋分、夏至分别祭拜各房先祖。这样，一年四季祭祀不断。戴凤仪鉴于祭期复杂，于是也实行了合祭"用忌日以行大祭，虽非分至而仍有合于春祭先祖之仪，礼祠烝尝变通用之。"① 可见，戴氏家族对祠堂的祭祀礼仪周全。而他们所尊崇的还是朱子礼仪，完全以儒家思想为导。

正因为祖庙被认为是心中的源泉和宗族的"根"，故而族人很重视修祠工作。在新中国成立后，海外回国探亲华人看到祠堂年久失修，主动拿出资金修缮祠堂。"1962 年、1963 年，旅菲宗亲集资与里人群策群力，从宇顶到脊梁至于内釉漆，全修一新。"然而，在"文

---

① 《诗山戴氏谱志》，第 25 本，1995 年重修。

化大革命"期间，因扫"四清"、破四旧，祠堂也受到破坏，清水祖师庙宇被夷为平地，祖祠也被当作榨油厂，祠堂里的牌位被有心族人藏了起来，在1987年修祠后又重新摆上了祠堂。

新中国成立后，鉴于中菲两国并未建交，侨菲的戴氏族人也很难回到故乡，但他们在海外有自己的宗亲会——菲律宾宋戴宗亲会，其理事长都是南安大庭人氏，他们所供奉的始祖正是大庭的始祖，规格和程序、图像完全按照故乡的要求，但菲律宾没有按房派细分。对于故乡祖庙的毁坏，他们很是痛心。1979年党的十一届三中全会后，中国政府改变了以"阶级斗争为纲"的政治运动，走向了"以经济建设为中心"改革开放的道路。海外族人尤其是菲律宾戴氏族人在其中发挥了很大的作用。如今，政府欢迎他们回来，而回乡的首要大事便是修建祖祠。

"1986年旅菲33世双传、双白、东锋诸昆仲在岷就首先发动菲律宾宋戴宗亲总会拨款，并由双白、东锋包美，修缮始祖庙俗称祠堂，焕然一新。1993年，双白更独资修建小宗祖宇，恢宏光耀。"①

（二）续修家谱

"家之有谱，犹国之有史。"后人通过对祖先世系的追溯来探求自身肉体、精神和文化的"根"，这是报本反始不仅在肃穆的仪式中"祭神如神在"，而且在日常生活中，将祖先的遗训和祖先的恩德当作无声的至高命令，时刻感觉到祖先神灵的呼唤，诚心诚意地尊崇着祖先正体的延续者（宗子），这是"尊祖敬宗"。②

戴氏族谱的续修还得源于海外族人的寻根问宗的活动。戴氏族谱记载：1989年春夏间，有两位已使用日本名字的女士到北京，通过外交部联系到码头侨联，欲寻觅其生父戴文庆在福建南安的祖籍，又有中国台湾五股乡戴忠信来访其曾祖房派。当时的族谱由部分族人收藏而未曾被烧化，故能找到其宗族和源流。这就有了修族谱的念头。③

戴天惜家族中，老五戴新民是最早回国的，他一直活跃于家乡的建

---

① 《诗山戴氏谱志·祖庙》，1991—1993年修，第26册。
② 钱杭：《中国宗族史研究入门》，复旦大学出版社2009年版，第169页。
③ 《诗山戴氏谱志·修谱缘起》，1991—1993年修，第26册。

设中。1991 年，戴天惜家族出资修建大庭柏油路，并为家中老母亲修建漂亮的洋房。5 月，柏油路和天惜楼相继落成。在庆贺宴上，戴双白、戴凤洗倡议续修族谱，戴天惜家族出资五万元作为续修族谱的启动资金。1991 年 6 月，成立诗山戴氏族史续修董事会，以戴凤洗为董事长（戴凤洗，旅居中国香港地区），聘海外热心族人戴新民等为名誉董事长。在新修谱里，因戴天惜医德高尚，再加上儿子们有出息，故入名人列传。新修谱中比较突出的便是女性的地位，以往谱系不出现女性，现在只要有一定的学历或成绩的女性都列入家谱，无论是娶进门的媳妇或出嫁的女儿。这样，充分体现时代性，也进一步体现了新中国成立后女性在家族里的地位。在其新修的《大庭—戴氏》的村志里，就列出了一位出嫁女儿和其夫婿的公司，承认了该女出自本"家"这一事实。[①]

　　成立董事会：戴新民作为他们家族的代表，热心处理村务，村里族人聘请戴新民为名誉董事长。旅居海外的族人热心于村务，在资金上大力捐助。在短时间内，就收到大量为修谱所捐的款项（见表 5 – 1）。

表 5 – 1　　　　　海外各国和地区戴氏族人参与修谱捐赠数额

序号	国别和地区	捐赠额			小计（元）	1991 年的货币兑换平均值
		人民币（元）	外币	折算成人民币（元）		
1	菲律宾	85000	687000 菲币	120912	205912	1PHP = 0.176 RMB
2	马来西亚	23750	2500 马币	4850	28600	1MYR = 1.94 RMB
3	新加坡	—	4900 新币	15141	15141	1SGD = 3.09 RMB
4	印度尼西亚	1400	45000 港币	30870	32270	1KHD = 0.686 RMB
5	中国台湾	—	63500 台币	113665	113665	1TWD = 0.179 RMB
6	中国香港	16500	268000 港币	183848	200348	1HKD = 0.686 RMB
	小计	126650	—		595936	—
7	国内族人	61500				
	合计	188150		469286	657436	

　　注：该表数字来源于家谱里捐款"芳名表"所得。因部分金额用外币记录，为了能清晰地体现金额，以当年平均汇率转换成人民币。1991 年汇率兑换：1 美元 = 5.34 元人民币，1 美元 = 30.3 菲律宾比索，1 美元 = 2.74 马来西亚元，1 美元 = 1.73 新加坡元，1 美元 = 7.78 元港币。

---

① 南安大庭戴氏宗亲会会刊：《大庭—戴氏》，2010 年 12 月，第 140 页。

从家谱的"芳名表"中可知：海外华人的捐赠占90.65%，足见海外华人对修谱的热情，已成为宗族活动复兴不可忽视的力量。其中，菲律宾和中国香港又在海外占主导地位。

（三）成立宗亲会

修谱之后，正式成立戴氏宗亲会，选任理事长。理事长人选最初限于本村戴姓人氏，随着宗亲会活动的扩大，理事长人选就不单限于国内族人，而是整个"根"在大庭的戴氏族人。前三届都是本村人氏，而现任宗亲会董事长则是中国香港人，因长期在内地创办企业，经常为大庭乡村捐款，对外联络广泛，因此选他为宗亲会理事长。除理事长外，还包括常务理事长、秘书长等。一般来说，本村戴姓族人事务一般由常务理事、秘书长等负责。理事长常年在外经商，很少回村，只负责一些对外联络事宜，即国际级别的联系一般由他出面。对于理事长的人选，理事会认为，为人公正，能识大体、顾大局，谦虚、善于倾听，最主要的还要具有一定的经济实力。从对理事长的人选标准来看，则主要体现在对外交际能力和经济实力的结合，而这种能力也符合当前农村里"能人"标准。

宗亲会主要职责是负责祭祖，维护祖宇，组织佛诞，调解各房派间的矛盾，以及对外联谊，如世界宗亲会。1996年公开世界戴氏宗亲总会第一届理事会，由菲律宾宋戴宗亲总会承办，由侨菲戴育仁担任首任理事长，商议每两年（2002年后修订每三年）举办一届庆典，分别由各地宗亲会轮流主办，见表5-2。

表5-2 世界戴氏宗亲会会址

届次	时间	主办地点	届次	时间	主办地点
第一届	1996年5月	菲律宾马尼拉	第五届	2005年11月	中国广东南海西樵
第二届	1998年4月	中国台湾桃园	第六届	2008年11月	中国河南商丘
第三届	2000年4月	马来西亚马六甲	第七届	2011年4月	印度尼西亚巴厘岛
第四届	2002年11月	南安琉塘	第八届	2014年	中国香港

每年举行规模宏大的冬祭活动（冬至节），冬祭活动每年会选出

一位主祭人，还有几位陪祭人。祭祀活动按照家谱留存的程序进行。参与祭祀活动后，凡已当上祖父（或外祖父）的男性，都可以参加冬祭后丰盛的大聚餐。2013 年的冬祭活动后就举办了百桌盛宴，规模宏大。据说，每年参加主祭活动的人，在主祭后都会拥有好运。因此，族人们都争当主祭。参加主祭人选还要具有一定的资格，合格者方可参选。如为宗亲会做的贡献、捐款额等方面有一定要求。

从宗亲会的一些要求可见，宗族的规章制度，根据时代的要求做了一定的调整，如提高了女儿的地位，不再以男性为主，符合时代的要求，有时代特性，故能博得更多族人的敬仰和拥护。

二　戴天惜家族与乡村建设

20 世纪 80 年代后，戴氏海外族人纷纷回乡，他们为家乡做了大量的建设，其中戴天惜家族起了主要作用。如果要单独把该家族摘出，却又很难，诚如戴新民先生所说，能为家乡尽点力，主要还是大家的帮衬。故而在此一并论述。

（一）兴建公路桥梁

修桥铺路，是国人传统的慈善行为。取得财富的人，一般都会做些修建路桥之类的善事。而该乡村皆因族人出洋多，取得的经济成就大，故而大庭乡最令称赞的特色是道路第一流。家谱里对于族人的善举都做了详细的记录："在柏油路贯穿东西，中间分出另一条向南连接国家公路。在柏油路的显要地段又有水泥路相衔接，形成四通八达的交通网络，宽阔平坦，车辆无阻，真正为乡邻造福，美化了村容乡貌，促进了文明建设。"

柏油路、水泥路的捐建者是：①戴天惜家族捐资 80 万港币建柏油路 4 公里、水泥路 1 公里；②戴永耀捐 7 万港币建枫树街道至土楼前至尾宫再延长到瓦窑外与宫簪村交界处；③戴堪舆捐建新池到加工厂水泥路；④戴育明捐资 5 万元加上当地热心公益捐建操场至常山厝后水泥路。

大庭大桥是福洋角落人出入的咽喉，更是东大村车辆行旅必经之道。1984 年印度尼西亚宗亲在明贮推动下，捐资赞助，大庭村委会与省、县拨款，改建成六米宽的钢筋混凝石拱桥。翌年竣工，县长王重庆，县人大主任陈双江亲临剪彩。①

"菲律宾侨亲戴天惜家族为帮助家乡人实现脱贫致富奔小康的愿望，先后两次修建乡村道路：1991 年，戴天惜家族捐资 80 多万元拓宽筑建柏油路；2002 年，戴天惜家族再次捐出 180 多万元翻建村中柏油路为水泥路，并在水泥路旁安装路灯，为了减少乡亲们的负担，连路的两旁路灯每年的电费也是由戴天惜家族出钱支付。"②

前者记录是家谱，作为族人对海外族人善举的记载；而后者则是村委会对侨亲的肯定，两条渠道分别都记录了乡村建设的捐赠及海外族人的善举。而他们的行动也从正面肯定并鼓励了这些行为，激励其他族人纷纷仿效。进入 21 世纪后，富裕了的国内族人继续接过这个担子。

（二）兴修水利、作物经营

水利是农业的命脉，一个乡村水利的好坏直接影响乡村农业的种植。海外族人对于农田水利建设也很关心。对水利的关注，在一定程度上也秉持了家族遗风。从历史上看，族中能人都会带领族人兴修水利，以利农业播种。1533 年，戴氏 20 世祖戴智，字甫明，号东轩，"开筑友潭陂，以通水利，捐己田以易阻塞"。③ 迄今五百年来，坝曾修、扩、复筑多次，但均未果。清代仁斋公于 1786 年也曾率族人修筑。④ 后又遇大溪流，前功尽弃。1902 年，戴凤仪曾组织修筑。⑤ 1946 年夏，坝身溃于特大溪洪置废。

1954 年，县财政拨款，乡政府发动民众义务修筑。1965 年，大庭大队再加高砌坝岸牢固至今。1991 年，大庭村又投入人民币 10 万元修通水泥渠，从坝头至埔边。后由戴永耀捐人民币 6 万元接埔边至

① 《诗山戴氏谱志·华侨志》，1991—1993 年修，第 26 册。
② 泉州市外事侨务办公室编：《侨乡之光》，（香港）中国新闻出版社 2005 年版，第 223—224 页。
③ 《诗山戴氏谱志·明处士东轩公列传》，1991—1993 年修，第 25 册，第 11 页。
④ 《诗山戴氏族谱·诰赠奉政大夫恩锡（赐）修职郎叠举族正乡宝曾王父仁斋公列传》，1911 年编修，藏于福建省图书馆。
⑤ 三月，"筑龙潭坝庆成，费三千两百金"。参见（清）戴凤仪《松村诗文集补编·自著年谱》（下），中国文联出版社 2003 年版，第 7 页。

大圳坑。①

戴氏族谱记载了海外族人在水利及多种经营方面的贡献。"旅菲三十三世双白、旅台三十四世良川捐资建水尾坝。旅港三十三世永耀捐建大坝主渠，接埔边厝至上洋厝后，又捐建引刀梯水，从枫树公路桥脚至福山谱沟地段的水泥渠；旅吉隆坡三十三世堪舆捐建从祠堂浇至下园水泥支；旅菲新民 1992 年捐出 10 万元建成大庭茶果场，配专人管理发展多种经营；旅菲三十四世宏达捐资 6 万元为大庭电厂增添设备。"②

（三）修建文物古迹

移民海外的戴氏族人对于家乡的一草一木皆有感情，他们获得成绩后，着手修建文物。

待驾宫：始建于南宋最后一年（1279 年），乡人为迎接幼帝昺南下经此而建，故名待驾宫。此宫象征忠义，收入《南安县志》，列为诗山十八胜景之一。宫内历代供奉武德尊侯、陈圣王诸神，镇水尾，扼流保安，无奈历经风雨剥蚀，年久失修，状已凋敝。1992 年，戴天惜家族老五戴新民目睹其状，慷解解囊，独资重建，使之更加壮丽辉煌。

天赐岩：始建于明代，"文化大革命"期间被毁，基石尚存。1987 年西柱 33 世戴凤洗鼓动，旅菲戴双白首捐巨款提倡重建，香港及海外宗亲纷纷解囊，集腋成裘，遂依原基原向重建，恢宏古迹焕新颜。

后港仔相公宫：坐落乌石潭湾山脚，象征引导水源，"文化大革命"期间被毁平。1986 年，旅菲 33 世戴东锋遵父嘱于修整祠堂期间捐资重建。

（四）倡建乡村文化

戴天惜家族及海外族人非常乐意赞助文化建设（见表 5－3）。1991 年，戴新民首捐两万元为大庭村成立老年人协会提供开办费，又

---

① 南安大庭戴氏宗亲会会刊：《大庭—戴氏》，2010 年 12 月，第 52 页。
② 《诗山戴氏谱志·华侨志》，1991—1993 年修，第 26 册。

常年提供活动资金。戴新民此举带动为数二三十名归侨与国内热心者捐资。"1995 年，戴天惜家族捐资 40 多万元建造了村里的老人协会大楼。同时，戴天惜家族每年还拿出两万元人民币作为协会的经费；1997 年，戴天惜家族捐出 200 多万元，戴祖煌先生、戴祖辉先生以及戴氏锦兴家族各捐资 10 万元资助诗芸水泥公路的建设。"①

在海外族人的共同努力下，大庭村重新焕发出新生机，为今后以政府主导的"美丽乡村"建设打下了扎实的基础。

表 5 - 3　　　　戴天惜家族在大庭的捐赠（1999—2012 年）

序号	年份	金额（万元）	内容
1	1999	100	诗芸公路建设
2	2000	2	老人协会经费
3	2001	2	老人协会经费
4	2002	178	老人协会经费、村路灯修理费、路灯、水泥路
5	2003	3	老人协会经费、村路灯修理费
6	2004	3	老人协会经费、村路灯修理费
7	2005	3	老人协会经费、村路灯修理费
8	2006	9	联防经费、老人协会经费
9	2007	9	联防经费、老人协会经费
10	2008	9	联防经费、老人协会经费
11	2009	60	水泥路、联防经费、老人协会经费、村路灯修理费
12	2010	9	联防经费、老人协会经费、村路灯修理费
13	2011	38	排洪渠、老人协会经费、村路灯修理费
14	2012	19	网络监控、联防经费、老人协会经费、村路灯修理费
合计		444	

资料来源：数据由大庭村委会提供，1999 年之前数据村里未登记，故无数据。

第三节　戴氏族人与"美丽乡村"建设

"建设新农村，首要的问题是要合理调整国民收入分配格局和财

---

① 泉州市外事侨务办公室编：《侨乡之光》，（香港）中国新闻出版社 2005 年版，第 223—224 页。

政支出结构，尽快实现由农业哺育工业向工业反哺农业的转变，具体来说，就是要进一步提高农业占财政支出的'两个比重'。同时要改变目前财政支农投入渠道多、资金分散、使用效率低的现状，探索资金整合使用的有效途径。新农村建设还需要从多种渠道向社会筹集资金，形成政府主导、多元投入的局面。"① 近年来，在起点较高的基础上，党中央、国务院为改善农村生产生活条件出台了一系列更直接、更有力的政策措施，特别是农村"六小工程"（节水灌溉、人畜饮水、乡村道路、农村水电、农村沼气、草场围栏等）建设进展顺利，成效显著，为新农村建设积累了有益的经验。对于乡村来说，更多的资金还是来源于乡民援助。尤其是南安大庭村，在海外族人支持下，国内本村族人随着经济发展生活的改善而逐步承担起乡村建设的责任。

20 世纪八九十年代，起主要作用的海外族人主要以戴天惜及香港的戴锦兴家族为代表②，他们为乡村建设做了大量的基础工作。进入21 世纪后，国内族人起了主要作用。这有多方面的原因：一是因为第一代出去的海外族人有的已经故去，而第二代海外土生族人对于家乡除了是"父亲"故乡，便无任何感情，在完成了以前父辈们交代的任务之后，过上了属于自己的生活。二是 20 世纪 90 年代之后，许多国内族人也纷纷投资实业，取得了不菲成就。而海外近几年的经济发展比不上中国，再加上汇率差，国外的钱在国内不值钱，两者的经济实力相差不大，海外族人也就提不起最初的那种热情劲头。因此，国内族人已经接过乡村建设的"接力棒"，承担起主要责任，从每年大庭村所接受的捐款数看③，2013 年其主要捐款基本是本籍人士。④

戴天惜家族自 1995 年兴建了老人协会大楼，再加上后来购买设

① 韩俊：《建设新农村钱从哪里来》，http://news. xinhuanet. com/politics/2006 - 01/31/content_ 4121395. htm，2006 年 1 月 31 日。
② 笔者于 2013 年 10—12 月从大庭村委会了解。
③ 大庭村委会每年所接受的捐款都会用红榜公示出来。
④ 《中共南安市委　南安市人民政府关于表彰南安慈善奖的通报》（南委〔2013〕115号）。

备以及每年的维护费用达 900 万元人民币（1991—2012 年），2013 年起则每年维护费 4 万元。① 最明显变化是，村里戴姓族人的捐赠也多了起来，如 2013 年，闽南科技学院董事长助理戴景星先生的儿子戴建辉在重阳节一次性为老年协会购买礼品价值 10 多万元人民币。②

进入 21 世纪后，在中国农村出现了"能人"治理现象。界定能人的标准即有财产、有能力、有意愿，以通过自己的财产服务于群众。还有一项选择，那就是如果他的家里有"能人"，那么此人便是管理乡村的最佳人选，因为可以通过他背后的能人获取别人不能获得的利益与好处。对于能人治理，探讨者也甚多③，像浙江许多乡村，则主要以商界人士为代表，这些人往往在外面取得经济成就后，回乡担任一定的领导职务。主要是由于"发展经济成为占主导地位的价值取向，农村治理的主要目标转向经济方面。尤其在江南，在农民生活普遍提高时，保证农村基础设施的完善、调解经济纠纷和提供经商的组织引导和支持是农村精英们共同的责任。"再加上"市场经济发达，乡民更多地作为经济个体生存发展，对于乡村的整体需求，不再是维持，而是利益的扩大化，农民真正意识到个人能力主要是经济能力，这一点在江南农村民主化进程中起到了支配性作用。"④ 尽管宗族意识已不能完全在乡村中处于管理地位，但还有一定的家族意识，家族里有"能人"靠山，同样使家庭其他成员受益，而家庭成员的概念和范围有了些许的变化，从以前的纵向转向了横向，如岳家、表里等亲戚都会起到一定的作用。

2006 年，福建省推动新农村建设"百村示范点"。2010 年起，福建省又提出建设"美丽乡村"。大庭村积极申请，在海外族人的乡村建设的基础上，整治乡村内的卫生设施，同时对乡村进行规划，建立

① 数据来源于村委会统计。
② 参见大庭村老年协会宣传栏上的红榜，2013 年 12 月。
③ 参见卢福营《能人政治：私营企业主治村现象研究——以浙江省永康市为例》，中国社会科学出版社 2010 年版；徐勇：《能人到法治：中国农村基层治理转换——以若干个案为例兼析能人政治现象》，《华中师范大学学报》1996 年第 4 期；吴思红：《村庄精英利益博弈与权力结构稳定性》，《中共中央党校学报》2003 年第 2 期等。
④ 褚颖春：《江南乡村精英的百年变迁》，《江南论坛》2007 年第 1 期。

美丽公园，让村民有休憩、娱乐场地。

　　2013 年，福建省美丽乡村评比中，大庭村评分最高，有 6 个满分，这让其村民及海外族人引以为豪。2013 年 12 月大庭村被农业部评为"美丽乡村"创建试点之一。①

---

　　① 《全国评 1100 个"美丽乡村"　泉州六村上榜》，泉州晚报电子版，http：//www.qzwb. com/dywhzd/content/2013 − 12/11/content_ 4745792. htm，2013 年 12 月 11 日。

第六章　戴天惜家族对教育的传承

自明代以来，大庭戴氏宗族就重视教育，故近五百年来名人辈出。族里一直有自办族学传统，到清末还广办私塾，教育地方子民，为地方培养人才。这一传统一直在戴氏族人间传承，该乡教育一直走在地方前列，故能不断地培养出优秀人才，并回报乡村。到 20 世纪 90 年代，戴天惜家族把这一传统发扬光大，形成完善的教育体系。对于教育的管理，他们与国内其他民办院校相比又有何区别？他们的生存环境又是如何？从横向来看，他们与其他行业相比有什么特点？

第一节　戴氏家族捐资办学传统

一　族学

古代家族一般自办私塾，延师教学。族学是学校教育的一种类型，是社会办学的一种形式，起着促进地方文化发展的作用。族学，与祠堂、族产、族谱、祖坟一样，是宗族的一种实体、一种载体，也是宗族建设的必要内容。宗族办学和奖学，希望以此培养子弟而光大门庭，提高宗族的社会地位。在清代，科举不拘门第，民间宗族为维护和提升自身地位，唯一的手段就是兴学致力于科举之路。戴氏家族自明代后期就已经粗具规模，清代整个村庄由其戴氏聚居。故而，为了本族子弟出路，他们也一向崇儒。

戴氏家谱里虽并未标明有办族学的迹象，但是，可以从其名人传志中找出开私塾的痕迹："与伯兄旻及从兄南城令元佐公，同就塾师。"应该是自请师塾就学。从家谱里可以清晰地看出，清代戴氏家族就办有私塾，长辈专门请人授业，并给出相对好的待遇，如嘉庆时期的族正记载："公延师极诚，子若孙举业者多，尝训于庭曰：忠厚守业传家宝也。"这足以说明自办私塾这一行为。对于就学和延师的要求，可以从族长的思想和态度窥见一斑。"忠厚守业传家宝也。"当有人向他哭穷时，族长劝之"财容易也，德为难。德者天所佑，愿尔曹轻财而重德"。① 族长思想在一定程度上反映了当时宗族对族人成才评价的标准，不以财富多寡以论之，因"德馨"而望重。而"德"则是"忠""孝""节""义"。

宗族所设之学，有蒙学、经学两种。蒙学，为童生考试之用。经学，或称举业学、书院，为学子参加科举做准备。宗族私塾较多的是蒙学，而戴氏宗族在近代则分别创办两种学校。

从乐道轩到"松村精舍"

戴氏 31 世戴凤仪（1850—1917），因避讳宣统皇帝溥仪讳而改名为"希朱"。他少年时就有才学，名满泉州。1882 年（时年三十），考中举人，"由是名震迩迩"。早在光绪二年（1876），他就在家里的书房"乐道轩"课子侄，后因戴凤仪要准备科举，再加上父母双双过世忧思成疾，身体有恙，故请黄则慎教子侄。② "课诸子侄以根柢之学，兼收乡邻学童多人入塾师望隆师名远扬。"作为一私塾，除了教师声望，还取决于办学人的管理水平和能力。戴凤仪素有文声，为人方正，乐为排乡邻难，以致后来成为该族的族长。在其 30 多岁时，办学就远近闻名，"远方来学者众"。从传记和自谱年谱得知，他以本族本村儿童为主，同时也招收附近乡村儿童，"远方慕予学规严整，来学者益众"。③

最初是收族中儿童以识字蒙学为主，到了后来，则似乎倾向于做诗文，以进取功名为主要目的。当时的教师因此一般都"课以诗文"，

---

① 《诰赠奉政大夫恩锡（赐）修职郎叠举族正乡宝曾王父仁斋公列传》，《诗山戴氏族谱》，1911 年编修，藏于福建省图书馆。

② （清）戴凤仪：《松村诗文集补编·自著年谱》（上），中国文联出版社 2003 年版，第 29 页。

③ 同上书，第 31 页。

对"存养修身工夫，不甚著力"。随着学生的增多，戴凤仪也制定了一些规矩，立"乐道轩课规"。"令其以小学、近思录及圣贤经史格言，与时文分配用功"。① 1891 年之后，戴凤仪受邀到丰州等地方管理教学，该私塾还在创办中。1894 年入京，选入内阁中书赏戴蓝翎。1895 年，因入学人数渐多，经济也略有宽裕，遂建"松村精舍"，"以为读书、教习、著作以及垂老排遣之所"。每年春天，松村精舍照例开学授徒。1905 年七八月间的县、府两试，"松村生徒取前列者六人"②，办学成果不菲。

二 近代教育的启蒙

（一）诗山学院

1890 年，戴凤仪创办诗山学院，招收在私塾读过《三字经》《千家诗》等启蒙课本的青少年入学授"四书""五经"等儒家经典与其他古籍。戴凤仪兼做堂长，作《堂训十二条》，力崇易俗兴贤，敦品鼓学，正本清源。1905—1906 年，清廷停止科举考试，进行学制改革，诗山学院应时之需改为学堂。清末兴办新式教育的主要指导思想是：借用西方教育理论学说，建立适应新形势的教育结构，为新政培养实用人才。"但是新式学堂每年需费数十金或数百金，相比于传统塾学费用甚巨，而清政府的财力已经在巨额赔款与军费开支的逼迫下困窘至极，根本无力再支付新式教育所需的各种开支。"③ 为了扩建学校规模，需建 20 多间教室，购置书田等计费 7000 余元，戴凤仪派长子戴绍箕赴菲律宾募捐，归后建"报功祠"。④ 两年后学生毕业，由南安县长主持考核，通过十三名学生"报提学使，均奖励有差"。1912 年再改为学校，戴凤仪任校长。

1910 年后，因戴凤仪主持修家谱，无力掌管诗山学院，由其长子

---

① （清）戴凤仪：《松村诗文集补编·自著年谱》（上），中国文联出版社 2003 年版，第 36 页。

② 同上书，第 13 页。

③ 张小坡、张爱萍：《承继与过渡：清末徽州族学转型探析》，《安徽学院学报》2010 年第 1 期。

④ 《诏选孝廉方正诠选直隶州州判恩贡生诗山学校校长斗臣戴先生列传》，《诗山戴氏谱志》第 25 册，1991—1993 年修，第 59—63 页。

戴绍箕任校长。改制后的学校，应该也根据政府的要求，在科目上做了一定的修改。因从家谱中无从判断出所教课程，但从师资方面可以做一定的推断。戴绍箕擅长于琴棋书画，"精珠算、工琴操琵琶，能顾曲"，对历史地理更是精通。由此可知，诗山学院，也应设有相应课程。当然，最初还是以"四书""五经"为主，"必期他日出仕"。①应试科举，这是读书人主要的出路，自是以此为主，无可厚非。科举停试之后，也略作调整，以应近代时势所需。

教育本是服务社会、服务于世人，故而创办教育要与时局相结合。后因政府改制，应时而需，相应也要开设新课程。诗山学院的办学成果，一直得到当地政府的认可，泉州知府曾对戴凤仪的办学评之为"课士圭臬"。1891—1915 年，诗山学院培养了 100 多名学子。

（二）崇诗学校

创办：晚清时期，戴氏族人就大批出洋谋生，旅居海外，接触到西方先进的科技文化，深受西方思想的影响，意识到要使祖国转弱为强，屹立于世界文明之林，就必须大力发展教育文化事业，启迪民智，革新进取。因而，早在清末民初华侨就已形成"教育救国"的思潮。

戴金华，1867 年出生于大庭，14 岁（约 1891 年）辍学，与其兄去菲律宾继承父业做布匹生意，经过多年努力，生意颇为成功。菲律宾中国同盟会支部成立时，戴金华加入同盟会，为支部长，组建《公理报》，宣传推翻帝制，实行三民主义，任该报董事 20 年。1914 年，孙中山组建中华革命党，戴金华领导旅菲同志加入，任总支部长，积极筹款支持革命，并积极支持家乡办近代教育。辛亥革命成功后，戴金华在菲律宾募捐并派其侄子戴愧生专门从菲律宾回乡筹办"崇诗学校"。② 1911 年，建成一幢长方形二层砖木结构的校舍，面积约 1100 平方米，为"崇诗学堂"，这座新校舍可谓是当时全县最新颖、规模

---

① 戴凤仪纂，戴绍箕校：《诗山书院志》，清光绪乙巳年，厦门大学出版社 1995 年重版，第 129 页。

② 《诗山戴氏谱志·戴金华列传》，1991—1993 年修，第 26 册。

较大的新学堂之一。1912 年，崇诗学校成为闽南一带讨袁的革命中心之一。

教材：崇诗学校与私塾最大的区别是废弃《三字经》等古籍，采用当时教育部颁行的新学制课本，有国语、算术、修身、常识以及体育、美术、音乐等教育学科，深得社会和学子欢迎，越来越多的家长把子弟从私塾转入崇诗就学，戴天悯、戴天惜、戴育仁等都曾入学于该校。[①]

经费来源：崇诗学校属于私立学校，最初属于族学范畴，国民政府没有拨款，办学经费全部靠侨资以及乡里公山、公田等收益，主要还是靠海外族人的侨汇。其中，大部分都由戴金华在菲律宾募捐，并由他汇回使用，也有部分是其他国家的捐款，如印度尼西亚。崇诗学校因没有固定的经费来源，故而办学也时断时续。1920 年左右，学校停办。之后，大庭四甲曾利用祠堂又办过"崇礼学校"。1928 年，崇诗学校改名为"私立小学"。1936 年春，又改名为"崇诗学校"，除了本族的学子，邻村的少年还可以自备午膳来校上课。抗战期间，因侨汇中断，学校于 1942 年停办。

沿革：1928 年，崇诗学校分拆为崇诗学校、崇礼（诗庭）小学。1936 年春，崇诗复办，改为"诗庭小学"；1939 年秋，崇诗合并锦美、枫树两个保的国民学校，改为"东南中心国民学校"，1942 年学校再次停办。直至 1945 年，经福建省教育厅批准，戴世龙将德化师范迁到码头登科头原集美中学留下的校舍办学，改校名为"福建省南安师范学校"，对附近乡村教育文化的发展和提高发挥了极大的作用。[②] 南安师范学校办在大庭村附近，对乡村教学提供了有利条件。

1946 年秋，戴世龙先生促使南安县教育科将"东南中心国民学校"（原崇诗学校）收为公办，易名为"大庭中心小学"，并派南师

---

① 《福建省南安市第二实验小学（崇诗学校）新校园竣工剪彩暨 100 周年校庆特刊》，2011 年编，第 20—22 页。

② 同上。

毕业生陈国鑫任校长。从那时起及随后多年，大庭中心小学一直是南安师范学校毕业生教学实习的园地之一，为学校师资输入血液。

三　现代教育——南安第二实验小学

（一）沿革

新中国成立后，大庭中心小学继续办学。1950 年，南安师范学校毕业生任该校校长，办学方法和水平较高，学校声誉很好，南安各地小学都到该校来参观学习。该校教师同时还担负起大量校外社会工作，协助村里搞宣传、教民校，有力地推动当地业余教育，活跃了人民群众的文体活动，名闻南安。1952 年 8 月，由于办学水平为县榜首，教育部门定为"南安第二实验小学"的校名，1956 年周边的枫林小学并入该校。1960 年，该校被确定为省重点学校。

"文化大革命"期间，南安第二实验学校，改为"五七学校"，由贫下中农管理。1970 年，又拆成大庭、高盖两所小学。两所学校分别附设初中班，部分师资来自成功中学。1985 年 10 月，在海外侨亲和当地干部群众积极争取下，大庭、高盖两所学校合并，恢复了南安第二实验小学的校名。而海外族人以戴天恻为发起人，"为提高故乡南安大庭的小学教育质量，在菲乡贤筹建新校舍，本人义不容辞亦为发起人之一，并极力向县政府申请恢复'南安第二实验小学'校名，成为南安的重点小学之一"。① 1982 年，成立"菲律宾南安二实董事会"，并筹建奖教奖学和建设校舍资金。

（二）侨资助学

新中国成立后，海外族人继续秉持着捐资助学的优良传统。"1955 年，在归侨与侨眷资助下，于埯园新建平屋教室 8 间。进入 70 年代，学生日益增加，校舍随之越缺，靠借用民房作教室。1985 年印度尼西亚侨亲黄耍女士在埯梨园新校舍前面独资捐建一座帮奉楼纪念其先君帮奉，教室 8 间。1986 年，菲华宋戴宗亲总会在双传、双白、东锋等爱乡侨胞策动下，募集资金 50 万元，在崇诗楼右侧新建一幢

---

① 戴天恻：《资助教育之责任意义》，《菲律宾宋戴宗亲会成立五十周年金禧纪念刊物》，1994 年，第 53 页。

'口'字形的菲华楼教室 16 间。接着集戴天惜家族和旅居印度尼西亚、马来西亚、新加坡的侨亲所捐资金，在西面再建一座聚华楼，教室 12 间。又如旅居印度尼西亚的 33 世素珠姑，1983 年回乡，率先独资创建石磲桥园炎小学以纪念其生父，随后并与另外三校友合资捐建母校成功中学教学楼，独资为天山家乡扩建中学校舍。此外，34 世新民捐资成功中学开设电脑班并建立地面接收站设施，1990 年更捐建码头镇农业科技大楼。1993 年 33 世西柱台胞建华独资 21 万元为高盖村建造一座二层幼儿园教学楼。"①

1985 年以后，戴心谷、戴天惜教育基金会年年拨出巨款奖励优秀老师和三好学生，鼓励师生提高教学质量。近几年来，学校在各方面都有明显进步。1986 年以来，学龄儿童入学率保持在 99.7%，实现普及小学教育的历史任务。新中国成立后，在第二实验学校、毕业的学生大部分升入中学。"他们之中有一部分考入各类大中专院校深造，毕业后分布在各级政府担任重要职务，有的成为专家学者、教坛名师，部队首长，在各个建设岗位上发挥了积极作用，做出了种种贡献。"② 这些国家栋梁都受益于扎实的小学基础知识。

20 世纪 80 年代，国内物资匮乏，人民生活水平低下，海外族人的每次捐赠款项都达万元。"为了鼓励学校中的优秀生与教师，又发起创设以纪念先父的戴心谷教育基金，得到了家族子侄们的鼎力支持，促成其事。惠及家乡教育，意义深远。"③ 戴心谷家族成立戴心谷教育基金会，并为学校捐资捐物。而戴天惜家族在 80 年代时事业才有了起步，也成立戴天惜教育基金会。1985 年就为南安第二实验小学捐资 6 万多元，1985—2005 年戴天惜家族捐资人民币 100 多万元④，

---

① 《诗山戴氏谱志·教育》，1991—1993 年修，第 26 册。

② 《福建省南安市第二实验小学（崇诗学校）新校园竣工剪彩暨九十五周年校庆特刊》，第 21 页。

③ 戴天恻：《资助教育之责任与意义》，《菲律宾宋戴宗亲总会成立五十周年金禧特刊》，第 53 页。

④ 《戴天惜教育基金捐资捐物录》，《福建省南安市第二实验小学（崇诗学校）新校园竣工剪彩暨九十五周年校庆特刊》，第 101 页。

2006—2011 年又捐资百万元（其中 30 万元用于心谷幼儿园）。[①] 而在教育捐资方面，尤以戴新民最热心，故被南安第二实验小学聘为第七、第八届校董事长。

表 6 - 1　　　　　　　戴心谷教育基金会捐资捐物录

时间	捐资捐物数量	用途	时间	捐资捐物数量	用途
1985 年	篮、排球三个	体育教材	1993 年 3 月	人民币 4366.30 元	奖教奖学金
1985 年	人民币 2040 元	奖教奖学金	1993 年 10 月	人民币 1169.80 元	奖教奖学金
1986 年	人民币 2197.50 元	奖教奖学金	1994 年 5 月	人民币 5000 元	奖教奖学金
1987 年	人民币 2072.50 元	奖教奖学金	1995 年 3 月	人民币 6142.50 元	奖教奖学金
1987 年 4 月	菲币 10.5 万	捐建菲华楼	1996 年 7 月	人民币 6200 元	奖教奖学金
	戴炳煌夫妇：菲币 9 万	捐建菲华楼	1997 年 4 月	人民币 7600 元	奖教奖学金
	戴天悯夫妇：菲币 1 万	捐建菲华楼	1998 年 3 月	人民币 6672.50 元	奖教奖学金
	戴亚明夫妇：菲币 5 千	捐建菲华楼	1994 年	菲币 10 万元	戴天恻捐修崇诗楼
1988 年	人民币 2075 元	奖教奖学金	1994 年	菲币 5 万元	戴亚明捐修崇诗楼
1989 年	人民币 2075 元	奖教奖学金	1999 年 1 月	人民币 6000 元	奖教奖学金
1990 年	人民币 2172.50 元	奖教奖学金	2000 年 2 月	人民币 5000 元	奖教奖学金
1992 年 3 月	人民币 2999.50 元	奖教奖学金	2002 年 2 月	人民币 5000 元	奖教奖学金
1992 年 10 月	人民币 836.50 元	奖教奖学金	合计	169 619.6 元（其中菲币折合约 10 万元人民币）	

资料来源：《戴心谷教育基金会捐资捐物录》和《福建省南安市第二实验小学（崇诗学校）新校园竣工剪彩暨九十五周年校庆特刊》，第 100 页。

从南安第二实验小学记录可知，大庭戴氏族人在国外经济条件略

[①] 《捐资芳名录》，《福建省南安市第二实验小学（崇诗学校）100 周年校庆纪念特刊》，第 47—50 页。

有改善的条件下，就不忘家乡的教育。在他们头脑里，为家乡教育捐资是义不容辞的，尽管他们在国外并非巨商大贾，但对家乡故土的那份诚挚之心，实在令人敬叹！这些义举一是来自家族的优良传统，继承了先辈的义举；二是在他们心中还保存着中华民族的优良传统。

用戴天恻先生的话说："我等年长一辈，多数自小离乡背井，来菲奔波谋生。数十年来胼手胝足，克勤克俭，排除无数艰难险阻，开创自己的事业。亲身经历感受，备感知识之可贵。我辈吃苦耐劳，诚信宽厚，亦皆是中华优秀传统精神。略作思索，于自己事业略有所成，确应为教育事业略尽心力。资助兴学，功德无量。为长辈者无不望子成龙，成才成器。而不论如何艰难都尽力栽培子女。但人皆应有'幼吾幼以及人之幼'之心，应广泛之下一代，鼓励帮助年青一代努力向学，学好现代化知识与本领，以能适应现代科技日新月异进步。"[1]

近代以来，南安大庭戴氏先在宗族内部办"蒙学""私塾"，然后延续到地方的"书院"，再到近代教育的肇端"崇诗学校"。新中国成立后，由政府接过来继续创办的第二实验小学。百年来，南安大庭的教育文化事业并没有停止，一脉相承，保障了当地人才昌盛，世代绵延。到了当代，其后人戴天惜家族把这一传统贯彻到底，完成了整个教育体系的创办。

第二节　戴天惜家族创办幼儿教育
——心谷幼儿园

从第一节考察可知，戴氏族人有捐资办学的优良传统，尤以海外族人为最。当他们在海外取得一定的成绩后总不忘家乡教育，为故乡的学校捐赠财物，故侨乡的教育一般都比较发达。然而，在他们捐助

---

[1] 戴天恻：《资助教育之责任与意义》，载《菲律宾宋戴宗亲总会成立五十周年金禧特刊》，第53页。

的教育中，却往往忽略了学龄前儿童的教育。

新中国成立前，戴天惜之父戴心谷老中医看见学龄前幼儿在村里玩耍，觉得这样既不安全又白白地浪费孩子们的时光，但当时没有幼儿教育，便感慨道："如果我的子孙后代有本事赚到钱，一定要让他们办一所幼儿园让这些孩子免费入学，趁早接受教育。"① 他的后人牢记此话，一旦发达，就去完成先人的遗愿。

一　免费入园阶段（1997—2006 年）

戴心谷第五子戴天恻旅菲后，经营实业，积累了一定的资金。对于教育，他极力支持。除了捐赠当地学校，并完成其先父遗志。1997年，他回乡把其老父生前"心谷药房"的两间房子改建成"心谷幼儿园"，以供村中学龄前幼儿免费入园。② 当时规定，只要是大庭、高盖村的孩子及从两村出嫁的女儿所生的孩子，都可以免费入学；幼儿园每年六一节、母亲节还免费发送礼物。最初入学的儿童有 20 多个，后来有 40 多个，但大多是本村孩子。

（一）教室

教室由"心谷药房"改建，有两间两居的民用房，有阳台和走廊。其中第一层的一间作为教室，另一间作为活动室。这样，可以安排两个班级（大班和小班），房子外面有较大的一片操场，每天早上可在此做早操之用。这栋房子因以前是医馆，建筑模式在村子中比较新。屋内通风，光线明亮。由于有阳台，便于下雨天孩子们在室内活动。"后来由于孩子增多，多分几个班级，如果要搞活动，就要把室内的桌子移掉，这样很麻烦，感觉每天都在搬东西。"③

（二）教师

办幼儿园要聘请幼儿教师，但在农村聘请教师比较困难，第一年学生只有 10 多个，所以只请了一位老师来管理；后来随着学生的增

---

① 大庭村村民所说，于 2012 年 11 月于大庭调查。
② 戴住煌、戴开心、戴耀文：《赤子丹心一片桑梓情怀无限——记码头镇大庭村》，泉州市外事侨务办公室编：《侨乡之光》，（香港）中国新闻出版社 2005 年版，第 223—224 页。
③ 戴雅真老师语，2012 年 11 月 29 日访谈记录。

多，幼儿园又聘请了一位老师。1997 年，教育类平均工资为 921
元①，而乡村幼儿教师低一些。当时心谷幼儿园的教师工资为 400 元/
月，发 13 个月工资，所有节假日都发 100 元，并且每两年加工资
100 元。

要办好一个幼儿园，最关键的便是要有师资。但农村的师资稀
缺，城里的老师不愿来农村，最佳的办法便是就地取材，从最近村庄
寻找当地优秀的幼儿教师。戴雅真是大庭村的一位年轻乡村教师，她
以前一直在邻村教幼儿园。戴新民先生得知后，亲自找到雅真，让她
回自己的村里教书。凭着这份知遇之情，戴雅真毅然辞去了邻村的岗
位，加入到心谷幼儿园，另外还负责财务。

"我是 2003 年入园的，当时戴新民先生找到我，跟我说，这么好
的一个老师怎么跑到外村去教学呢？多可惜啊！他让我回来，兼管财
务。就冲着他这句话，我肯定会待在这儿，尽心办事。当时我管财
务，很节俭，不随便浪费一分钱，一年电费才交了不到 100 元。"②

（三）经费

办园的经费和开支都由戴心谷家族出资。最初由戴天恻先生承
办，后因其精力有限，把这项任务转交给了其侄子戴新民。海外乡亲
也趁回乡探亲之际去幼儿园看看。2004 年，中国台湾的族亲戴便南先
生便率领几个台胞回乡探望村里儿童，跟孩子们一起过圣诞节、送
礼物。

（四）教学内容

农村的家长对幼儿教育观念淡薄，认为幼儿园不外乎是帮忙看管
孩子的集体场所，所以，只要自己家里有人带，也就没有必要上幼儿
园了。心谷幼儿园则无疑向他们提供了一个免费看小孩的场所，故学
生也就比较多。由于学生多，教师少，教学内容也就相对比较简单，
前几年基本以"管"住孩子为主要任务。例如，教孩子一些简单的礼

---

① 《1997 年、1998 年行业职工平均工资》，http：//www.labournet.com.cn/xinchou/zd-
jw/zzguojia/9.asp。

② 2012 年 11 月 29 日访大庭对戴雅真的访谈。

仪、知识，幼儿园的设施比较简单，离高素质教育相去甚远。

二　合作办园——半收费入园阶段（2006—2009 年）

心谷幼儿园办到第十年左右，入园的孩子越来越多，从最初 10 多个孩子到 40 多个孩子，且有更多的邻村孩子也想送入园里。同时，随着幼儿园的扩大，办园规格也越来越高，为了能给孩子们提供一个更好的活动空间和教育场所，他们想要找一个更好的场所。2005 年，幼儿园搬到原崇诗学校（原小学已全部搬入新校舍）。

随着对教育接触越来越多，戴新民对心谷幼儿园也提出了一个更高的设想，想让村里的孩子能更早更好地接受一流的幼儿教育，想多为村里培养一批人才，真正做到从"娃娃抓起"。因此，当有人提议搬入原崇诗学校办学时，他心中就有一个更大胆的想法，但这个想法必然会遭到家族内部其他成员的反对，也会让乡亲们产生误解。但是，他知道，只有走出这一步，把心谷幼儿园发扬光大，让幼儿园持续经营下去，才能真正让乡里孩子享受到更好的教育，这样，才符合祖父办幼儿园的初衷。于是，他提出要与南安国专幼儿园合办，对入园幼儿实行收费。

南安市国专第一幼儿园（以下简称国专）位于南安市梅山镇，距离心谷幼儿园约 20 千米，属于省优质幼儿园，在附近村民中的口碑颇好。国专幼儿园已有多年办学经验，里面师资雄厚，教学质量高。戴新民想找一家比较好的幼儿园，让心谷幼儿园的教师到那里去培训，学习它们优秀的教学经验和方法。后经戴景星先生的介绍，找到大庭村的女儿——戴德媛，她已在国专幼儿园 28 年，任副园长，非常熟悉幼儿工作，经她介绍，心谷幼儿园与国专幼儿园建立了联系。为了想进一步学习国专的办学方法，新民先生提议，干脆与国专合办。经商议，双方答应合办三年。由心谷幼儿园负责资金，教师培训由国专负责。

2006 年，和南安国专合办，成为国专第二幼儿园分园。为了提高教学质量和管理水平，国专每年下派教师入园。第一学期，国专派了 3 名老师，由园长助理带队，协助心谷幼儿园的组建和指导工作。当时学校比较破旧，里面不能生火，学生自己是本村的，都回家里吃饭；没有宿舍，国专教师只好借住小学宿舍和食堂解决生活问题。

设施：同城市幼儿园相比，农村幼儿园总是以落后呈现在世人面前。要改变这一现象，首要任务便是完善设施。

由于原来崇诗小学已搬入新校区（南安第二实验小学），现在的崇诗学校已搁置两年之久。刚进去，里面墙壁脱落，白蚁滋生。因此，重新对学校进行全面装修。

第一步，整体装修。崇诗学校已有百年历史，本来就需要进行维修才能保存下去，正好借此机会进行大维修，这次维修花了30多万元。同时，又对内部进行相应的改造，改建教室和宿舍。一个班组包含一个教室、洗手间和宿舍，这样便于孩子们上课和休息。宿舍里的床，小班的是上下铺的铁床，这些铁床则是由国专捐助的，而大班的孩子则准备的是通铺。这样的格局完全按照国家对幼儿园规定的标准来规划、改建。甚至在楼梯上，也做了细致的安排。一个楼梯分左右两部分，分别画上上下楼梯的小脚丫，让小朋友们明白上下楼梯的位置，从小养成习惯。

第二步，修建校园外围，实行封闭式教学。戴景星先生，早年当兵，退伍后在乡（镇）政府工作，与戴宏达兄弟相交甚笃。戴宏达欣赏戴景星先生的高效做事风格，2004年应戴宏达先生相邀，担任闽南科技学院董事长助理，主要负责闽南科技学院的基建工作。原崇诗学校的修建工作，戴景星先生也帮忙策划，同时慷慨出资建造一传达室。传达室的房顶专门是欧式设计，房顶材料全都是防火的。①

接下来就是装修场地。为了孩子们的安全，在整个场地上铺上塑料草坪。到2008年，场地铺设全部完成。从维修到改装，花了一百来万元。② 这样，办园的资金自然就上去了。该项工作由戴新民先生一人承办，为了能让幼儿园真正地持续经营下去，他改变免费入学方式，采取收费办园方式。本村的孩子只收一半学费，其他村落的孩子则收全费。

① 2012年11月29日，戴景星先生告知笔者，于大庭村。
② 2013年3月13日，戴雅真的访谈，于心谷幼儿园。

当提出幼儿园要收费，一片哗然，各种反对声音不断。即使对于本村孩子收半价，家长还是很有意见，认为学费偏高。

2006 年，心谷幼儿园全面招生，当时招了 75 个学生，分两个班级。2007 年开始，开设 4 个班，120 个学生。为了能更多地招到学生，园长要求每个老师分派招生任务，一到暑假，这些教师还担着招生任务，去各个村落宣传招生。"那时，我们在村落里走访，走得多了，看见孩子眼睛都发亮了，很累也很辛苦啊！"当时参加过招生宣传的戴雅真老师如是说。[1]

教师：为了让更多的家长放心，让孩子们能享受一流的教育环境，该园也重新做了全面整顿。为了提高教学质量，幼儿园专门聘请了一些高素质的教师，具有一定的学历。最初，请国专老师培训，通过一流幼儿园教师的上课观摩，让本园的教师进行学习，这样有意或无意地会促进幼儿园教师的教学质量。国专幼儿园园长助理则在此待了整整一年，工资由国专发，奖金则由心谷幼儿园发，以示在此所做的贡献。

三　独立办学——民办收费与半收费园阶段（2009 年 9 月至今）

与国专合办三年后，国专幼儿园表示没有精力继续下派教师，且心谷幼儿园也已走上轨道。2009 年国专幼儿园退出，由戴新民独自承办。因此，他要扩大招生，在保证一流设施的前提下，对大庭和高盖的幼儿半收费，邻村的孩子则采取全收费。

（一）教学管理

1. 园长

在乡村办教育，最难的便是师资，尤其是想办一流的民办教育，更是难上加难。为了能聘请到合适的园长，他四处奔走。最后，他还是中意戴德媛。在众人心中，她便是园长的不二人选。经过多次邀请，戴德媛答应了戴新民先生的聘请。"新民先生来了好多趟。他说，你也不要以为这是为我在做事，而是为大庭村做贡献！他这话把我感动了，毕竟是自己的娘家，多少总是有感情的。恰好，我那年也可以

---

① 2013 年 3 月 13 日，戴雅真的访谈，于心谷幼儿园。

退休，于是就干脆办了退休来这了。"戴园长一说起这事，还是感慨万分。"如果我不是大庭女儿，他们也找不上国专，我自然也不会来这了。"①

2009年8月，戴德嫒走马上任。心谷幼儿园到2008年年底，基本设施全部装修完成了，设施齐全，但教学制度还未形成规范化。因此，她首先要建立制度，从教学、后勤和安全卫生三大方面入手。

2. 教学

为了能更快地融入心谷幼儿园，戴新民安排了戴雅真为园长助理。为能早日办成一流的幼儿园，戴园长首先抓教学。随堂听课，新教师的备课、计划、教案全部批改。随时听课，每学期在课程的配备编制，按公办园的配备（基本是按照国专）。要检查周计划、日计划，提前把教案交过来检查，提前准备教具，如体育用品、手工制作品，大部分都是老师自己手工完成。

为了提高教师教学水平，心谷幼儿园要求教师经常参加培训，采取"请进来，走出去"的办法，让他们与其他园的教师互相沟通、交流经验。

在教学内容上，一般采用国专教学课程。每个班都有自己的教学主题，如"可爱的小动物"，教育的墙上贴满了各种小动物，主要是教小朋友们认识小动物；"我进步了！"在进步栏里，贴上了进步小朋友的名单，主要鼓励小朋友们天天进步，培养孩子们的上进心。

教学方法上，因地制宜，充分利用当地的资源优势。因为是在农村，一走出教室就是田野。因此，他们把课堂直接搬到田野。"每隔两周便会组织一次，一般都带大班的孩子，相对比较放心。告诉孩子们米是从哪里来的，我们吃的菜又是从哪来的。经过大自然熏陶的孩子，会更宽容、更富有爱心。"②

经常组织文艺活动，锻炼小朋友的胆量。开展形式多样的娱乐活动，提高教职工的向心力和凝聚力。丰富教职员工的业余生活，让大

---

① 2012年11月29日，对戴园长的访谈。
② 2013年3月13日，对戴园长访谈时告知。

家在娱乐身心的同时感受到幼儿园这个大家庭的团结与关爱，提高教职员工幸福指数。

现在幼儿园有7个班：小班3个，中班2个，大班2个，教师有15人，每个班级配备两位教师一个阿姨。幼儿园校园中间有个大舞台，用于师生组织活动。每年节日，都要组织大型舞台表演，开展了"庆中秋博大饼""庆元旦"等形式多样的娱乐活动。这些活动孩子们经常参加，锻炼的多了，胆子也就大了，敢说话，不怕生。孩子入园四个月，就可以上台表演。给孩子们这么多的锻炼，他们的动手能力自然提高快，尤其语言，提高得特别快，家长反映这方面特别明显。①

（二）后勤管理

幼儿园的后勤管理关键在于用心，重落实。

1. 食堂

6岁以下的孩子，家长最头疼的便是孩子不肯吃饭问题。有小孩的家里经常上演的一幕：家长拿着饭碗到处追着孩子喂饭。每个送孩子入幼儿园的家长最担心的也是吃饭，担心孩子会吃不饱。因此，吃饭问题便是学校的首要大事。为了能保证孩子们吃上有营养、放心的安全餐，园里往往提前一周制定好幼儿食谱，做到搭配合理，营养均衡，保证幼儿的生长需要；加强检查与督促，规范食堂工作人员及保育员的操作，既保证幼儿食品的安全、卫生，又保证其营养和质量，即能吃好、吃饱。"以前每个班级一小桶，能不能吃完就不去管了。现在要求'锅里的饭到桶里，桶里的饭到孩子的肚子里。'如果孩子不能吃完，就叫阿姨亲自去喂他们。将心比心，如果是我们自己的孩子一大早就来到学校，吃不饱饭，我们能放心吗？我要求老师和阿姨把他们当成自己的孩子或小弟弟小妹妹来看待，一定让孩子们吃饱。因此，在开学之初，中班、大班的老师帮助小班孩子，喂孩子吃饭，因为刚来上学，可能一时半会儿还没适应，所以，我们要保证孩子们

---

① 戴雅真语，2012年11月29日。

能吃饱。"① 有一位司机的孩子就在幼儿园，一个学期下来就重了3—4斤，家长很开心。

2. 卫生

吃得好，还要吃得安全。安全就得要做好卫生了。幼儿园的阿姨们对工作认真负责，把孩子当成自己的孩子。棉被每周至少要晒两次，桌面、餐桌每天都要消毒一次，每个孩子都有三个碗（汤、饭、菜）、两杯（两个杯子以备换洗）、三巾（擦手、擦脸、擦嘴）。

消毒前，让每个碗都先晒一下，而这个晒碗柜的设计，具有独特性，乃是园长专门设计，每个碗平摊不重叠。

一次食堂里锅的螺丝松了，等炒好一大锅面，才发现少了一颗螺丝。当食堂阿姨把这事跟园长反映之后，园长立即把这锅面倒掉，但不敢保证会不会在前面的几锅里。但那几锅面孩子们已经吃上了，于是她立即赶到教室，告诉小朋友们，慢慢吃，看到什么东西就立即取出来。一餐饭，她就守在那个班级里，还好，什么都没有。其他班组的重新再烧。

3. 安全

把好药品关。该园为了加强卫生保健用品的管理，购置的药品、用品有登记，有使用记录，保证卫生保健用品的供给，并定期检查，保证不使用过期、劣质药品。同时做好季节性传染病宣传及预防，如针对春季手足口病高发季，制订"手足口病"预案，发放告家长书，杜绝手足口病的传染蔓延。每天对幼儿接触的物品进行消毒擦拭；延长幼儿被褥紫外线照射时间；督促幼儿坚持用洗手液洗手，教师每天做好因病缺席追踪记录，保证了幼儿园正常工作顺利开展。

把好离园关。一是加强乘车幼儿的安全管理。对于部分乘车幼儿，与司机、家长、班主任签订《安全责任书》，以增强责任意识，利用家长会等对家长进行安全宣传活动，同时加大值班力度，有序接送，以保证接送环节的安全。二是对于自己接送的幼儿，坚持让每位家长到班级与当班教师交接，这样一来，保证了幼儿的安全。

---

① 戴德媛园长，于2013年3月13日。

（三）师资管理

1. 纪律约束

戴园长对教师要求严格，她要求老师每天 7 点 40 分务必到校迎接小朋友。戴园长自己则每天 6 点钟起床，然后她儿子送她到园。每天 7 点 30 分之前，她都已经到学校了。

为提高教师的素质，实行分层培养整体提高。一是让骨干教师有更多的学习机会，比如，让她们外出学习，与省级示范性幼儿园——国专一幼联系，参与她们的教研活动，提高骨干教师的业务素质。二是发挥骨干教师的示范与带头作用。为园级教研开设公开课与示范课，并组织研讨，让新教师可以现学现用。三是对新教师开展师徒结对帮扶活动，让骨干教师对新教师进行带教。这样，注重实践，同伴互助，现学现用，以达到分层培养，整体提高的目的。

该园立足实际，每学期围绕一个小主题，以活动现场为载体开展研讨活动，解决教师遇到的实际问题。因幼儿园在乡村，他们充分利用乡村的现有资源，进行实地教育。比如，带孩子们去田野认识农田里的作物及乡村里的动物等，让孩子从小掌握常识性知识。

2. 以情换情

要想教师对孩子有爱心，首先就必须对教职工有爱心，把他们当成自己的子侄。[①] 领导只有对下属投以真诚的关爱，而不是对他们百般挑剔，横加指责，他才能获得下属的爱戴和尊敬。

戴新民在这方面首先带了个好头。每年，戴新民都会从菲律宾扛回三大箱衣服，是香港的知名品牌，送给园里的教职工。"现在很少有人愿意从这么大老远地带东西，况且他一个大男人，则带着满满三大箱东西，实在是令人感动！"戴园长说，"我们的教师也很好，她们自觉地挑了自己的号，拿回去了，这毕竟是新民先生的一份心意！"[②] 平时逢年过节，都会发放礼品。

在这种情感感召下，幼儿园里充满温情。午休时，有孩子不愿意

---

① 戴园长管理之心得，于 2013 年 3 月 13 日。
② 戴园长管理之心得，于 2013 年 3 月 17 日。

单独睡，想要人抱着睡，保育员阿姨或老师就会抱着她入睡，一直到睡醒为止。

在第一次笔者去走访心谷幼儿园时就听到一件事：一天中午（2012年11月27日），保育员听到一位小朋友发出一点细微的声响，连忙走过去看看，却发现这个小朋友手脚有些冰凉，马上找到保健医生，并及时打电话通知家长。家长也及时赶到，并把孩子送到镇医院，后来又转送到泉州市医院。医生说，如果再晚来一个小时，这个孩子就没救了。

"小朋友们如厕，老师或阿姨都会跟过去看。在一个返潮的雨天里，地板湿滑，一个小男孩在上厕所时不小心滑倒了，头磕到厕所的边角，磕破了头皮，正在厕所门口观看幼儿如厕的老师及时发现并给予及时处理，避免了事态的进一步发展。"①

在戴天惜家族和乡人共同努力下，闽南一个小乡村造就了一个一流的乡村幼儿园，使该乡儿童受益不少。

从心谷幼儿园的发展历程来看，戴天惜家族在教育投资管理理念、具体管理操作上，由园方直接负责，创办者只是负责宏观规划与设计。

第三节　戴天惜家族与中学教育
——现代中学与东方学校

海外华人在华投资慈善地点一般选择跟他们的出生地密切相关，具有很强的地缘因素。戴天悯的夫人是泉州人，戴天悯早年赴菲律宾，妻儿留在泉州，几个孩子都在泉州成长、上学，有的毕业后更直接留在泉州，故他们对泉州情有独钟。而戴天惜则一直留在南安工作，当年还曾在南安诗山开诊所，他的孩子们都出生、成长在南安大庭，故对南安大庭有很深的感情。不同的成长地点导致他们在投资地

---

① 2012年11月29日，戴园长告知。

点的选择上也体现出地域上的偏爱。

一　泉州现代中学

戴国兴，戴天悯第四子，从小随母亲在泉州生活学习。1974 年，他从泉州七中毕业，因表现优异而被留校任教。1978 年，因父兄都在菲律宾，戴国兴也移民菲律宾，开始了他在异邦的奋斗人生。他先在父兄的企业里工作，适应环境，学习语言。经过三年的时间，他不仅熟悉了菲律宾的社会环境，了解当地市场和业务流程，同时还熟练掌握了当地语言，能够与本地人沟通。1982 年，在父兄的支持和鼓励下，他自主创业。经过 30 多年的努力，他也成为菲华社会知名的成功商人。[①]

经商获得成功后，他为泉州家乡做了大量慈善事业。在泉州七中，他捐资 200 万元创立了奖教奖学基金会，为新校区的建设又捐资 200 万元。在泉州师范学院捐建了一座总面积达 4000 平方米的戴国兴公寓楼；在华侨大学捐建七层高、雄伟壮观且设备齐全的学生宿舍楼——"戴国兴大楼"，等等。[②]

（一）与泉州五中合作办学（1995—2005 年）

为了能把自己对教育的理念和管理也融入实际教育行动中，他直接投资教育。1995 年，他与泉州重点中学——泉州五中合作，成立了泉州五中分校，希望借泉州五中优秀的师资力量及知名度能快速地走上轨道。双方合作办学后，由泉州五中派老师去泉州五中分校任教，管理上也仿效泉州五中，但又根据其办学特点形成自己的特色。

（二）独立办学——现代中学（2005 年至今）

经过十年努力，泉州五中分校，已经积累了一定的办学经验。再加上教育部鼓励民间资本独立办学，故于 2005 年，独立办学，更名为"现代中学"。一个学校的发展，尤其是民办学校，它必须要有自己的市场和发展的基础。立足于现实，实现新的起点，而这一切就必须要对教育市场进行一个统一的分析与规划，然后才能制定相应规划

① 《菲华泉州公会十五周年纪念特刊》，《戴国兴人物介绍》，第 30—34 页。
② 同上。

和目标，确定自己的培养目标和对象。

面对未来的生存与发展，菲律宾华人华侨投资者对学校进行了各自的定位。如现代中学采用战略管理中的 SWOT 分析法、战略 3C 理论、标高管理法等理论，确定学校的培养目标为："现代校长、现代教师培养现代人才。"要让学生学会求知、学会做事、学会共处、学会做人，充分发挥自己的潜力。中学市场目标是高考，自然把升学率作为主要的攻破点，且无论这一目标定位如何，就目前教育标准来说，如何评价一所中学的优劣，其主要的标准还是以升学率为评价指标。每年各中学都以升学率多少作为该校的成就，由此可见一斑。但至于如何提高升学率，则每所中学根据生源情况制订了一套适合自己的方案。现代中学倾向于重点学生的培养。例如，他专门开辟与国外大学的快速留学班，并直接从国外聘请外教来教习英语，提高学生的英语水平，以吸引国内有志于留学的学生。

现代中学的特色教学成绩突出。在常规教学方面，该校采取分层次制订计划的"标高管理法"，针对每个年段的学情、教情，初中三年、高中三年分阶段分别采用策略性计划、计划性计划、实施性计划的培养措施，有效地实现了有计划地培养人才，在精准、高效的管理模式中运行，学生和老师的能力素质都得到很大提升，中考、高考的上线率节节攀升。"泉州现代中学魏俊霖、陈家煌同学（指导老师：何燕阳、赖静辉、杨小蓓）荣获第十三届全国青少年机器人竞赛全国二等奖。"①

现代中学在整个学校的管理上，实行校长负责制。董事长全放权，这样，有利于对学校各项具体事务管理与决策。学校代理人的选择，一般由合作方从本校内部挑选合适的人选，这样，可以减少信息甄别时间和成本。这种方式可以快速使学校走上轨道，然而学校要继续发展，很可能被惯性思维所约束，缺少创新和活力。

在校方和投资方的合作下，泉州现代中学已在当地赢得了知名度，成为当地知名的"贵族"学校。

---

① 现代中学网站，http：//www.qzxdzx.cn/。

二　南安东方学校

2005 年 7 月，"戴宏达与五兄戴新民共同投资 1.2 亿元人民币，创办软硬件设施一流的南安一中分校，该校规划占地 206 亩，第一期用地 162 亩，可容纳 60 个教学班共 3000 名学生。它将为百万人口县级市推进教育强市战略尽力，为莘莘学子提供一个高品位、高质量、有特色的现代化高中就学环境。"①

（一）2004—2005 年：筹办期

经过管理心谷幼儿园，戴新民对办教育产生了兴趣。除对学校捐资外，他决定与六弟戴宏达创办一个比较优质的教育资源来满足当地学子的需求。为了能顺利地办好学校，他同样寻找合作对象，即当地最优秀的教育资源——南安一中。双方建立合作关系，成立南安一中分校。他先在亲友中寻找对教育熟悉的人才，而刘鹏辉原先也是公办学校老师，戴宽南原先也是教师，故而这两人成为他在办学过程中所倚重的人才。为了方便办学，南安教育局就把刘鹏辉调到南安一中，然后作为一中派出的合作老师进行筹办工作。

筹办期的工作基本由刘老师代办。他说："在第一年里，我跑了许多家单位和部门，领了许多证件：办学许可证、登记证、收费管理、税务局、代码证等，而这些证件都要经过其主管部门。当初如果没有市委、市政府的帮助，我们也不能如此顺利地办成。"学校经过艰难的过渡阶段，最初先借读在南安市教师进修学校。"进修学校的领导很支持我们办学。他们把刚建好的综合楼让给我们用，这让我们很感动。与此同时，我们自己也在抓紧建设自己的校园。现在的这片校园属于三个行政村的，所以购地相当麻烦。好在当时市委、教育局都比较支持，所以，相对来说，办起来还算比较顺利。但毕竟还有一些老百姓不能理解，对我们有一定误解，他们认为是资本家在赚钱，有的坚持做'钉子户'。有的村民认为，我们占了他们养牛的草场，这些问题，我们也在政府各部门的支持下，都解决好了。"② 由此可

---

① 陈进：《戴宏达播种爱心收获快乐》，《福建日报》2006 年 12 月 15 日。
② 本节东方学校的发展史来源于刘鹏辉老师的访谈，于 2012 年 9 月 20 日。

知，在创办过程中，南安市政府支持这一行为，故而能较快地解决一些程序问题。

校园建筑设计具有闽南特色，坚持"一次性、规划性、整体性"的原则。经过一年多的努力，校园建设完成，开始招生入学。

（二）2005—2006年：启动期

1. 招生

对于民办学校来说，招生是一项难度大的工作。对于一个初创的学校，学生和家长对它都很陌生，他们担心学校的前途，如资金来源的可靠、师资力量、办学质量，而这些同样会影响一个学校的持续性，故难度很大。为了招生宣传，刘老师带人在南安各中、小学间穿梭。为了消除教师和家长们的疑虑，宣传"好老板、好校长、好师资、好管理"。好老板，把老板办学的初衷说给大家听，老板办教育不是为了赚钱，而是想让更多的孩子得到好的教育；好校长，聘请南安一中的老校长——杨宏毅，他在南安的中小学校老师和家乡中有很好的口碑；好管理，实行全封闭管理，这在当时南安是第一所实行这种管理模式的学校，率先采取，让家长放心、学生满意；好师资，保证一流师资，从全国知名高校5%优秀毕业生里挑选的。经过一个暑假努力，2005年秋季，招到302个高一新生，没招初一新生。①

2. 教学管理

办学理念上，以"一切为了学生的发展"为办学宗旨，以"铸师魂""强师能"为师资队伍建设之根本，以创办"海西民办名校"为奋斗目标。

学校提出特别的管理方式：①封闭式；②多媒体设备；③高标准，按福建省一级达标中学的标准要求建设学校的图书馆、师资水平、软硬件设施；④开设特长班，根据学生的特长，专门开设美术、体育、音乐方面的特长班。

小班制。对于公办院校的大班管理方式，东方学校实行小班管

---

① 该部分资料来源于刘鹏辉老师的谈话。时间为2012年9月20日，于东方学校办公室。

理，每班 30 人左右，每班配备两名专职教师管理：班主任和辅导员。这种办学方式在当时使东方学校属于南安市中"师资独立、高规格、高规模"的民办学校。

3. 师资管理

对教师实行"待遇留人、事业留人、感情留人、环境留人"。待遇留人，待遇比同地区教师工资高出两三倍。事业留人，当时刘鹏辉和老校长在全国六大部属师范高校招聘，鼓励刚毕业的学生来校任教，这是一项为民办教育做贡献的伟大事业。感情留人，学校对外来教师能以人文关怀，如每年给予免费回家探亲的路费、成立工会、对于红白喜事都按南安的习俗办理。有的年轻教师，第一次出远门，下班后请他们喝茶、唱歌，让他们觉得学校就是他们新的家。第一年从各知名高校、各地教育精英中招聘了 41 名教师，至 2012 年秋还有十多个，其中有不少都已经把家安在这里了。

对于师资的管理，最初还能有一定的吸引力，但随着公办学校教师工资的提高，薪资也就不具有吸引力了。

（三）2007—2013 年：发展与终结

2007 年，搬入新学校。2008 年，迎来了第一届的高考。当时参加高考的学生有 291 人，三本以上学生有 128 人，其中，二本 80 人。这个成绩符合当初的设定，大家都对学校充满了希望。2009 年的高考成绩却不理想，但 2006 级的初中学生参加中考，拿下了南安第一名。

1. 教学管理

教育，具有其内在的规律与特殊性，投资者并不懂具体的操作，故只能聘请校长来管理。东方学校实行"校长负责制"，校长全权负责学校管理，有权辞退和聘请相关老师。这样就给予管理者充分的管理权限。但是，这里面也涉及一定的亲友关系。据校领导说，有时校领导颁布的通知，那些所谓有裙带关系的人就四处盗用董事会的名义乱发消息，造成不必要的干扰。这些裙带关系虽然没有干预权，但毕竟给管理者造成了困扰，分散了精力，这似乎成了民办院校的通病。东方学校由于名义上与南安一中合作办学，是它的分校，"公办学校有义务和责任向私立学校委派党组织支部"，东方学校的党组织都是由市教育局直接委派过来。

由于东方学校生源质量不是很好，为了抓好升学率，只能让学生多读书，开发他们的兴趣，培养特长班。学校的封闭管理，在一定程度上为学生提供了更多的学习时间，这样可以培养学生"坐得住"的习惯，一旦养成习惯，其学习主动性和自觉性就会随即而成，学生的成绩也能上去。2009 年的中考成绩就证明了这一教学管理的成效。2010 年秋，黄仲水校长走马上任。他作为市教育局特派人员，又是南安市数学教学能手，属于专业人才担任管理人员。对于教学管理，他有清晰的概念，那就是抓升学率。一切为了招生。用他的话说："升学也是为了招生。只有好的升学率，才能招到足够多的生源。"① 因而毕业班周六照常学习。学校的作息时间为：起床，6 点 20 分；晚上，22 点 40 分，但没有统一的熄灯时间。因为各年级的学生不一样，所以，没法统一。高三学生可能要到晚上 12 点之后才能睡。

2. 师资管理

（1）薪资。冯尔康先生曾说："薪金的多寡，直接反映尊师重道的态度，没有像样的薪金，师道尊严体现不出来。先生就很难自觉地、高度责任地从事教学，难以耐心教导、严格要求学生，《三字经》所说的'教不严，师之惰'的情形就不可能避免。"② 在现代社会，要吸引一流的教师，必须也要有一流的薪资水平，因而民办院校的薪金务必都要高于公办院校，这样才能吸引人才。但是，高薪水也需要有一定的物质基础来支持，否则是难以奏效的。东方学校办学以来，一直处于不盈利状态，薪资上也就没有压倒性的竞争优势，从而导致许多教师往其他高工资学校流动。

（2）奖惩。学校采取激励措施。以生物课程为例，如果中考成绩在南安市排名 1—5 名，则学校给予奖励；如果排名在 6—10 名，则要处以罚款；如果在 10 名之后，则要直接考虑任课老师的去留问题。

对于学生成绩也进行了奖惩措施，实行分班制。根据学生的成绩

① 对黄仲水校长的访谈，于 2012 年 10 月 18 日东方学校校长办公室。

② 冯尔康：《清代宗族的兴学助学及其历史意义》，《清史研究》2009 年第 5 期。

分班。是年，学校也展开了诸多的讨论，如："这样的激励措施，是良性竞争还是恶性竞争呢？"学校认为，他们的生源质量相对较差，竞争压力大，要靠学校自己去争取。另外，现在社会竞争激烈，学校应该从小培养学生的竞争观念，从而适应社会。

东方学校的招生却不上不下，每年亏本经营。2013年，由于闽南科技学院缺少教学楼，一时难以满足教育部对占用地面积的要求，因而商议借用东方学校的校园。2013年下半学期，东方学校停办，学生被安排到其他公立学校。教师也根据合同的长短做出不同的安排。经过八年多发展的东方学校就此画上了句号。

表6-2　　　　　南安东方学校历年招生人数　　　　单位：人

学年度	初中部		高中部		在校生
	全部	女生	全部	女生	
2006—2007	102	32	262	123	364
2007—2008	645	177	666	291	1311
2008—2009	907	246	716	323	1623
2009—2010	1445	458	922	407	2367
2010—2011	1161	357	1019	411	2180
2011—2012	567	132	859	331	1426
2012—2013	553	130	759	237	1312

第四节　戴天惜家族投资高等教育
——福建师范大学闽南科技学院

苏世选，原籍南安康美镇人。他于20世纪60年代赴菲，与戴行健等是同一批赴菲人，他们一起渡过了艰苦岁月，又与戴氏兄弟一起合伙办了摩托车配件公司。2000年，他接到本家堂侄的一个电话，要求帮忙支持办教育。对于投资教育，他很是犹豫，毕竟以前对教育都是捐款的，还未曾对教育做过投资。经不住苏氏兄弟的再三邀请，如果办教育能为乡亲们做好事的话，那还是值得一做的。于是他又邀请几个老朋友一起加入到教育这一行列中。①

当时，福建师范大学正找资金扩展学校，接到由菲律宾华商申请合办的消息后，学校派人与菲华商商量，建议把学校办到厦门，这样将会有利于学院的长远发展。以苏世选为首的南安籍菲华商则不乐意，他们之所以受邀来加入，是因为看中的就是能为自己家乡做事。如果搬到厦门，岂不是被父老乡亲们责怪，以后将无颜回乡。劝说无果后，福建师范大学与菲华方签订了合作办学合约，创办福建师范大学的二级学院，校址就定在南安康美镇。成立时，双方确立"师大党委领导、学院董事会决策、学院院长负责、学院总支监督"的管理体制，这种体制既符合公立高校要求又有民办学校特色的新型的领导管理体制。② 学校所有的基建等工程全部由投资方承建，管理由福建师范大学派专人负责。

学校创办后，合作方与管理方产生了尖锐的矛盾。为了能让学校继续办下去，让更多的人受益，苏世选四处奔波，多方斡旋。最后，菲律宾华商和福建师范大学达成协商：变更股东，要求苏氏三兄弟退股，邀请其他有志于教育事业并经济殷实的华商加入。苏先生找上了合伙人戴宏达，2004年股东变更完成，全部股东皆为菲律宾南安公会华商，戴宏达为闽南科技学院董事长，代理菲华股东在学校的投资与管理事宜。

在此次双方合作协议中，进一步强调了管理体制，即"董事会决策，院长负责"，明确了在闽南科技学院的投资与管理中，投资方、母体学校和实体（院方）三方间的关系，而这三方关系就确定了闽南科技学院的管理总方针。三方各司其职，互相配合、互相协调，在具体事务中淡化投资方的影子。

一 母体学校：对办学模式的探索

高校与校外合作模式由于投资方的加盟，拓宽了投资渠道，资金比较充足，可以一步到位，加快了建设步伐，提高了抗风险能力，同

① 来自苏世选先生对创办过程的回顾，2013年5月，于菲律宾办公室。
② 2001年11月12日，《福建师范大学闽南科技学院建院情况汇报资料》。

时也便于把现代企业经营理念和管理方法引入二级学院的管理，提高办学效率，增强二级学院适应社会的能力。校董会成员来自产学双方的代表，既可以开拓思路、集思广益，密切学校与社会的联系，也可能在办学理念、管理方式上产生分歧，引发矛盾。① 为避免对合作方不合理的干预，菲华方尊重合作方——福建师范大学对闽南科技学院办学模式的探索，这样使母体学校在闽南科技学院的办学上有连贯性，保证了闽南科技学院的正常发展。

二级学校（2004 年后被称为"独立学院"）究竟如何办？怎么办？在国内还没有一个清晰的概念与思路，合作办学方也没有明确的办学思路，只能在探索中前进。闽南科技学院在创办初，由于师资、校园规模、其他软硬件设施的限制，实行分阶段尝试办学的方式。

（一）二级学院："2 + 2"模式（2001 级至 2003 级）

2001 年挂靠在福建师范大学，成为福建师范大学的二级学院，招生与毕业由福建师范大学负责。2001 年秋季，招收"国际经济与贸易"和"信息管理与信息系统"两个本科专业和"实用英语"高职专业共 128 名学生。② 学生学习实行"2 + 2"培养模式，即前两年在闽南科技学院，后两年返回福建师范大学本部，毕业证由福建师范大学颁发。招生分数有一定的优惠，学费比福建师范大学本部高些。由于刚开始办学，所有老师都是由福建师范大学下派，闽南科技学院只负责招聘基础课的教师。学生在闽科院学习两年后，全部转入福建师范大学本部，"建校初，除了基础课的老师是闽南科技学院这边自聘的，我们专业的老师全部都是从福建师范大学下派的，所以，两年后我们到福建师范大学，对老师们一点都不陌生。"③

（二）独立学院："2 + 2"（2004 级）和"3 + 1"模式（2005 级至 2007 级）

2003 年 4 月 23 日，教育部颁布《关于规范并加强普通高校以新

---

① 来茂德主编：《独立学院：中国高等教育发展的新探索——以浙江大学的两个独立学院为案例》，浙江大学出版社 2004 年版，第 59 页。

② 2001 年 11 月 12 日，福建师范大学闽南科技学院建院情况的汇报材料。

③ 2013 年 1 月 20 日，2002 级信息管理专业李毅任访谈。

的机制和模式试办独立学院管理的若干意见》（以下简称《若干意见》），规范二级学院办学活动的基本政策，提出了独立学院的概念和办独立学院的基本要求。10 月，福建省教育厅专家组按照《若干意见》的有关规定，对闽南科技学院进行了检查评审。2003 年 12 月，教育部教发函〔2003〕542 号文确认为独立学院。规定从 2004 年入学的学生开始进行独立招生①，2004 级学生的本科教育继续实行"2 + 2"的培养模式。2005 年入学的学生实行"3 + 1"培养模式，学生按规定修满学分，由福建师范大学闽南科技学院颁发国家统一的高等学校毕业证书，符合学士学位授予条件的，由福建师范大学授予相应学位。

该阶段各系主任由闽南科技学院聘任，主要由退休教授组成；各专业负责人大部分是母体学校的教授或副教授、小部分是学院的退休教授；从 2005 年开始，由于实行"3 + 1"培养模式，闽南科技学院开始招聘专业教师，学历要求有硕士学位，同时规划专业实验室的建设。

无论是"2 + 2"培养模式还是"3 + 1"培养模式，都是出于对闽南科技学院师资力量的考虑，让学生在南安学习 2—3 年，然后回到母体学校体会高校生活，让学生在百年福建师范大学的环境和氛围下，听专家、教授讲课，接受浓厚学术氛围的熏陶，使其有更深的高校体验。② 同时，考虑闽南科技学院是新办高校，在毕业和就业管理上还不够成熟，所以，由母体学校来承担这最后一环的工作。因而学生的毕业和就业工作全部由福建师范大学承担，减少了闽南科技学院的工作压力和负担，但对闽南科技学院来说同样也缺少了自我成长的机会。从长远来看，不利于学院的独立发展。

（三）独立学院："4 + 0"模式（自 2008 级开始）

学院要发展，而发展的第一要素则必须保证生源，否则学院就难以生存。菲华投资方深知招生之重要，鼓励院方的招生活动。尽管从 2004 年起，闽南科技学院就独自担起了招生的责任，但是，毕竟是所

---

① 《2004 年招生公告》，中国教育部网站，http：//www.moe.gov.cn/HLFtiDemo/ search.jsp。

② 《学院汇报材料》，2004 年，藏于闽科院图书馆评建办档案。

新办院校，在诸多方面还不够成熟，母体学校还不便于完全放手，所以继续扶持培养，闽南科技学院挂靠在福建师范大学招生。到 2007年，闽南科技学院首次实现线上招生。

2008 年 4 月，教育部颁发了《独立学院设置与管理办法》（26 号令）的第三十八条规定："独立学院对学习期满且成绩合格的学生，颁发毕业证书，并以独立学院名称具印。独立学院按照国家有关规定申请取得学士学位授予资格，对符合条件的学生颁发独立学院的学士学位证书。"从法律上说，独立学院必须从母校正式独立出来；从硬件上说，闽南科技学院也已充分具备了本科办学的资格和能力，闽科院已建立了自己的师资队伍，通过福建师范大学的努力为闽南科技学院聘请了一批专家学者。实验室、科室建设也初步完成，确保了办学基本条件的达标。2007 年，具有研究生学历和副教授以上职称的专职专任教师已占 41%。[①] 通过七年摸索和锻炼，闽南科技学院有能力培养自己的本科生。

根据 26 号令的精神，闽南科技学院 2008 级新生实行 "4 + 0" 全程培养模式。学生按规定修满学分，由福建师范大学闽南科技学院颁发国家统一的普通高等学校毕业证书，符合学士学位授予条件的，由福建师范大学闽南科技学院授予相应学位。[②] 自此，闽南科技学院才真正完成 "独立" 探索过程，成为真正的独立学院。

在这一过程中，闽南科技学院的建设主要由福建师范大学倡导完成，由于教育的特殊性，它还必须依据国家教育部的规章制度执行，这样可以保证独立院校办学的总体方向不变。对此，菲华方并未参与，只是在基础建设上配合与支持。而对于内部的建设和管理，则由院方来完成。

二　院方：专家治校、治学

根据办学章程，闽南科技学院院长由福建师范大学推荐，经董事

[①] 黄国盛院长：《第十二次董事会会议学院工作报告》，2007 年 9 月 9 日。

[②] 福建师范大学闽南科技学院第十三次董事会工作会议：《学院工作报告》，2008 年 9 月 15 日。

会聘任和授权，实施学院发展规划，组织教育教学、科学研究等活动。而院务会议为学院教育和管理工作的决策机构，由学院党政领导成员组成。① 这就明确了学院管理者即院方。在民办高校或一些国有民营的学院中，董事会一般由投资入股的股东选举产生。他们事无巨细，均须报请董事会批准，严重挫伤了校长的办学热情。

闽南科技学院菲华投资方的投资理念比较现代，对管理层非常信赖，严格实行委托代理人制度（章程约定），不干涉院方对办学的具体活动，实现院方对学院工作的全权管理。闽南科技学院领导都是从事教育行业 20 多年的老教授、老专家，让懂教育的人来管教育的事——"专家治校、治学"，这是闽南科技学院投资方很清晰的管理理念。

在高等教育大众化时代，高校之间存在日趋激烈的竞争，高等教育供求关系存在卖方市场向买方市场转变的过程，一所高校要可持续发展，必须首先解决好定位问题②，因而如何对闽南科技学院办学进行定位便是闽南科技学院领导的首要任务。独立学院的创立是中国高等教育从"精英教育"到"大众化教育"转变的产物，因而从地方和区域经济考虑，从民众受教育的期望考虑，独立学院一般定位"应用型人才"。③ 同样，闽南科技学院在创办之初也是如此定位的。如何实现应用性，则需建立在具体的地方经济和现实基础上。外籍华人在国内投资教育，不外乎两点：一是出于对故土的情结，二是看中所投项目的市场潜力，有可为之事，毕竟资金积累是需要投资才有所得。闽南科技学院投资方是南安籍菲律宾华人，他们在投资该院校时，同样也有上述情结。通过分析，学院就确定了"立足地方，服务地方经济"的办学宗旨，围绕该宗旨，院方进行了大胆探索。

（一）"应用型人才"的培养方式，辅以多种技术培训相结合的办学体

所谓办学理念，是指办学的思想或观念，办学理念决定办学的目

---

① 《福建师范大学闽南科技学院章程》，2005 年 5 月 16 日制定本。

② 来茂德主编：《独立学院：中国高等教育发展的新探索——以浙江大学的两个独立学院为案例》，浙江大学出版社 2004 年版，第 115 页。

③ 同上。

标和定位。办学者在办学理念上有一定的承继性和习惯性。闽南科技学院校园原先是一所工业学校（中专），投资方固然有习惯性思维便是相似的培训类继续教育学校为主体；另一方是福建师范大学，于是再加上福建师范大学的课程，相当于两种办学方式的简单加总。固然，举办双方都有以应用为主的办学理论，但具体操作方式还待实践。

独立学院的学科建设设置模仿母体学校。"各独立学院的专业设置，普遍举办与申请方一模一样的专业，可以充分利用申请方的优质教育资源，教师、实验设备条件得到更有效的挖掘利用。"① 在最初的三年内，闽南科技学院的学科建设照搬福建师范大学。

根据实际情况也做了一定的调整，如 2001 年就设置了"国际贸易"专业，而对于如何办这个学科则引起了校内的争论，是按传统的方式办还是采用新的方式办呢？后来考虑到办学环境及学生的素质，认为该专业的课程设置与培养学生熟练应用英语开展国际贸易工作业务紧密结合起来，一、二年级以学习英语基础课程为主；专业课设置，按国贸专业的要求，开设国际经济与贸易的专业基础课和专业课，其中，有 12 门必修课和限定选修课使用英语教材，4 门必修专业基础课使用英语教材、用英语授课，以达到拓宽专业口径，增强人才适用性的培养目标。而这样的课程设置有利于提高学生的英语水平与实践能力。

2002 年 10 月 15 日，闽南科技学院在接受了福建省教育厅专家组来院进行教学工作检查后，专家组对这项改革给予了鼓励，指出："这是专业改革，建设特色专业的有益尝试。"② 这一尝试增加了学院的勇气，而培养的学生素质也不错。从国贸易专业毕业的学生来看，"截至 2007 年年底，各专业均取得较高就业率，信息管理与信息系统专业、市场营销专业、国际经济与贸易专业 2007 届本科毕业就业率达到了 100%"。③

---

① 陈为德：《独立学院办学机制与专业结构调整探析》，《福建省首届独立学院院长论坛》，于 2006 年闽南科技学院举办。
② 2004 年 5 月 16 日，闽南科技学院汇报材料，藏于闽南科技学院评建办。
③ 《闽南科技学院报》2008 年第 1 期（总第 31 期）。

2005 年，对应用型人才的培养有了全面的认识和体会，从而对设置适合自己的学科建设进行了探讨①，毕竟学科建设还要根据学生的实际情况来进行修订，要求福建师范大学合作办学院系根据闽南科技学院培养应用型人才的定位以及学生入学起点低的特点，全面修订教学计划。在修订教学计划的基础上，调整课程结构规划并逐步建设适合培养应用型人才需要的选修课、辅修课课程体系，实现"应用型"人才培养之目的。

（二）"服务地方区域经济"办学定位

闽南科技学院位于泉州市南安康美镇，毗邻晋江。自 20 世纪 80 年代起，晋江就开始摸索属于自己的经济发展模式。自 21 世纪初，其发展模式得到了认可，晋江模式独领风骚，风靡全国，从而带动了整个大泉州的经济发展。为了能搭上大泉州经济发展的列车，又考虑到投资方菲律宾华侨也都在闽南一带进行投资，2004 年，闽南科技学院提出"根据地区特点，办有特色的学院"的口号。

闽南科技学院为了适应社会对人才的需要，分析当地市场对人才需要的特点，经分析认为，泉州地区多为中小企业且企业对制鞋、陶瓷、服装、建材、外语、国际贸易、营销、石油化工、信息、生物制药等方面的人才需求旺盛。因而，在当年学科设置上新增了市场营销、生物工程、应用化学等专业，充分体现了学科应用性。②

随着闽南经济发展，物流成本也提上企业成本控制台上。"2006 年闽南地区的消费品零售总额 1220.19 亿元，进出口总额 425.36 亿美元，货物运输总量 16859.16 万吨（缺漳州铁路运输量），港口吞吐量 15167.73 万吨。"③ 企业亟须物流人才，福建省物流人才缺口在 2 万人以上。④ 学院因此成立了物联网系，同时突出了学院"理"科的特点，该专业设计侧重于工程设计，如计算机、软件工程、电子信息

---

① 2004 年 7 月 23 日，闽科院第八次董事会工作会议，学院工作报告。
② 闽南科技学院第十三次董事会工作会议，学院工作报告，2007 年 9 月 9 日。
③ 《漳州统计年鉴（2006）》《厦门统计年鉴（2006）》和《泉州统计年鉴（2006）》。
④ 陈耀庭：《闽南金三角地区物流发展现状及发展策略》，《物流科技》2007 年第 12 期。

与科学等专业。

（三）"校企"结合

作为"应用型"人才的确立，培养的人才是适合当前市场需要，满足用人单位的需要。如果学院一味地闭门造车，培养的人才将与市场脱节。因此，要做到真正的"应用型"人才，学院要主动"走出去"，和当地企业沟通。独立学院本身就具备了较强的市场意识和观念，在培养方式上，闽南科技学院也提出尝试"校企办学、海外办学等模式"。①

为了生存和发展，闽南科技学院跨出了第一步，与当地企业签订教学实践基地，单 2007 年就签订了 15 份协议。比如，石狮地区的福建野豹儿童用品有限公司，南安地区的泉州利昌塑胶有限公司、东星石材（南安大理石）有限公司、宏发集团（中国）有限公司等，这些教学实践基地的签订，扩展了该院师生学以致用的领域和施展才华的空间。② 为了能更好地与当地融合，闽南科技学院还与当地政府共建，以实现真正的服务地方经济之目标，与附近的兰田村、康美村等 17 家单位实行共建，这些活动使学院和地方共赢。③

随着经济的进一步发展，企业在发展过程中需要不断创新，在人才和技术易陷入"瓶颈"，亟须高校合作。因而，闽南科技学院管理层更是抓住时机，进一步实行校企结合的教学模式，在"走出去"的基础上完成"引进来"，即把企业引入学院。2009 年 6 月，在当地政府的牵头下，南安市几家知名企业和闽南科技学院签订了合作培养协议。④

（四）拓宽办学途径，打出"侨乡"特色牌

从传统封闭的组织形式来看，独立学院的组织资源是相当匮乏

---

① 闽南科技学院第十一次董事会工作会议，学院工作报告，2006 年 12 月 17 日。

② 同上书，2007 年 9 月 9 日。

③ 《闽南科技学院报》，2009 年 11 月 26 日，2009 年第 6 期（总第 42 期）。

④ 由南安市经贸局牵头，南安六家知名企业在闽南科技学院举行了校企合作座谈会，共同商计如何加强学院学生教学实践和毕业就业等事宜，会后与学院签订了协议，决定尽自己的所能为大学生教学实践和就业创造机会。闽南科技学院第十四次董事会议，学院工作报告，2009 年 9 月 27 日。

的，要改变这种不利局面，必须谋求建构新的资源积聚机制，以多渠
道、高效能地吸引组织之外的资源。在校企结合模式的同时，还需要
积极探寻其他更宽、更广的办学途径。菲华投资方经常带领海外侨胞
参观闽南科技学院，在一定程度上拓宽了学院的国际视野。自 2006
年提出海外办学的想法后，这一思路更加清晰、具体，利用菲律宾董
事的优势，尝试与菲律宾一些高校合作办学，以充分体现"华侨办
学"的特色。① 2012 年 12 月，在菲律宾董事多年的努力下，闽南科
技学院正式与菲律宾高校达成了共识。②

从闽南科技学院的办学路径可以看到，闽南科技学院在办学的探
索过程中，投资方并未喧宾夺主，只是扮演好自己在管理过程中的角
色和地位，让闽南科技学院充分展示其主角之地位，为其发展创造
空间。

三 投资方：与地方政府、媒体的互动、"双赢"

政府所具有强大的社会资源整合和协调功能是任何一个部门都无
法企及的，能获得政府的支持将大大加快学院的建设步伐。投资方也
深知地方政府的功能，加强与地方政府的联系。而华人投资者一般都
是实业家，他们在商界有一定的名望，因而可以利用这种声望与国内
政府打交道，建立一定的社会沟通与联系。

戴宏达是全国政协委员海外代表、中国侨联委员，这些身份便于
同政府沟通、协调。他们可以利用政府召开的各种联谊活动，联系海
外同胞，带领他们参观学院。这样，提高了学院与外界的联系，同样
也便于学院走出去，拓宽了办学视野。比如，2008 年正月福建举办的
"海峡西岸闹元宵全球华人盼团圆"联谊活动，戴宏达应邀回国参加，
活动后携部分爱国华侨一同参观闽南科技学院。"详细了解过去一年
我院在办学规模扩大、教育教学质量提升等各项事业所取得的显著成
就，并就我院新一年的工作给予关心指导。"③ 2011 年 11 月 15 日，

---

① 第十五次董事会会议纪要，2010 年 9 月 27 日。
② 参见《闽南科技学院报》2012 年第 7 期。
③ 院办：《戴宏达董事长应邀回乡参加"海峡西岸闹元宵全球华人盼团圆"活动》，
《闽南科技学院报》2008 年 3 月 13 日。

全国政协常委、港澳台侨委员会副主任林兆枢率全国政协海外列席侨胞一行 33 人来泉考察，考察团特意参观闽南科技学院。① 诸如此类的活动为闽南科技学院做了很好的宣传。

南安籍菲华投资方与南安有撇不开的乡土情结，在创业成功之后多愿意报效祖国，为家乡的建设捐赠或投资。当地政府也利用华人华侨的故土情缘，希望他们能回国投资。戴宏达在菲律宾创业成功后，每年都会对故乡投资建设。单就他们家族为家乡"修建村水泥路、网络监控、联防经费、老协会址及历年经费、排洪渠、村路灯"等，据统计，为 400 多万元（2001—2012 年）②，同时对南安市内的各校进行捐赠活动。2006 年，福建省人民政府立碑表彰，相关媒体大幅跟踪报道。③ 诸多的慈善活动，拉近了两者之间的距离。闽南科技学院的创办离不开当地政府的支持，它的进一步发展更离不开当地政府的支持。闽南科技学院借助当地政府之力建立了校企联合等方式，这些都有利于加强双方间的关系。

地方与高校之间的互动，容易形成"双赢"的效益。南安市能有高校在南安设立，对南安来说，无疑也是一项重要的标志。当地政府表示，学院办在南安是南安市的光荣，尽可能地为闽南科技学院帮助解决发展中存在的问题，争取将闽南科技学院办成万人名校。④ 政府代表团来访问泉州或南安，闽南科技学院作为一个重要的基地，政府重点进行介绍。比如，与南安缔结的外国友好城市——印度尼西亚玛琅县华人来访问南安时，南安政府特意安排参观菲华人创办的闽科院。⑤ 南安市政府也充分利用闽南科技学院的人才优势，打好这张牌。在城市规划时，就充分考虑了闽科院对南安的有利形势，认为："在离中心市区仅十来分钟路程的康美镇，福建师范大学闽南科技学院办

---

① 叶舒雯：《发挥侨力优势助推泉州发展》，《泉州晚报》2011 年 11 月 18 日。

② 数据和项目由南安大庭村委会提供，于 2012 年 12 月收集。

③ "戴宏达与其昆仲捐资兴建各项公益事业的款项达数千万元人民币"，其中他个人捐资 1048 万多元。《福建日报》2006 年 12 月 18 日，何金、陈添地。

④ 2007 年 9 月，十二次董事会会议　学院报告。

⑤ 南侨孙虹：《印尼玛琅县有望与福建南安市缔结友好》，《中国新闻社》2012 年 4 月 9 日。

学多年，输出了大量的人才。"①

中国的高等学府一般都是低调、不张扬，与媒体联系相对较少。而作为独立学院，它办学的时间短，没有时间上的积累，为了生存，则必须要掌握其生存发展之道，即提高学院的知名度。在短时间内提高知名度，如果光靠"酒香不怕巷子深"的理念是行不通的。因此，必要时还得要借助媒体来适当地露一下脸，有利于学院的招生。企业家出身的投资方更明此理，积极配合宣传活动。

董事长及院长个人声誉提高了学院的知名度。媒体对董事长戴宏达先生一心经营实业，热心公益等的报道，提高了学院的曝光率。戴宏达先生个人的人物介绍进入百位华商领袖及菲华精英行列。②

诚如 2006 年《福建日报》在对戴宏达采访中所评的："闽南科技学院成立以来，在学院董事会和全体师生的共同努力下，依托百年老校福建师范大学的学科优势和师资力量，以'办学以人为本，做人以德为本'的教育理念，打破常规，运用市场化的运作方式经营教育、培育人才，在创校以来的短短五年时间内，从无到有、从小到大，其教育水平和学校规模都发生翻天覆地的变化。"③

四　董事会：决策机构

董事会是闽南科技学院的最高权力机构，董事会的成员由投资方和合作方按比例组成。福建师范大学和闽南科技学院方的工作与努力前面已做过讨论，这里所讨论的主要是指投资方——菲律宾华人。

戴氏兄弟及南安公会的侨领都是菲律宾新华侨，在菲律宾拥有自己的实业王国，如董事长戴宏达先生是摩托行业的领头人，名誉董事长林国端先生主要是经营不锈钢螺丝、白铁车器等，他们在经营实业的同时，对管理有自己独到的认识。对于这一陌生而特殊行业——教育，他们根据教育的特点，放手让懂教育的人去管理，在闽南科技学

---

① 邱和军：《做好山水文章　打造宜居城市——专访南安市政府副市长蔡龙群》，《泉州晚报》2009 年 4 月 28 日。

② 福建画报社菲律宾《纵横》杂志社编：《菲华精英》，海潮摄影艺术出版社 2004 年版，第 138—141 页。

③ 陈进：《戴宏达播种爱心收获快乐》，《福建日报》2006 年 12 月 15 日。

院淡化民间资本的影子，让学院充分享有行政管理权，即"院长负责制"。只有如此，学院领导在面临内部决策时才不至于受到种种掣肘，放开手脚考虑学院的前途和发展。

《民办教育促进法》第九条规定，民办学校应当设立学校理事会、董事会或者其他形式的决策机构。[①] 目前，全国民办高校大多表示建立了董事会制度。然而，一项基于全国 45 所民办高校的调查表明，由董事长个人主导决策的高达近 3/4。[②]

菲华投资方有很强的现代股份制管理风格与原则，只是在学院面临重大决策或投资时才出面解决。2004 年，重新改组后的董事会面对的便是棘手的现实：教学软硬件条件都远远不够，教育部在初次评审时给予不合格，面临"红牌"危机。董事会借用投资方、母体学校和院方三方合力化解这次危机。董事会运筹帷幄，合理调配资金的使用。同年，新建一幢科技楼和图书馆，修建 400 米的塑胶田径场，采购大量图书等。因此，在 2005 年招生名单中福建师范大学闽南科技学院大名赫然在目。[③]

多年来，闽南科技学院董事会尽心做好自己的本分工作，把闽南科技学院建设成一个有现代图书馆、科技楼、实验楼的花园式校园的高校。为了闽南科技学院发展需要，投资方每年从办学所得资金重新又投入学院建设中，从未收回资本回报。"投资者对非营利性民办学校的投资应该获取回报，就同学校的教师应该领取工资是一样的道理。从经济学的角度来说，这种回报是资本的价格，应归作学校的成本，不是学校的利润。"[④]

董事会在学院资金需要和发展的大方向时扮演决策者的角色，这样才能让学院决策者与管理者间的角色得到淋漓尽致的发挥。也正因

---

① 《中华人民共和国民办教育促进法》，2004 年。

② 张水华、查明辉：《民办（私立）高校董事会制度的中美比较研究》，《现代教育科学》2012 年第 3 期。

③ 《2005 年招生公告》，中国教育部网站，http://www.moe.gov.cn/HLFtiDemo/search.jsp。

④ 曹淑江、朱成昆：《关于民办学校的非营利性和产权问题探讨》，《河北师范大学学报》（教育科学版）2002 年第 4 期。

为董事会尊重学院领导、按章办事，才能引领闽南科技学院从一个荒芜的小镇发展到一定规模的大学，学生人数从最初的 136 人发展到现在的在校生数达 8000 余人的规模，且正向万人高校迈步。①

从闽科院的发展历程来看，充分体现了中国高校与企业合作办学的探索之路。从投资方与各方关系的处理，体现了当代菲律宾华侨在投资管理上现代管理理念已日臻成熟和完善，能把这一理念很好地从其他行业转移到教育行业，进行恰当的处理具体行业的特性，从而避免了民办院校"资本至上"的尴尬局面。

但是，由于合作双方分别是来自教育界和实业界的人士，双方对于教育管理有着不同的理念。比如，对于"成本"和"费用"双方的理解和体会自是不一样的：来自高等教育体制下的专家和学者，学校运用的资金来源于国家财政拨款；而来自白手起家的实业界精英，资金的启动来源于企业利润的结余，"成本"与"费用"是企业经营的核心，故而双方对于成本和费用的理解及体会则是属于两个不同层次上的概念。同样，对于教育的理解，教育界人士有更长远的规划和担心，这是实业界精英所不能理解的。但不管双方有何差异和分歧，他们有着共同的目标，即让学校能够持续、长久地经营下去。但是，发展教育需要不停地投入，如何进一步处理好投入与发展、投资方与院方、院方与母体学校的几对关系，菲华投资方还需从中不停地沟通与协调，以保证长期发展之目的。

---

① 数据来源于闽科院教务处（入学人数），2009 年 1787 人；2010 年 1845 人；2011 年 1976 人；2012 年 2296 人。

第七章　戴天惜家族与菲华社团

戴天惜家族自移民菲律宾后，经过 20 多年的努力，已在菲律宾打下了经济基础，并成为行业内领先人物。经济上的成功，促使戴氏族人对社会地位和社会交往产生了一定的渴求。另外，旅居海外的华人往往形成独自的一个华人社圈，它完全依靠华人的支持和参与才能运转，而这种支持就需要有一定实力的华人华侨在资金上的帮助。他们在海外建立了独立于政府之外的一系列华人社团，菲律宾的华社尤其活跃，只要是华人都有其归属的"宗亲会"；有籍贯性地方社团，如晋江、南安等地方社团；也有娱乐型的怡和郎君社；还有为保护华社安全和福利的消防、商会等专业性社团等。

本章就宋戴宗亲会和菲华南安公会作为考察点，对这两个社团的考察就形成了乡村—地方—国家三个级别的心理意愿。戴氏族人对社团的参与并见证了菲华社团体的成长，社团的成长除华社成员的共同努力外，还有什么力量在中间起作用呢？

第一节　菲律宾宋戴宗亲会

一　缘起及历史演变

"人类社会的成型，源自氏族的群聚而居，守望相助，作息居相扶持，敦亲睦族，实为社会自结合形成的原动力。情之所至，跃居第一之所趋，日久便成为坚牢而不可拔的国族始基，历久弥盛常新。华人移植海外居留客地，构成海外华人社会的两大基石，长期发挥社会伦常的价值功能，谋求可大能久的共同福祉，日进而月盛。"[①] 1940年11月3日，戴梧桐、戴正中、戴协和等依照厦门宋戴宗亲会，发起在岷里拉市成立旅菲宋戴宗亲会。

"宋戴"合宗，基于西周微子启。周公平乱后，封微子于商丘，称宋国爵位公。传至宋戴公，后又分为宋、戴两氏。后来，国人四散，以国为姓。这便是戴氏由来及宋戴两氏之血缘关系。

尽管名称是两姓合宗，但从日常事务来看，基本全都是"戴"姓族人。菲律宾戴姓又从福建南安大庭衍出，他们供奉共同远祖：唐远祖恭公像。挂像后面的几位，都是正宗出生成长在南安大庭，如九世祖戴梦申、戴廷诏，祭祀礼俗沿用大庭家谱内所记载的礼仪。历届理事长（主席）也都出于南安大庭，可以说菲律宾宋戴宗亲会是以南安大庭戴氏族人在菲律宾的聚居中心。

初时会员人数不多，并未制定宗亲会章程，每届职员是从会员中间当场推举，由戴梧桐（南安大庭戴氏33世孙）担任第一届主席，戴凤发、戴正中两位分任为中、西文协助。每次开会都临时租借正中大字馆，或坝季寓所，作为集会场所（因无固定场所）。逢年祭祖祀典暨会员大会时，祭礼及餐席费都由热心领导者捐款，但由于资金有限规模不大。

1941年12月，太平洋爆发战争，日军侵占菲岛，宗亲会受战乱影响而停止活动。1946年菲律宾光复后，重新整理，于1947年复兴为第四届，主席仍为戴梧桐（按宗先生早年声望颇高自成立第一届起连续五年，战争时期除外），第六届主席是戴德全（1950年）。[②] 20世纪五六十年代，菲律宾反共排华形势严峻，宗亲活动等其他社团活动只好停止。1965年马科斯上台，国内形势略有好转，宋戴宗亲会也重新恢复组织成为第21届，主席仍由戴梧桐担任。

---

① 戴良聚：《弘扬敦宗睦族的共识和功能》，《菲律宾宋戴宗亲会成立五十周年金禧纪念刊物》，1994年。

② 戴世宝：《本会组织简史》，《菲律宾宋戴宗亲总会成立三十周年暨新会所落成纪念刊》，1974年。

1. 会址变更

由于该宗亲会没有自己的会所，先租住王彬街戴正中大字馆二楼为会所，迨至 1965 年购买"美瑜"大厦五楼作为会址。1968 年马尼拉发生六级地震，大楼倒塌，资料家具无存，唯留始祖九郎公神像与香炉。菲律宾戴氏族人认为："始祖有灵，昭示吾族香火永炽。" 1971 年戴良聚（南安大庭人）任理事长，认为要办好该会，首先就必须要有自己的会址。因此，戴良聚号召大家捐款，基于"祖宗人人有份，兴建祠宇会所个个有责"的感召下，踊跃乐施，尽力相助，于 1972 年新会所建立。① 从会址的变更来看，体现了华人对"家"的渴求。

2. 组织规模扩大

戴氏海外宗亲会组织在一定程度上保留了中国传统方式，如对宗亲会主席的选任，以社会名望为主要入选标准，前五届主席为戴梧桐，并特地说明"按宗先生早年声望颇高自成立第一届起连续五年"，社会名望成为宗亲会负责人的首选，而"社会名望最重要的要素是富有"。② 理事长戴猷金（南安大庭人）于任内（第 22—23 届，1966—1967 年）完成购置"瑜美"会所，制定章程及注册立案，定名为"菲华宋戴宗亲总会"。继之，第 24—26 届理事长是戴天恻（戴天惜之弟，戴心谷之五子）在三届任内（1968—1970 年），为适应时势需要，修改章程、名称及规则，将原有"菲华宋戴宗亲总会"改为"菲律宾宋戴宗亲总会"，英文名称为 Philippine Song Te Family Assn. Inc.，并改进会务，逐渐纳入基层系统组织。③ 1967 年，戴炳煌（戴天惜之兄，戴心谷之二子）进入宗亲会任副理事长，可见其经济实力的增加，其弟戴天恻自 1968 年担任埋事长，连任三届。戴炳煌、戴天恻能进入宗亲会理事会足见其兄弟已挤入经济实力佼佼者行列。

现有组织结构为妇女组和青年组。虽未见具体成立的时间，但从

---

① 《菲律宾宋戴宗亲总会成立三十周年暨新会所落成纪念刊》，1974 年。
② 颜清湟：《新马华人社会史》，中国华侨出版社 1991 年版，第 75 页。
③ 戴世宝：《本会组织简史》，《菲律宾宋戴宗亲总会成立三十周年暨新会所落成纪念刊》，1974 年。

族人所捐族会所的用途可窥见一斑，应是 1995 年。"1995 年，重新收回二楼会所，并装修事宜，扩大会所，而提供妇女组、青年组的活动空间。"并注明各室捐赠人及款项："日新室"，由戴东锋宗长献捐，菲币 15 万元；"天惜室"，由戴天惜先生家族基金会提供，菲币 15 万元；"育仁室"，由戴育仁宗长献捐，菲币 15 万元；"德霖室"，由戴德霖献捐，菲币 15 万元；"孙竹室"，由戴仰祖、戴显祖宗长献捐，菲币 15 万元；"天恻室"，由戴天恻宗长献捐，菲币 50 万元。①

二 宋戴宗亲会的主要功能

宗亲会的主要功能为："宣扬中华文化，推行固有美德，转移社会风气，促进社会和谐。"② 在宋戴宗亲会的章程上虽未曾明确标明，但从其内部的小文可以反映出这种思想，更多的便是社会福利，支持文教等方面尤为突出。

1. 敦宗睦谊，传扬中华文化

加强宗亲成员的团结互助。刚来菲律宾的宋戴宗亲，因无处投身，一般都安身在宗亲会，然后再慢慢找工作。宗亲会主席戴梧桐在周年纪念册上所书的"父慈、子孝、兄友、弟恭"的家庭礼仪，传扬的是中国传统儒家礼仪，同时表达了戴氏家族所宣传的"诗礼传家"的宗族之目标。③

在宗族里，更多的是宣传一些伦理道德、生活方式的规范。"我们必定要以'礼'来加以防止人与人间的争乱，调和人情。五伦为人类不可或缺与公认的道德观念，即所谓'天下之达道'是也。在这五光十色、光怪陆离的社会里，出现如此怪异的现象，渲染他人的弱点，或厚诬他人的言行，或有意曲解他人的意见，而美其名曰批评。

---

① 资料来源于菲律宾宋戴宗亲会匾额说明。

② 这是宗联的目标，作为其下属单位，应具有同样的功能目标，在此姑且一用。见《菲律宾各宗亲会联合会成立五十周年金禧纪念特刊》（1958—2008），菲律宾各宗亲会联合会（宗联）会务报告。

③ 戴梧桐：《父慈、子孝、兄友、弟恭》，《菲律宾宋戴宗亲总会成立三十周年暨新会所落成纪念刊》，1974 年。

充满优越感而骄矜文饰，谓之诚恳。洋溢意气的叫嚣攻讦，叫爽直。不守秩序，竟夸耀为自由。至若事与人的观念搅不清，公与私的意识界限不分，以个人的好恶作为是非的准则，视一己的利害重于公共的利益等等，均属司空见惯的现象。"① 故而，提出制定"共同生活方式的规范"，"包容接纳，谦和执中，谅解互信，忍性耐烦，服务互动"五项规则。从上述内容可见，当时菲律宾社会的一些现象，传统道德规范受到大肆侵扰，族中长者自然大举儒家道德旗帜，以正当时之风气。

2. 改善本宗族成员社会福利，支持族中子弟就学

为了加强宗族内部成员的凝聚力，宗族一般负责安排本宗族的丧葬事宜。"一旦某族人临死，而他又无直系亲属时，公司会为他简朴殓葬，并在本族义冢上举行一个体面的敬礼。"② 民国时期，各宗亲会就承担了这一任务。那些刚到菲律宾的族人，宗亲会为提供他们一定的食宿，并帮其找到工作。而这些都已经成为宗亲会的共识，故在后来的宗亲会刊上也就省了这一条，但上述活动的确曾经存在过，笔者曾求证当地的华社人员。

"在社会上，教育成为衡量个人和宗族社会地位的尺度。海外宗族表现出来对教育的关心，明显地反映在对那些成功地通过科举考试的成员给予鼓励方面，金榜题名者备受尊崇，他们的名字被镌刻在宗祠墙壁的颂匾上。宗族对教育的关心，进一步体现在现代华人教育的传播及现代华人民族主义兴起的影响的结合上，由是，宗族开始创办学校，教育青年。"③

宋戴宗亲会竭力支持教育。在任期内，设立了奖学金和助学金以鼓励、帮助本族中青少年能更好地接受教育。

（1）奖学。自1967年开始，"不论会员或非会员宗亲子女，凡就读岷市，或近郊，以致邻省之任何侨校或菲校之大专、书院、中学、

---

① 戴梧桐：《父慈、子孝、兄友、弟恭》，《菲律宾宋戴宗亲总会成立三十周年暨新会所落成纪念刊》，1974年。
② 颜清湟：《新马华人社会史》，中国华侨出版公司1991年版，第81页。
③ 同上书，第85页。

小学以及幼稚园等，每学年结束，其学业成绩列在首、二、三名者，均可凭成绩单来会登记报奖"。举办以来，历年登记报奖人数持续增加，效果显著。

（2）助学。对族中无力负担其子女学费者，"范围暂以会员子女就读中小学为限，凡属本姓族生其家境确属清寒者，不论就读侨校或菲校，只要有缴交学费者，均可凭上学成绩单来会申请补助，每一会员家庭单位得准申请三名为限（留级者不得申请）"。戴天恻长子结婚，"特将所收诸理事监事致贺礼券全部并凑足三千一百元悉数捐充贫寒助学金"。①

三 宋戴宗亲会的对外关系

1. 与中国台湾当局的关系

1958年5月3日，在中国台湾当局驻菲特命全权大使陈之迈的倡导下成立了"菲律宾华侨各宗亲会联合会"，后来易名为"菲律宾各宗亲会联合会"（以下简称宗联）。最初成员只有29个，后发展到38个，其中包含的姓氏有84个，菲华社会各主要姓氏的宗亲会都包含在内。菲律宾宋戴宗亲会也加入成为会员之一。在中菲建交前，中国台湾当局和菲律间的关系融洽，两地的宋戴宗亲也通过宗亲会互相来往庆贺。1974年，宋戴宗亲会成立30周年，邀请中国台湾当局高官参加。从纪念刊物中整理出的名单有：福建省主席戴仲玉（台北，国民党官员），驻菲"大使馆"长官宓维炘、菲华商联总会联络主任、国民党文化协会代表、菲华"反共"总会代表、菲律宾华侨学校联合总会、菲律宾洪门联合总会、菲律宾中国洪门协和竞业总社、菲律宾中正学院、菲律宾丝竹桑林各团体联合会。②

在其50周年庆典时（1994年），邀请中国台湾当局官员题词，如国民党主席宋楚瑜、国民党"总统府"副秘书长戴瑞明等，宋楚瑜题词："宗谊纯笃。"

---

① 戴瑞达：《三十年来会务概况》，《菲律宾宋戴宗亲总会成立三十周年暨新会所落成纪念刊》，1974年。

② 本会会所落成典礼志盛：《菲律宾宋戴宗亲总会成立三十周年暨新会所落成纪念刊》，1974年。

2. 与中国大陆的关系

大陆，是他们的根。但因政治和历史问题，大陆一般都以需"被救济者"的面貌出现，故而当戴氏族人发达之际不忘回乡建设。在经贸往来上，在20世纪80年代以前，还未曾发生过。60年代，菲律宾宋戴宗亲会就在故乡大庭修祖庙，建学校。但因"文化大革命"浩劫而毁于一旦，改革开放后，菲律宾戴氏宗亲会又立即发动族中捐资，重新修祖宇，为家乡建设（前章已议，不再重复）。

3. 与全球关系——世界戴氏宗亲总会

进入20世纪90年代，随着经济的全球化，宗亲会也有了全球意识。1993年，戴双白就发起恳亲大会，"邀请东南亚、中国、中国香港、中国台湾等来菲，但正值菲国治安不靖，只好延期停办"①，在第50届（1994年）大会上终于完成这一愿望。在会上，中国香港会长也提出："今日世界，信息一日万变，科技突飞猛进，最先跟上潮流者，往往是青年，各同乡组织因有了他们而充满生机和活力，更有效地凝聚乡谊，促进信息的交流。可以通过各同乡组织之间的互访，举行恳亲会建立商务信息和联系合作，促进海外乡亲事业的进一步发展。"② 在众人的提议下，1996年5月，在菲律宾马尼拉成立了第一届"世界戴氏宗亲总会"理事会，南安大庭籍菲侨戴育仁任理事长。会议决定，每两年（后改为三年）举办一届庆典，分别由各地宗亲会轮流主办。

戴氏宗亲会一般以东南亚为主，随着戴氏族人移入欧洲等地人员的增加，其他地方也将纳入主办行列。各国、地区同宗为更多经贸信息的交流提供了便利，开拓了国内族人的视野，有利于国内宗族的发展。

---

① 戴双白：《本宗亲会五十周年纪念感言》，《菲律宾宋戴宗亲会成立五十周年金禧纪念刊物》，1994年。

② 福建旅港戴氏宗亲会会长戴方（培贤）：《团结青年宗亲，创造光辉未来》，《菲律宾宋戴宗亲会成立五十周年金禧纪念刊物》，1994年。

第二节　戴天惜家族与菲华南安公会

一　菲华南安公会的成立

菲华南安公会是在中国南安政府的倡议下成立的。1989 年，时任南安县委书记刘明益访问菲律宾，受到以陈经伦先生为代表的南安籍侨领的热情招待，召集各个乡镇的同乡会、宗亲会、校友会负责人员欢迎。在招待会上，看到济济一堂热情的乡亲们，刘提议成立一个以南安乡籍为单位的会所，交往会更加方便。① 他的提议得到南安籍侨领们的响应。

在筹备过程中，有人提出，在抗战时期，菲律宾就曾有"菲华南安公会"，战后由于时局限制而未恢复。为了延续历史称呼，仍为"南安公会"。在洪建美、陈经伦等几十位"乡贤"的呼吁奔走下，终于于 1990 年 5 月 6 日正式成立"菲华南安公会"。公会依据菲国法律向政府注册，由各团体会员推选当然理事、票选理事、聘任理事等共 71 人组成理事会，每届任期为两年。菲华南安公会历届主要负责人如表 7 - 1 所示。

公会宗旨：促进本市乡侨之联系，沟通感情，团结互助，繁荣经济，协助社会公益，联络居住国人民情谊，遵守当地法令。②

会徽：以中国南安市的地图形状为标志。

二　戴氏兄弟与菲华南安公会

菲华南安公会（以下简称南安公会）成立后，实行理事长负责制，如果理事长不在，则是执行副理事长，接下来便是副理事长、理事。南安公会成立了相关的财务、康乐、网络、保管、协调、稽查部门。各部门分工协作，日常工作由秘书室负责。

---

① 《菲律宾南安公会庆祝十周年纪念专刊》，《菲华南安公会简史》，2000 年，第 26 页。

② 《菲律宾南安公会庆祝十周年纪念专刊》，2000 年，第 26 页。

表7-1　　　　　　　　　菲华南安公会历届主要负责人

届期	时间（年）	理事长	（执行）副理事长	秘书长
1	1990—1992	陈经伦	黄书汉、许清彩、陈裕成、林经伦、王志明、	黄杰床、陈耀煌
2	1992—1994	黄书汉	许清彩、王志明、陈裕成、林经伦、洪嘉模、吕长兴	黄杰床、陈燕胜
3	1994—1996	许清彩	戴新民、林国端、陈裕成、王志明、林子仪、刘龙泉	陈燕胜、苏世选
4	1996—1998	戴新民	林国端、戴宏达、刘龙泉、陈锦水、蔡长黎、戴育仁	陈燕胜、苏世选
5	1998—2000	林国端	戴宏达、苏世选、潘明元、陈锦水、戴育仁、傅港生	陈燕胜、黄鸿展
6	2000—2002	戴宏达	**苏世选**、潘明元、黄积元、陈光曦、傅港生、柯文票	陈燕胜、黄鸿展、刘碧晴
7	2002—2004	苏世选	**潘明元**、黄积元、陈光曦、赵展聪、陈清尚、陈颂南	陈燕胜
8	2004—2006	潘明元	**黄积元**、陈光曦、赵展聪、陈清尚、陈颂南、戴显祖	陈燕胜
9	2006—2008	黄积元	**陈光曦**、赵展聪、陈颂南、戴显祖、潘振兴、高建国	刘棋中
10	2008—2010	陈光曦	**赵展聪**、陈颂南、潘振兴、高建国、蔡长裕、侯斌鸿	陈燕胜、戴云星
11	2010—2012	赵展聪	**陈颂南**、潘振兴、高建国、蔡长裕、侯斌鸿、郑远明、黄拨来、戴宏博、谢国万	陈燕胜
12	2012—2014	陈颂南	**潘振兴**、蔡长裕、侯斌鸿、郑远明、黄拨来、戴宏博、谢国万、戴宏儒、戴国安	陈燕胜

注：粗体字为执行副理事长。

资料来源：由南安公会纪念刊物整理所得。

　　南安公会每月召开一次例会，所有理事都要参加。具体内容根据会务处理，最初只涉及一些婚丧治理等事宜，时间一久，内容单调，忙于"事业"的理事们就不愿参加此类活动，久而久之，社团也就陷入平静状态。这便是所有华人社团都曾经历过的"瓶颈"。

　　为了打破南安公会平静的局面，真正实现"共谋会员间福利、教育、慈善公益、调解会员间争执纠纷，促进会员共同发展"之任务，还需要组织中"人"的行为，即公会理事长。

（一）戴新民对菲华南安公会的改革

1996 年，南安公会理事长换届，公会迎来了第一次变革。"这次改革是大量青壮年进入领导层，改变了一般社团的有名无实状态，会务开始蒸蒸日上。"①

戴新民（戴天惜之五子，时年 48 岁）任第四届理事长，林国端、戴宏达等任副理事长，陈燕胜、苏世选任秘书长。在年龄上，这批理事正值青壮年，充满活力；在经济实力上，他们各自有自己的实业，有坚强的经济后盾；戴宏达是新民先生的兄弟，在菲律宾经营摩托车及配件、房地产，具有雄厚的经济实力，有一定的社会名望；苏世选是戴宏达兄弟的合伙人，在长期共事过程中，形成了稳固的关系；而陈燕胜是苏的密友，也有自己的实业；林国端主要经营不锈钢螺丝、白铁车器及其他进出口贸易等，被誉为"菲律宾螺丝大王"。这批正、副理事长具有雄厚的经济实力，富有朝气，内心充满想做事，做大事的雄心壮志，因此，他们借用南安公会这一平台，施展他们的社会活动能力，要把南安公会办成具有知名度、有社会影响力、有价值的社团。

1. 改革

首先，充盈公会会务资金，收拢决策权。为了充裕活动资金，提高了理事、监事的捐纳费，捐纳费按在社团内担任的职位不同而有所区别；为了尊重创立社团的元老，作为社团的顾问团，不属于决策核心团队；同时规定决策机构为理事会，这样就把决策权集中在青壮年领导层手中。

其次，完善制度和结构。为了提高公会活力，把好纪律关，制定相应的制度和约束，如严格把好例会的请假制度，如果连续三次开会未到，则请出理事会。同年，设立了慈善基金会，后来把文教基金和慈善基金合并为福利基金。

---

① 2013 年 5 月、12 月等多次对陈燕胜先生访谈所得。

最后，有意识地培养和提拔青年人。他们已经认识到菲华社团只能吸引第一代移民，但如何吸引第二代移民，这是社团的主要问题。1996年，成立了青年组，会务开始注重与菲律宾社会争取下一代的工作。[①] 第六届会长戴宏达正式提出南安青年联谊会建议，由中国政府组织各届青年联谊大会，加强青年一代中菲之间的联系纽带。

2. 菲华南安公会与护钓行动

公会不仅关注旅菲南安同乡的生活，也时刻关注其他地区的华人。1996年9月27日，香港保钓人士第一次驾货轮到钓鱼岛宣示主权。保钓总指挥陈毓祥为了保卫钓鱼岛壮烈牺牲。[②] 这一新闻公布后，国内外华人哗然一片。为表示对香港保钓人士的支持，戴新民发动南安公会成员捐款。在短时间内，就收到捐款600多万菲币。这笔款项全部用于慰问陈毓祥家属，用实际行动对此表示支持。[③]

(二) 戴宏达发挥长袖善舞的社交能力，搞活南安公会

续任者林国端、戴宏达等任理事长时，充分体现了其个人的领导能力和活动能力。在其任内，拜访了成员单位，拉近了彼此间的关系。同时，又率团拜访大使馆、邀请菲国领导人参加本会的宴会等一系列外联运作，提高南安公会的曝光率，从而提升其在菲华社的知名度。戴宏达在前任的基础上，充分发挥其社交能力，进一步搞活南安公会。

1. 内务

社团的存在皆因为满足海外华人在外生存、发展提供帮助。南安公会的领导人就充分认识到这两点，因此，在南安公会每月的例会上，都会解决一些实际问题。如会员内部的红、白事，以及会员间的矛盾的解决与协调。同时，也办了一些实事，如为乡亲解决近百件有关升学、证件申请，经济困难及私人纠纷等问题，被乡亲称赞为"办实事"的乡会。[④]

---

① 《菲律宾南安公会庆祝十周年纪念专刊》，2000年。

② http://news.ifeng.com/history/vp/detail_2010_09/08/2463390_3.shtml.

③ 文字资料在会所搬迁时弄丢了，南安公会秘书长陈燕胜先生提供口头资料。

④ 参见《菲华南安公会庆祝廿周年纪念特刊》，2010年，《菲华南安公会简史》。

华人在海外谋生经商一般凭借社团庞大的网络而进入"小圈子"，圈子内的经营首要是"信用"，面对面的交往是培养信用的第一步。因此，他们经常组织社团内部面对面的交流与沟通。戴宏达在其任内利用工作之余率理事会相关人员访问了其下属各单位同乡会、宗亲会、校友会，如菲华南安刘林同乡会、菲华南安官桥同乡会、菲律宾官园陈氏家族会、菲律宾潘氏宗亲总会、旅菲南安侨光中学校友会等各会员单位，加强了乡亲们的团结及与各会之间的沟通。任何一个组织可以修订完满的章程和计划，但如果有章不循，无疑会让成员失去信心。显然，戴宏达对于公会的规章和制度严格执行，并且执行得很彻底。比如，每年中秋、春节的会员联欢，他也不嫌麻烦地举办，并照例颁发给会员子女优秀生奖励，而且对文教基金、慈善基金大幅度增加。

2. 外联

各类社团的理、监事会之间经常会有交叉，这些交叉理、监事关系形成两个网络：一个网络是以理、监事会为节点，联结这些理、监事会的是交叉理、监事；另一个网络是以理、监事个人为节点，联结他们的是理、监事会。这是作为社团组织本身的网络链，这条网络链可以联结所有海外华人社团。

戴宏达在加强内联的同时还积极扩展外联网络。他同时担任第六届世界南安同乡大会主席，并由其领导的菲律宾南安公会主办。2001年在中国南安举办首届凤山文化节，菲华南安公会派苏世选副理事长率队回乡参加盛会，并亲自参加南安市海内外工商界联谊大会、南安市总商会挂牌仪式及大厦落成典礼、澳门南安同乡会第二届理事就职庆礼、上海南安商会等活动。

同时，他还与政府保持密切的关系。比如，率团参加庆祝菲中两国的大型国庆庆祝活动，接待国侨办、省侨办、泉州市、南安市等各级政府访菲团，并与中国驻菲大使馆保持常态联系，双方互访。同时，他还与菲律宾政府保持联系，拜见阿罗约总统，当南南岛饥荒、马尼拉火灾等菲律宾国内发生灾难时，第一时间发动公会捐款、赈灾，帮助菲律宾人民，赢得了阿罗约总统的赞扬。[1]

3. 世界南安青年联谊会

从社团储备力量来看，由于移民的限制，因而社团面对的是更多的土生华人，而土生华人从小受西方教育，其生存环境与父辈完全不同，然而，"这些侨亲青年是一个不容忽视的力量，同乡组织要想不断发展壮大，特别是要想留存久远，没有青年一代的参与是不可能的"。[2] 戴宏达更是注重对青年人的培养，在他倡议并直接参与组织下，于2004年在中国南安召开首届世界南安青年联谊会。之后，每两年都会在不同地方召开，以加强南安籍青年人间的联系和来往。

（三）南安公会的发展与壮大

1. 菲华南安公的发展

在戴氏兄弟及前几任理事长兢兢业业的努力下，南安公会在菲华社团有了一定的知名度。在继任者的继续努力下，南安公会打下了扎实的基础。菲华社团一般没有自己固定的居所，尤其是在寸土寸金的首府地（马尼拉），要拥有自己的"家"，着实不易。最初社团一般都没有自己固定的会所，但随着社团的扩大，活动的频繁，充分意识到要有自己的会所。因此，一些社团通过理事捐款筹集资金，逐渐扩大自己的基业。1988—1993年，借用所属单位——菲律宾官员陈氏家族会会所活动，最初南安公会是租在别的大厦，但要迎接各地的宾客，就要有自己的会所，1993年购买305平方米阁楼会所。

2008年，第10届理事长陈光曦就职大典上提出：要扩大会所，要买一块地，建立属于自己的大厦和会所。大典结束后的第二个月常务会议上，就成立了筹备会所委员。戴宏达在其公司不远处发现了现在所在的地块，约有540平方米，距离宏达公司不远。经戴宏达及其他理事的共同努力，拿下了地块，并在一年内就建成了五层楼，建筑面积共约3000平方米。2010年，搬进540平方米地皮的六层大厦活

---

① 菲律宾南安公会编：《菲律宾南安公会两年来会务活动概况》，第六届世界南安同乡联谊恳亲大会，2002年5月，第56页。

② 福建旅港戴氏宗亲会会长戴方（培贤）：《团结青年宗亲，创造光辉未来》，《菲律宾宋戴宗亲会成立五十周年金禧纪念刊物》，1994年。

动，另有占地 1065 平方米的三层综合馆即将竣工交付使用。① 在戴新民的倡议下，在南安公会的顶楼新建了一座精美的凤山寺，所有材料都从中国购买，供奉着南安人的信仰——广泽尊王。每周日，南安公会顶层香火袅袅，信徒都会虔诚地来烧香。

从人数上说，在马尼拉华人华侨中，晋江人居首位，但对整个菲律宾来说，南安人人数最多，但多分散在菲律宾其他地区。因此，南安公会成立南安公会第一届时，会员并不多，理事只有 15 名（由同乡会、宗亲会、校友会推荐出来担任理事）。到 2013 年，公会有 13 个同乡会、5 个校友会、10 个宗亲会，个人会员有 600 多人。2008 年 5 月，成立第一分会，即东北吕宋，以沙美拉省为主（人称"小南安"）；2010 年春，成立第二分会，即棉兰佬分会，以纳卯为中心②；2012 年 3 月，成立第三分会，即宿务分会（CEBU）③，菲华南安公会成了菲律宾华社唯一一个具有分会的同乡会社团，也是同乡社团最活跃的一个。

南安公会积极参加其他社团的活动，如泉州公会的庆典、东方体育协会、洪门等各项活动，南安公会都会派人去参加。社团间的彼此互动和互访，提升了社团的横向交流和沟通，拓宽了网络链。

2. 菲华南安公会的国际化

进入 20 世纪 90 年代后，由于信息与科技的发展，各国对外政策也趋于开放性，国与国之间的交往更加频繁，因此，经济间的联系越来越密切，而这一切迫使社团愈加开放。同样，要使社团更具有价值和意义，应时势所需，唯有走国际化道路。

1990 年 5 月 10 日，在菲华南安公会成立典礼上达成共识，由各国（地区）的团体举办恳亲大会。1992 年元旦，以"为联络世界各地区南安同乡情谊，促进民间经济文化交流与合作"为宗旨，在马来

---

① 2013 年 5 月 23 日对南安公会秘书长，陈燕胜先生访谈，于菲华南安公会办公室，菲律宾马尼拉市。

② 参见《菲华南安公会庆祝廿周年纪念特刊》，2010 年。

③ 菲律宾南安公会宿务分会成立　郭亚平任首届理事长，中国新闻网，http：//news. ifeng. com/gundong/detail_ 2012_ 03/26/13443713_ 0. shtml。

西亚举行第一届东南亚南安同乡恳亲大会。

　　世界南安同乡会的规模越来越大，参与的国家和地区也越来越多（见表7-2）。每两年一届的各会员单位轮流做东，为各国家和地区人员提供信息沟通，尤其是商务信息，经过有意向的商贸联系、彼此间的联系越来越紧密。担任社团理事一般都是各国经济实力雄厚的企业家，在一定意义上，华人社团领导层也成了精英领导。由于组织网络的交叉，形成了复杂的关系圈，对于侨领们来说，他们大多相互认识，世界太"小"。正是这个"小"世界如同磁铁一样吸引着全球各地的精英加入，从而又进一步扩大网络，浓缩"小世界"圈子。

表7-2　　　　　　　各届"世界南安同乡联谊会"举办地点

届次	时间（年）	主办方	参与国家和地区	主题
1	1992	马来西亚	马来西亚、菲律宾、新加坡、印度尼西亚、缅甸、泰国、中国香港、中国台湾	发挥乡情凝聚力，迈向昌盛新纪元
2	1994	菲律宾	马来西亚、菲律宾、新加坡、印度尼西亚、缅甸、泰国、中国香港、中国台湾、中国高雄、中国南安市	团结世界南安同乡，共同促进家乡与居住国公益福利事业之推展
3	1996	新加坡	马来西亚、菲律宾、新加坡、印度尼西亚、缅甸、泰国、中国香港、中国台湾、中国高雄、中国南安、法国、中国澳门、澳大利亚	会馆的应变求存与使命
4	1998	中国南安	马来西亚、菲律宾、新加坡、印度尼西亚、缅甸、泰国、中国香港、中国台湾、中国高雄、中国南安市、法国、中国澳门、澳大利亚、美国、日本；南京、上海、福州、泉州、厦门、深圳、云南等地南安商会	根连四海，情系桑梓，发展南安，共创辉煌
5	2000	中国香港	马来西亚、菲律宾、新加坡、印度尼西亚、缅甸、泰国、中国香港、中国台湾、中国高雄、中国澳门、澳大利亚、法国、美国、日本；南安市及国内各南安异地商会	21世纪通讯社团的使命

续表

届次	时间 （年）	主办方	参与国家与地区	主题
6	2002	菲律宾	马来西亚、菲律宾、新加坡、印度尼西亚、缅甸、泰国、中国香港、中国台湾、中国高雄、法国、中国澳门、澳大利亚、美国、日本；南安市及各南安异地商会	大胆创新，奋力拼搏，发扬南安精神
7	2004	中国台湾	马来西亚、菲律宾、新加坡、印度尼西亚、缅甸、泰国、中国香港、中国台湾、中国高雄、法国、中国澳门、澳大利亚、美国、日本；南安市及国内各南安异地商会	故乡情，世界心
8	2006	中国澳门	马来西亚、菲律宾、新加坡、印度尼西亚、缅甸、泰国、中国香港、中国台湾、中国高雄、法国、中国澳门、澳大利亚、美国、日本；南安市及国内各南安异地商会	谊联四海，情系桑梓，同谋发展，共建和谐
9	2008	中国深圳	马来西亚、菲律宾、新加坡、印度尼西亚、缅甸、泰国、中国香港、中国台湾、中国高雄、中国南安市及各南安异地商会、法国、中国澳门、澳大利亚、美国、日本	心贴南安，拥抱世界
10	2010	中国北京	马来西亚、菲律宾、新加坡、印度尼西亚、缅甸、泰国、中国香港、中国台湾、中国高雄、法国、中国澳门、澳大利亚、美国、日本、非洲、西欧、北美等26个国家与地区代表；南安市及国内各南安异地商会	弘扬成功精神，推进海西建设
11	2012	印度尼西亚 （雅加达）	马来西亚、菲律宾、新加坡、印度尼西亚、缅甸、泰国、中国香港、中国台湾、中国高雄、法国、中国澳门、澳大利亚、美国、日本、非洲、西欧、北美等26个国家与地区代表；南安市及国内南安异地商会	为联络世界各地区南安同乡情谊，促进民间经济文化交流与合作
12	2014	新加坡		

资料来源：由南安公会秘书长陈燕胜先生提供。

马来西亚土地与合作社发展部副部长吴清德博士在第二届福建同乡联谊大会上曾说："华裔各同乡不需要花时间、精力和金钱来建立一个国际联络网，因为通过社团的组织，华裔各同乡就已经有了一个国际联络网（我们所要做的只是相聚在一起，我们就可以顺利地进行跨国交易，我们虽然来自不同的国家，但我们不需要翻译，就可以彼此用汉语或方言交谈）。我们的联络网络强过欧洲人、美国人或日本人。他们是无法以自己的金钱来创立和达到我们这种联络的方式。如果我们没有完全地运用自己的能力和这历史所赋予的黄金机会去经商，那我们的后代就会责怪我们了。"①

每届世界南安大会的召开，由于地点不同，参与人员都可以领略到各地不同的风光。同时，各地政府也借此名头大打地方特色牌以进一步吸引华商的加入。如1996年新加坡南安会馆主办了第三届世界南安同乡联谊恳亲会，在活动内容上设计了"来看来时路，闽风南播：新加坡闽籍华人社会风俗展"。该展览强调新加坡闽籍华人的本土文化特色。② 同时，主办方在接待各地区的客人时，都会提供一份具有地方特色的节目：舞蹈、音乐、饮食等。这让参与人员在交流的同时，还享受了异国风情，集商务、探亲访友、旅游于一体。

三 戴新民与菲律宾凤山寺

福建由于山高林茂，或面临汪洋大海的地理位置为福建民间信仰的产生创造了自然条件。面临恶劣的自然环境，人们心里难免对大自然产生一定的恐惧感，而民间信仰则是人们在心里为自己所创造的某种心理上的一种精神寄托和支柱。福建的民间信仰很有地域性，他们的信仰往往也随着他们漂洋过海来到异国他乡。同样，随着大量南安人赴菲律宾谋生，他们也把信仰神带到菲律宾，并随着经济的好转而为信仰神佛修建庙宇。前言已述，凤山寺的广泽尊王是南安的主要信仰神。在中国台湾，有大小凤山寺1780所庙宇。在菲律宾有7所，南安公会所供奉的是最大的一所。

1. 建寺

广泽尊王郭忠福是南安人的主要奉祀地方神，自南安人赴菲后，

---

① 马来西亚：《星洲日报》1996年8月19日。
② 参见新加坡南安会馆编《第三届世界南安同乡恳亲联谊会特刊》，1996年。

广泽尊王也随之南下，在菲律宾安家。南安公会新会所建立后，以戴新民为首的一些人认为，既然现在已经有了新会所，何不为广泽尊王安一个宽阔的新家，建一个凤山寺。此想法一说开，得到了公会元老们的认同，于是就专门成立了凤山寺董事会。

陈燕胜先生说起凤山寺还另有一说："当时正准备在五楼建凤山寺，在2009年8月7日预备奠基，日子已经选好。当时，相关负责人去澳门参加同乡会就职典礼，看到当时的庙小，佛大，感觉不是很合适。当时就产生了一个念头，就是楼层再加一层，免得等凤山寺建好发现不够用再建的尴尬。于是立即电告菲律宾，要求重新更改设计，就有了现在的这个规模。奠基时，原先已经下了一个多月的雨，结果就在奠基那段时间雨水就停了，等奠基礼结束后，滂沱大雨又继续下；凤山寺建成后开光进行彩街，同样发生了类似的情况。前一天还是滂沱大雨，彩街一开始，天就放晴，事后又是大雨。"南安公会的人对此很高兴，认为这是个好兆头（在闽南人的观念里，庆典后下大雨那是最好的征兆）。陈先生不无自豪地告诉笔者，之后的几年，南安人在菲华社团很活跃：菲华商联总会主席黄祯谭、各届联合会主席戴宏达、菲华工商总会理事长黄卿鹤、菲华体育总会会长戴亚明、菲律宾中国商会主席吴启发，他们都是南安人。①

2. 日常管理

凤山寺建成以来，在财务上与南安公会分开，独立核算。当时在建寺时，所有的材料全部都购自中国，其设计风格也是仿照南安诗山的凤山寺，且更具规模。凤山寺位于南安公会的顶层，即第六层。前面有一大广场，寺内供奉广泽尊王夫妇，屋顶是苍穹形的，颜色全部都是金黄色，美轮美奂。而四周墙壁上都绘上彩色图片，每个图片都有一个故事，即广泽尊王转世及救生的故事。另一边上，有间小房子，专门供凤山寺管理员居住。道长姓陈，从国内专门聘请过来主持香火的。据陈道长说，来此已有三年多了，平时比较空，但周日都会很热闹。周日上午，信众都会来上香，因此，他会比较忙。还有就是初一、

① 陈燕胜先生的访谈，于2013年5月23日，感谢陈先生的接待与耐心地讲述。

十五。香客祭拜完之后，都会捐些香火钱。据戴新民董事长所说，这些香火钱，是专门用在凤山寺的管理上。有了资金，逢年过节，凤山寺都会给周边的居民分发礼品。聘用住持的费用也是从这笔基金里出。

3. 与中国南安诗山凤山寺的联系

在中国传承了几千年的凤山古寺在"文化大革命"期间被夷为丘墟。1979 年，由侨亲及旅港同胞捐资重建，恢复其旧制。① 每年 9 月，旅居在各国（地区）的信众都会千里迢迢地赶回来参加礼佛。据说，远来所求必有应，广泽尊王是孝子，孝子去求很灵，故而香火一直都很旺。作为海外分寺，菲律宾凤山寺与国内母寺保持紧密的联系。菲律宾凤山寺建成后，特从南安诗山的凤山寺请了香火。之后的每年，诗山凤山寺的重要节日，菲律宾都会派礼佛团回国参礼。

南安市政府在与华人华侨打交道的过程中，发现南安人对广泽尊王的尊崇，于 2010 年成立凤山寺文化节。"近年来，南安致力传扬广泽尊王（圣王）这一海内外共同尊奉的凤山民间信仰文化，进一步打响凤山民间信俗文化品牌，深化两岸凤山民间文化合作，加快推进南安旅游发展步伐。旅游节期间，将围绕旅游文化、经贸交流，举行祭典仪式、'圣王缘·两岸情'高甲剧演出、凤山旅游景区项目招商推介会、民俗歌舞广场文艺表演、南安旅游推介暨南台旅游对接签约仪式等主题活动。"②

2010 年，菲律宾南安公会就由副理事长苏世选率团回国参加这一盛大节日。2011 年，菲律宾凤山寺建成后，还特地从南安诗山凤山寺取香火，并从国内请了许多传统艺术团以助菲律宾凤山寺开光盛典。

4. 与其他地区兄弟寺院的联系

菲律宾马尼拉凤山寺建成后，周边地区的凤山寺都来庆贺。遇到菲律宾其他地区或邻国凤山寺的活动，马尼拉凤山寺都会派代表团前往参加庆典。就因这一共同的信仰，把各地区的信众又联系在一起。

① 戴凤仪纂，戴绍缉参校，黄炳火、黄子文等点校：《郭山庙志》，中国文联出版社1999 年再版，第 8 页。

② http：//www. shishan. cn/forum. php？mod = viewthread&tid = 51592.

第三节 戴宏达与菲华各界联合会

一 菲华各界联合会的曲折发展

（一）成立

1975 年 6 月，菲律宾总统马科斯携其夫人率团访问中华人民共和国。9 日，马科斯与周恩来总理签署联合公报，两国建立外交关系。同年 12 月，中国派大使柯华驻菲。柯华大使的到来，令菲律宾华亲大陆人士精神大为振奋，他们主动派代表去机场接机。① 柯大使驻菲律宾后，面对菲华社会一团亲台的状况，工作很难开展。当时，菲华社主要的几个重要社团，如宗亲联、总商会、校联、体协，都是由中国台湾当局出面或支持下成立的。其中又以菲律宾华商联合总会（以下简称"商总"）控制了整个华社。

1977 年，在中国大使馆的支持下蔡有铁等成立了菲华各界联合会（以下简称"各界"）。"各界"成立后，除一些左派人士及从大陆过来的新侨参加外，其他社团都按兵不动。一是由于当时中华人民共和国国力不够强盛，还不能对华社起到号召力；二是当时中华人民共和国政府对侨务工作不够重视。"文化大革命"期间侨务工作都停顿，"文化大革命"后，侨务工作才重新启动，但还未走上正轨。1978年，成立国务院侨务办公室，廖承志任主任。1979—1984 年间的侨务政策，以纠正"文化大革命"期间的冤假错案，解决历史遗留问题为工作重点。由于涉及华侨和侨眷的房产，以及对在"文化大革命"中被冤假错案，涉及面广，工作难度大，因此这时主要目标还是以国内为主。等到1984 年以后，侨务工作又以配合国家以"经济建设为中心"的国策，推动华侨华人参与中国的经济、科技合作则是该时期侨务工作的重心。故而，菲律宾社团还是游离于大使馆之外，处于左右两种选择间徘徊。由于中国驻菲大使馆受国内侨务政策的影响，并未

---

① 菲华各界联合会编：《菲中建交三十年》，2005 年。

对菲华社会投以很大的关注。在这种政策的影响下，"各界"内部缺少凝聚力，许多加入"各界"的会员只凭一腔热血，犹如一盘散沙，没有起到多大的作用。

（二）曲折地发展

改革开放后，中国经济取得了很大的发展。1993年，拉莫斯总统率团访华，在访华团中除了"六大班"，还有百余名菲华工商业人士随行。在此之后，菲华商掀起了到大陆投资的热潮。随着海外华资与中国经济合作的扩大，华侨华人越来越视中国大陆经济大发展为独特的机遇。邓小平在1993年与上海各界人士迎新春佳节时的讲话也强调，华侨华人是现今中国发展经济的独特机遇。他说："希望你们不要丧失机遇，对中国来说，大发展的机遇并不多。中国与世界各国不同，有着自己的独特机遇。比如，我们有几千万爱国同胞在海外，他们对祖国做出了很多贡献。"①

1989年12月，江泽民在第四次全国归侨代表大会上指出："侨务工作历来是党和国家的一项长期重要的工作……在新的历史时期侨务工作显得更重要了。"高层领导的讲话，无疑显示了侨务工作进入新时期。菲律宾大使馆也重新审视菲华社团的力量。

作为菲华社团的代表——"商总"，随着两岸关系、中美、中菲等关系的改善，它的政治取向也做了调整。以"商总"为代表的破冰之旅，凸显了以亲台为代表的"商总"对左右路线的选择：1994年3月，在"商总"工商委员会主任黄呈辉的提议下，理事长董尚真做出了一个具有历史意义的决定——正式组团访问中国大陆，以此为标志，"商总"的政治取向确立为中间路线。②"商总"组团正式访问中国大陆震动了菲华社会，此举打破了40年来"商总"不与中国大陆来往的政治樊篱，顺应了历史潮流，深受菲华社会的欢迎和支持，菲律宾执政当局也予以赞许。③"商总"尽管与中国大陆来往，但还是

---

① 《1993年1月23日邓小平同上海各界人士共迎新春佳节讲话》，《邓小平论侨务工作》，第47页。

② 朱东芹：《论菲华商联总会政治取向的变迁》，《八桂侨刊》2008年第1期。

③ 方天人：《菲华商联总会内斗持续》，《华人月刊》1995年第6期。

基于商贸因素。

1999 年，由蔡友铁等重操锣鼓，建立"各界"。自 1999 年后，"各界"配合大使馆举办了多次活动，如主持庆祝中国国庆庆典、接待中国领导人或团体访菲活动，在菲华社重新活跃起来。尽管中国驻菲大使馆支持各界的活动，但"各界"的影响力还不能和"商总"相提并论。这就需要新人来盘活这一盘棋了。

二 戴宏达对菲华各界联合会的贡献

海外华人社团一般是理事长负责制，社团的走向如何往往取决于领导人的决策。当时"商总"的亲中国大陆或中国台湾，完全取决于当时理事长的倾向。在亲中国大陆的理事长上台后，"商总"才有了"破冰"之旅。

1999 年以来，"各界"一直实行主席制。2007—2009 年，由五人执行委员会来负责，戴宏达为执行理事。自 2007 年起，戴宏达任职"各界"的四年是各界最活跃的时期，在菲华社起到了一定的影响力。

（一）加强内部规模和沟通

1. 增强实力：购买会所

社团是非营利机构，它的经费全部来自理事会成员的捐赠，这就必然需要一些肯出、舍得出钱的实力雄厚的经济界人士出面。华人一般也都愿意参与，在社团内担任的职位，在很大程度上意味着在当地华社中的地位。一方面，如果没有一定经济实力和社会名望，就不可能在社团中担当重要职位，特别是会长一职；另一方面，担当社团的重要职位，反过来会进一步巩固和提升其社会地位。① 能在社团担任职务使其在华侨华人的上层圈子里占有重要地位，并能在此机会展示其个人能力和才华，从而获得一定的社会成就感，尤其是在"各界"这个舞台上，它在一定程度上代表中国政府在菲律宾的影响。但在这个舞台上究竟能发挥多大的功能和作用，还得取决于其个人的能力和水平。

---

① 王春光：《华侨华人社团的"拟村落化"现象——荷兰华侨华人社团案例调查和研究》，《华侨华人历史研究》2010 年第 3 期。

　　戴宏达上任后，充分体现了一个务实商界精英的素质。"各界"自成立以来，一直没有自己的活动场所，以前都和统一促进会合在一起办公。2010 年 7 月，戴宏达倡议购置"各界"自己的会所，立即得到其他诸位名誉主席、指导员、常务顾问及多个团体的响应，踊跃捐款，截至 2011 年 3 月底，款项达 4595 万元菲币[1]，其中，戴宏达个人捐款 600 万元菲币，对于多余的款项则用作设立基金会，以便今后更好地开展活动以及支持海外华文教育推广事业，更好地服务华社，造福人民。"2010 年 8 月 4 日，与世贸大厦董事长举行新会所购置签约仪式"。[2] 购置后，又完成内部装修和整治，并邀请中国驻菲大使参加新会所剪彩活动。"各界"现拥有一间办公室，聘有两位常驻办事人员，以负责日常工作联络和安排；一间会议室，一间宽阔的展览厅，在展览厅里挂着对各界有着贡献的理事会成员，由于戴宏达在任内所做的贡献，"各界"为了表示感激，特地把他的个人相片放大，以示区别。

　　2. 加强内部活动，提高在菲华社的影响力

　　戴宏达先生认为，要搞活"各界"，使之成为真正各界的共同之家，必须要有一定的肚量和容量，能容纳不同地域的人，要突破地域限制。菲华社一般以闽籍人士为多，但也有其他地域的人，如广东。因此，要不拘一格把有用之才都纳入进来，这样才能使"各界"名副其实。比如，现任"各界"主席和秘书长都是广东人。当时，社团内部对此很有非议，但戴宏达凭借其个人的威望，鼎力支持。"各界"秘书长赵启平先生就说，宏达先生为人豁达、大方，为社团出了不少资金和精力。精力是看不见的，但所出的资金大家是有目共睹的。[3] 在任期间，为了增加"各界"的知名度和活动能力，戴宏达与大使馆、社会其他各界人士保持密切联系，每次参加小聚会，他都是自掏腰包。

----

① "菲华各界联合会购置会所碑志"内容说明。
② 菲华各界联合会资料。
③ 2013 年 5 月 12 日，赵秘书的谈话。

（二）加强外部的联系与沟通

社团的活动基于其活动性，它因活动而提高其知名度，而知名度的提高同样提升其在菲华社的影响力，两者相辅相成。加强与外部的沟通和联系，提高"各界"的知名度。

1. 同中国大陆的往来

响应驻菲大使馆的号召，支持中国中西部建设。"各界"是在大使馆支持下而成立的，他与中国大使馆存在密切的联系。随着中国经济的发展，中西部的发展显得尤其突出，为了能振兴中西部经济，地方政府需要借助华人华侨的投资作为发展的支点。应国家政府的需要，驻菲大使馆配合中央政府的要求，邀请菲华商参观中西部地区。而对于菲大使馆的召集，"各界"积极应召。比如，2010 年 6 月 20 日，戴宏达率"各界"前往中国大陆在甘肃举行的第 22 届中国西部商品交易会，同时参加中国天水举办的"伏羲文化"旅游节。公祭中华人文始祖伏羲大典规模宏大，仪式隆重。"戴宏达被安排在第一排与甘肃领导并排公祭伏羲并敬献花篮"。在陕西省，"戴宏达等与来自世界十五个国家的文促会理事一起参观了法门市场、西安世界园艺博览会、兵马俑等，并在黄陵县人文初祖轩辕黄帝陵寝所在地'黄帝陵轩辕库'举行祭祖仪式并敬献花篮。最后一站前往中国革命圣地延安，在中国共产党建党九十周年之际感受红色之旅，参观了中共七大会议旧址，如杨家岭、枣园、宝塔山、王家坪，毛泽东、周恩来等老一辈革命家活动的革命旧址，深刻体会延安精神"。①

同年 9 月，又赴新疆参加第 19 届"乌洽会"。"据了解，本次活动主办方邀请了世界各国有影响力、有号召性的海外侨界人士到新疆，考察投资。受邀请的人士均为在当地有影响、有地位、有实力、有造诣的华侨华人和港澳同胞。他们长期致力于推动中外友好，热心侨社事务，在促进海外华社团结和发展，传承中华文化，增进所在国（地区）与祖（籍）国各领域合作交流，维护港澳地区繁荣稳定，反

---

① 《商报》2010 年 6 月 25 日。

对境外分裂势力，维护和促进中国统一大业等方面发挥了独特的作用。"①

配合大使馆的工作，迎接和招待中国大陆各省市来菲参访团体和单位。比如，北京、山东、上海、广西、广东、福建、内蒙古等各地的政府及民间艺术团体单位的来访。② 各省或地方来菲率团访问，"各界"领导都代表菲华社会给予热情的招待。

同时，当国内发生灾难，"各界"发动华社第一时间捐助灾区。比如，2008 年春节期间的华东雪灾、"5·12"四川大地震，以及 2009 年青海地震，戴宏达都率先发动"各界"捐款、捐赠。2008 年四川汶川大地震，时任菲华各界联合会主席的戴宏达，带头倡议携手菲华社会各团体，第一时间发起赈灾募捐行动。在得知灾区急需帐篷时，菲华各界联合会在的短短三天内就筹足 3000 顶符合国际标准的帐篷，紧急空运灾区。同年，戴宏达率"各界"组团赴北京、武汉、十堰、厦门、南安等地访问，为四川捐资 100 万元人民币，建设侨爱小学。③ 三年后，四川政府重邀海外华人看四川重建工作，"看重建看藏区　海协理事四川行"活动。④

作为南安人，南安政府聘戴宏达为政协委员，为当地的经济建设出谋划策。除此之外，江苏淮安市政府也聘其为"经济顾问"，利用商人的眼光来观察该市的经济规划，为其经济建设提建议。⑤ 可以这么说，戴宏达在任上利用其个人的社会活动能力，为"各界"与中国大陆建立了亲密无间的兄弟关系，成为大使馆开展工作的左膀右臂。

鉴于戴宏达的个人名望和社会活动能力，国内政府为奖励戴宏达聘为海外政协委员，并参加 60 周年国庆、应邀出席十一届全国人大四次会议开幕会、16 届亚运会开幕式等活动。

2. 与菲律宾政府和社会的关系

当代社团本地化是共识，如"商总"进入 21 世纪后，明确了其

① 《世界日报》2010 年 9 月 10 日。
② 参见菲律宾商报所刊登的新闻报道。
③ 《闽商》封面人物介绍，2012 年 11 月。
④ 《商报》2011 年 5 月 10 日。
⑤ 《商报》2018 年 7 月 3 日。

立足本地发展的方向和目标。"各界"代表社团的利益，首先要先拥有当地政府可以沟通的实力和地位，这样才能代表社团维护华侨华人的利益。而要做到这一点，首先要为当地做一定的贡献，赢得当地政府的认可。戴宏达等侨领深知此理，他们也身体力行。

（1）为菲律宾受灾灾民捐款赈灾。每当菲律宾遇到大自然灾害，菲华社总是第一时间为灾民捐款。以前华社都以"商总"为首，负责在华社捐款，如今"各界"也站出来挑起这个大梁。2008 年 7 月 11 日，"各界"领导人亲赴菲律宾怡郎，并把善款直接交于阿罗约总统以救济"莫拉克"飓风的受灾灾民。① 2009 年 9 月 27 日，热带飓风"旺蕊"袭菲，"各界"与"商总"联合共同发动捐款救灾活动，共募集善款菲币 51331500 比索;② 2011 年 7 月，吕宋受台风"范冷"侵袭，灾情惨重，"各界"又联合"商总"第一时间开展赈济灾民。③从此类活动中，"各界"的社会地位直线上升，在华社有一定的号召力。

（2）捐建农村校舍。资助菲律宾当地农村建设，建校舍，为菲律宾山民解决居所问题。菲律宾是一个热带岛国，当地生活的成本不高。在街道边，或公园里，经常会遇见一些山民流落街头，席地而卧。菲律宾华商，他们的经济条件在菲国居于上游。因此，他们会主动为菲国百姓办一些力所能及的事，为他们建屋舍、校舍。比如，2006 年 2 月 17 日，暴雨引起山崩，淹埋圣伯纳德社谨沙奥银（GUINSAOGON）村。这次山崩惨案中，谨沙奥银村全村被埋没，有 1000 人包括孩子，被活埋。在干那北（KANABAG）山脚数村庄居民因山崩的危险被迫疏散。"各界"、《世界日报》和菲华联谊会在华社发动救灾捐款，为村民建屋舍，于 2010 年 3 月 20 日举行移交仪式。"该 71 户村民，如今有了条件好得多的 GK 村新居，对捐献这个 GK 村的菲华社会人士表示深切的谢意。"④

---

① 《商报》2008 年 7 月 16 日。
② 《华社要闻》2009 年刊，第 53 页。
③ 《华社要闻》2011 年刊，第 128—129 页。
④ 《世界日报》2010 年 3 月 28 日。

　　除此之外，戴宏达并身体力行带头独自为菲捐建校舍。戴宏达夫妇以"MOTORSTAR MOTORCYCLE COROORATION"为名义，在美利兰省纳描社的纳描科技实验室中学捐建一座校舍，列3839号，于2009年7月17日举行移交典礼。①

　　华社对当地的捐赠行为赢得了当地居民和政府的好感，改善了菲人与华人华侨的关系。

　　（3）办义诊。对百姓来说，健康是福。"各界"深悉民众的心情，经常组织义诊，急百姓之所急。鉴于中医在东南亚很有威望，故而他们邀请中医赴菲为民众义诊。如2011年，受中国大使馆及"各界"的邀请，"中国侨办组派"中华医术、情暖侨心——国务院侨办赴菲律宾中医专家服务团"，于6月5—9日在马尼拉义诊。前来求医问诊的侨胞扶老携幼，络绎不绝。各位专家热情接待每一位求诊者，细心把脉、了解病人的病情和生活习惯，对诊开方、施诊开方、施诊、下针，耐心解答病人提出的各种问题。在马尼拉结束后，中医团又赴纳卯、宿务开展健康咨询及义诊活动，分别由当地的社团来主办，如宿务菲华志愿防火会所、菲律宾致公党宿务分会、宿务新华友谊协会、宿务港八百联谊会等联合主持②。从侨胞及当地民众对中医团的欢迎程度来看，足见中国传统文化在当地的魅力以及中国实力的上升。

　　（4）陪同领导人访华。在菲律宾"商总"在一定程度上代表了菲华社。自21世纪以来，"各界"活动频繁，在华社和菲律宾政府影响力直线上升。

　　3. 关注中国香港、澳门、台湾地区动态

　　"各界"不仅关注当地和大陆民生，它同样关心中国香港、澳门、台湾地区民众。其他地区遇有灾难时，他们便率团当先。当"莫拉克"飓风袭击台湾地区，灾情严重，菲华社密切关注，各界号召华社并积极带头捐款。③ 同时，"各界"也会发表一些政事宣言，如坚决

---

① 《商报》2009年7月18日。
② 《世界日报》2011年6月10日。
③ 《华社要闻》，2009年刊，第61页。

维护中国的统一，在报纸上发表反"台湾入联公投"的公告。①

4. 与整个华社的关系

"如果把海外华侨华人社会比作一座大厦，社团就是华侨华人社会的支撑点。社团是一个个节点，几万个社团联系着几千万华侨华人，形成一个社会，形成一个网络。"② 华侨华人社团作为移民组织，与行业组织、慈善组织、政治组织等专业性组织有着明显的不同，兼有后三类组织的某些功能，既具有规范行业行为、保护行业利益的作用，又具有互相协助、捐赠救济和保护族群政治利益的功能。③ 作为中国驻菲大使馆所扶持的社团，在一定程度上代表了在菲华社会的领导地位，配合使馆的工作，维护在菲华人华侨的合法权益。

（1）为侨民建立与中驻菲大使馆的联系。随着新移民的增加，产生了一系列的相关问题。为了能更好地解决新华侨在异地的生活，能更好地在异地经商，由中国大使馆主持、"各界"出面安排"大岷区各商场代表座谈会"，就地解决侨务问题，从而使大使馆的工作能更贴近、切合侨民的需要。"在2010年的侨务工作，需要我们做的是，使馆方面在符合国际法及所在国法律的前提下，有理、有利、有节地维护侨胞的利益。希望遵纪守法，社团加强团结，树立良好的公民形象。"座谈会上决定由中国大使馆、菲华各界联合会及各商场代表组成联络小组，保持沟通，及时通报，对达成共识的几项工作逐步进行。④ 这次活动也体现了中国侨务工作走出办公室，走向基层，体现其"务实"的一面。

（2）探访华社福利机构。为保护旅菲华人的生活，"各界"对华社各种福利机构进行了探讨和资助。2010年12月23日，探访妇女养老院；2010年12月30日，探访华侨善举养老院，并致赠慰问金。⑤

---

① 见报刊公告，《商报》2007年9月10日。

② 许又声：《加强团结谋福祉　着力构建海外和谐侨社》，中国侨网，http://www.chinaqw.com/news/200612/01/53386.shtml，2006 – 12 – 01。

③ 王春光：《华侨华人社团的"拟村落化"现象——荷兰华侨华人社团案例调查和研究》，《华侨华人历史研究》2010年第3期。

④ 《菲华日报》2010年1月29日。

⑤ 《世界日报》2010年1月29日。

2011 年清明节，联合中国驻菲律宾使馆到华侨义山向第二次世界大战抗日烈士献花。

（3）为菲华社的华文教育添砖加瓦。关注华社发展的动向，联合"商总"主办"探求菲中关系发展的新方向"研讨会，通过讨论，明确今后华社发展的方向。为了增加土生华人对中国的认识，对教育事业情有独钟的戴宏达特别重视文化宣传。在大使馆的配合下，利用每年的国庆、春节、中菲建交等庆典活动，邀请国内艺术团体来菲表演，加强文化宣传，如《七彩云南舞菲京》《中国，我为您自豪》《文化中国，四海同春》《文化中国·辛亥百年》《今日广东》等类似文化节目的策划，多姿多彩，能吸引更多华人华侨的眼球。同时，中国内地各省份的艺术团体前来助兴，如内蒙古、广东以及总政歌舞团，他们优美的歌喉和舞姿，让观众回味无穷。

从诸如此类的活动可以看出，戴宏达所率领的"各界"团队人才济济，充分体现其策划和组织能力，从不同的方面来提升中国文化，通过类似的展览及活动，让华人由衷地产生对华文的向往，从而提振"式微"的华文教育，正可谓给华文教育打了一针"强心剂"，对华社起到了积极的作用。

除此之外，还在资金上对华文教育给以实质性的帮助和扶持。2008 年 8 月 9 日，戴宏达等"各界"领导人捐款资助菲律宾华教中心"造血计划"，并向中国华文教育基金会捐赠 50 万元人民币，支持该基金会推广海外华文教育事业[①]，并在 2010 年设立华文基金会，专门资助华文教育。

（4）与菲华"商总"握手言和。作为没有实业支撑的社会团体，"商总"有雄厚的经济实力再兼之其背后台湾当局的支持，在一个时期内，在维护华社等方面起了很大的作用，故在华社有很强的号召力。进入 20 世纪 90 年代后，中国侨务工作做了调整，重视当地社团的力量。为了更好地维护移民正当合法的权益，在大使馆的支持下，"各界"脱颖而出，与"商总"分庭抗礼，故而两者关系总存在或明

---

① 《闽商》2012 年第 11 期，封面人物介绍。

或暗的竞争，若即若离。海外社团的关系往往由双方领导人的私交决定其关系程度。当初，马尼拉商会加入"商总"就由于两位领导人的私交。"1968 年，'商总'方面值高祖儒任理事长，商会方面，由李峻峰接任理事长之位，而高祖儒与李峻峰私交甚笃，见李继任，高遂有意邀请李率商会加入，副理事长庄清泉也极力赞成，于是正式向商会方面提出邀请。1968 年 5 月 30 日，李峻峰代表商会向'商总'递交了入会申请书，终于促成华社盼望已久的大团结局面。"①

"各界"与"商总"的握手也缘于两位领导人的私交。戴宏达与时任"商总"主席黄桢潭同是南安人，两人"私交甚笃"。故而两位领导人经常碰头商量共同襄办事宜，如为菲律宾"莫拉克"暴雨救灾活动，一起合办国庆庆典、中菲建交周年纪念日、春节等各类活动，在来往中进一步加深了两者的关系。鉴于领导人的成绩，两位领导人同时被选为参加第 16 届亚运会开幕式②，以及海外政协委员并接受国家领导人的接见。

随着两位领导人的共同合作，"各界"与"商总"也握手言和。在庆祝 2009 年新春、国庆招待会上，"商总""各界"和驻菲大使馆，三手齐握，意义非凡。

戴宏达在"各界"功劳和地位得到了其他成员的认可，在其卸任后，被接任者聘为名誉理事长。现在其家族内，戴宏达堂弟戴国兴（戴天悯之四子）也在其社团内部崭露头角，他将挑起继任"各界"的重担。

---

① 朱东芹：《战后初期菲华社会内部冲突研究》，《华侨大学学报》（哲学社会科学版）2006 年第 1 期。

② 《商报》2011 年 11 月 15 日。

第八章 菲律宾新生代华人的家庭与生活

本章的土生华人是指新中国成立后移民菲律宾后的第二代华人。他们的父辈已经完成了移民活动，而他们就出生于这个热带国度，从小生于斯长于斯，接受的是菲律宾的文化，远离父辈的故乡和文化。那么，他们与父辈心中的那个故乡的关系如何？他们的家庭结构以及生活模式是怎样的？他们的观念又是如何？

第一节 菲律宾华人与中文教育

教育，是直接影响一个人的思想土壤。想要了解土生华人的生活与思想就先从菲律宾土生华人的教育状况入手。作为华人，菲律宾的中文教育状况如何？土生华人对中文又是什么样的态度？

一 菲律宾华校状况

菲律宾中文教育不容乐观。"四十年来（自20世纪70年代以来），菲华社会有这么个堪忧的现象，即绝大多数在菲华校度过十年寒窗的学子在离校的那一刻，能说的就是'你好''谢谢''再见'这么可怜的十几句汉语。更其者，离校若干年后，能说的就剩寥寥几句了。"[1] 这就是菲律宾中文教育的现状，冰冻三尺非一日之寒。

（一）菲律宾政府对中文的规制

1973年4月，菲律宾总统马科斯颁布76号法令，菲华侨学校，规定1973—1976年为过渡期，1976年应全面纳入菲教育体制，包括：

---

① ［菲］吴志超：《培养阅读能力是当今菲华文教育的中心任务》，载菲律宾华教中心编《第八届东南亚华文教学研讨会论文集》，第415页。

①只有 100% 的菲人所有或菲人控制 60% 以上的社团可创办学校。②学校董事会成员和行政主管必须全部为菲公民。③外侨学生不得超过全部学生人数的 1/3。1976 年，侨校全面菲化，取消双重学制，中文课程每天 120 分钟，中学中文课程由原来的高、初中六年制改为四年制。华校的教科书原本由中国台湾教育当局颁发，现在规定只能由菲律宾本国编写，汉语老师只能在本国聘请。法令还规定，带有"中国""中华"字眼的校名必须更改，校内只能挂本国国旗，节假日必须按本国的传统习惯。换句话说，菲华后的华校，除允许每周教授 600 分钟传统汉语外，与菲律宾的其他私立学校完全一样。

由于马科斯总统放宽外侨入籍手续，大部分华侨及子女加入了菲律宾籍，华侨学校董事、行政主管、学生的国籍问题获得解决。华侨学校顺利达到了菲华的规定。经过长期侨居，华侨已融入菲律宾大社会。特别是集体转籍后，华侨社会发生了巨大的变化。今日，华人已成为菲律宾的一个少数民族。由于华人社会的蜕变，华侨学校的全面菲化，向中文教育工作者提出了改变教育的目标、政策、制度、内容、方法的任务。但中文教育还保持着当年双重课程的模式，教材、教法陈旧。加上汉语教师队伍素质下降，缺乏汉语自然语言环境，整个华校汉语教学在近 20 年来处于"苟延残喘"的状态。而 20 世纪七八十年代出生的土生华人就处于"华人"教育阶段。

（二）家长对中文的态度

尽管现今华人对中文式微感叹不已，但作为华人家长对该现象还是负有一定的责任，因为他们从根本上对中文就不够重视。有些家长，包括一些华社上层人士，对汉语和中华文化的观念淡薄。他们认为，学好英语和他加禄语就可以了，只要不到中国去做生意，汉语就没有用处。因此，他们就把孩子送往一般学校或英语水平较高的学校，如光启学校。

菲律宾光启学校，英文名为 Xavier School，是一所涵盖幼儿园至高中教育的贵族学校，现已成为一所国际学校，在该校毕业的学生基本上进入菲律宾前三的大学，每年都有不少毕业生直接进入世界名牌大学，它由 20 世纪 50 年代离开中国大陆的基督教会教士在 1956 年创办，信奉天主教。在菲律宾，光启学校属于贵族学校，其学生家长多是富有的华人，是一个有浓厚中国背景的学校，但是，学校教学语言主要是英语，大多数学生的中文水平属于基础水平。该校与菲律宾雅典耀大学 Ateneo De Manila University 同属基督教会，有极其密切的关系。天主教学校规定，孩子出生后要经过教堂的洗礼，要有洗礼过的相关文件证明，学校才能准许入学。因此，华人家长为了孩子的前途，都让孩子接受教会的洗礼。天主教学校，每天都要做礼拜，学校的校歌也是天主教歌曲。英语是教学主语，菲律宾语是同学交际语言，而汉语则是一门难学的外语。如戴天惜孙辈基本都在这所学校完成了教育，因此，他们的汉语都是一般，能简单地听，但不能对答。平时家人交流都用闽南语。

对于一些家境不是很富裕的华人来说，菲律宾经济萧条，家庭收入不断减少，华校学费不断增加，使相当一部分家庭不堪重负，只好把学生转到公立学校，这是华校学生减少的首要原因。根据不同学校的办学条件，华校的学生每人每年要交 3 万—10 万比索的学费，还要交书费、杂费及其他费用。这对于收入不高的家庭来说，是一笔不小的开支。为了减少这笔开支，他们只好把孩子送到公立学校去。

（三）菲律宾华社对中文的期盼

1991 年 5 月，由老华人倡建并提供基金成立了菲律宾华教中心，主要以推动菲律宾华社的中文教育和主流社会的汉语教学而积极工作。根据新时代的特点编制适合的教材，改革课堂教学。1993 年 11 月，由中国台湾当局驻菲律宾有关人员主持，全菲华校代表举行会议，组成"菲律宾华文学校联合会"（以下简称"校联"），取代已形同虚设的"校总"。① 1999 年 4 月，菲华"商总"成立文教委员会，并每年从中国大陆聘请大量老师赴菲任教。再兼之新移民的加入，给沉寂的华社增添了新血液。一些有识华商也都尽其所能关注中文教育，如施维鹏先生，他用"宿务无名氏（引叔）"默默地支持中文教

① ［菲］颜长城、黄端铭：《菲律宾华文教育的演变》，载《菲律宾华文教育综合年鉴（1995—2004）》，菲律宾华教中心出版社 2008 年版，第 119 页。

育 20 来年（自 1984 年起，每年捐出巨资奖励华校优秀校长和模范教师，仅奖金一项就高达 2500 多万比索），在华社有口皆碑，家喻户晓。① 更有商业界人士"放弃了自己的企业不做（把企业管理都推给了儿子），自己去一个华校担任董事长，在学校分文不取，却按期要从自己的腰包掏出几万或更多比索投入该校的教育事业当中。问其为何做亏本生意，答曰：'当然是为了我们菲华子孙后代'。"② 自 21 世纪后中国政府也加大了对菲律宾中文教育的支持，再加上中国经济在东南亚的影响，这些足以重新引起华人的重视，从而又有了"学会普通话，走遍天下都不怕"的热情。③

二　菲律宾华文教育的现状

（一）师资

在菲律宾，中文教师工资不高，在这个以经济收入高低作为评价标准的菲华社教师地位不高。"教师工资偏低，难以养家，医疗保险、退休都没有保证。"④ 中文教师队伍十分复杂，有老华侨及他们在本地养育成人的子女，来自中国大陆、中国台湾和中国香港的华人华侨，文化层次跨度很大，有博士、硕士、大学，也有高中、初中毕业生，专业也很复杂，但 90% 以上为女性。菲中文教师水平也参差不齐，"菲律宾中文教师工资整体不高（客观上）直接造成了教师的生活压力较大，使许多中文教师很难专心从事中文教学和专业水平的提升，甚至有些教师同时在两所学校兼职。承载了过多的教学工作量，没有时间备课和思考（更）合理的教学方法，只是为了生存而疲于奔波和应付。在菲律宾一些边远的地区，中文教师的教学口语严重地影响了

---

① 菲律宾华教中心编：《永远的无名氏》，中国大百科全书出版社 2006 年版。
② ［菲］达肯·史周：《社会交际需要是语言生存、发展的基石——警惕菲律宾华语发展中潜在的危机》，载《菲律宾华文教育综合年鉴（1995—2004）》，菲律宾华教中心出版社 2008 年版，第 74 页。
③ 同上书，第 77 页。
④ ［菲］杨美美：《师资建设的一项重大决策——师资队伍的"造血计划"》，摘录于菲律宾华教中心编《第八届东南亚华文教学研讨会论文集》，第 268 页。

中语语音教学，方言腔非常重。"①（此句引用于中文教学研讨会上的论文，但里面的错别字却较多）。另外，从抽样调查也了解到，平时不阅读的和少阅读书报的教师竟达40%。②从当地汉语教师的中文水平可以推知菲律宾土生华人的中文水平令人担忧。

（二）课程

菲华校实行菲化后，原先从中国台湾提供的教科书全部取消，1975年菲律宾华侨学校联合总会（以下简称"校总"）匆匆出版了华校菲化后的第一套课本《幼稚园读本》《幼稚园常识》《小学华文课本》《小学综合课本》《中学综合课本》等，供华校使用。1976年，菲律宾新疆书店也出版了经教育部审查同意的《幼稚园华语课本》和《小学华语课本》。这两套中文教科书，在侨校菲华初期，解决了没有教科书的问题，在当时的历史条件下起了积极的作用。然而，这些教科书不仅教学理念陈旧，缺乏科学性、趣味性，教学目标不明确，而且存在不少错误。由于没有考虑学生的接受能力，教科书与学生知识水平严重脱节使学生对学习中文产生了畏难情绪，无法激起学生学习的欲望。再加上内容偏离了现实生活、社会需求，使学生产生"学非所用"的感觉。

菲华校的中文作为第二门外语，在课程设置上难以设计合宜的课程，再加上菲华校的师资缺乏，教学方法陈旧，故而难以吸引学生学习中文的热情。

（三）学生对华文的兴趣

兴趣是学习最好的老师。菲律宾"学生对于英语的爱好程度居于首位，他加禄语（菲律宾语）稍次于英语，而对中文的喜好程度则远低于前二者"。③对学生来说，由于从小就生活在菲律宾，汉语这门外语又比较难学，平时用到的机会又不多，所以，一般来说，除了学校

---

① ［菲］吴海棉：《菲律宾华文教师队伍建设之我见》，《第八届东南亚华文教学研讨会论文集》，第245页。

② ［菲］杨美美：《师资建设的一项重大决策——师资队伍的"造血计划"》，摘录于《第八届东南亚华文教学研讨会论文集》，第268页。

③ ［菲］廖赤阳、黄端铭、杨美美：《菲律宾华人学生文化背景与认同意识的调查》，菲律宾华校华语教学研讨会资料汇编，1993年。

里偶尔学习一下，一旦毕业也就与中文"拜拜"了。种种因素造成了20世纪70年代后出生的土生华人在中文上的弱化。

从中文式微的状况可以反面推出土生华人所接受的菲律宾教育，从小他们就都接受爱国教育。"国"，是他们出生的岛国；他们的日常用语是菲语或英语，只有跟家人对话才用闽南语。大部分土生华人都不会讲普通话。

第二节　新生代土生华人的家庭与生活

一　华人家庭结构

土生华人家庭一般有三个孩子，兄弟姐妹间的感情较好。由于第一代是从中国过去的，因而祖父母不在身边。土生华人出生后，一般都由菲律宾保姆带大，从小就与菲律宾培养了感情，他们开口说的第一句话也是保姆教给他们的他加禄语。土生华人成家后，还习惯于和父母居住在一起。家里都雇有佣人，生活起居等方面都由佣人照顾，无须自己动手。

由于父亲忙于生意，他们与本家堂兄弟（姐妹）间就相对较疏远了，对母亲这方的亲戚则相对较熟些。因而对于自己本家兄弟姐妹就没有大家族观念，许多华人家族的第三代就全都互相不认识了。曾听说过这么一件事，两个年轻人谈恋爱了，当她把男方带回家时，父母问起男方的家世，才发现原来他们的父亲是真正嫡亲的堂兄弟。也就是说，两个年轻人的曾祖是同一人。这件事发生后，许多家长都引起了深思，那就是加强本家族成员的联络。戴亚明先生就说，他父亲（戴天悯）这一支，每年父母忌日或是什么节日，大家都聚在一起，一者可以增加感情；两者可以加强堂兄弟间的感情，大家互相熟悉，经常照个面，自然也就加强了成员互相的熟悉感。① 感情是可以培养

---

① 对戴亚明先生的访谈，2013年12月3日，于泉州，感谢亚明先生回国期间抽空接待笔者。

的，亲情也是如此，而这些就得要靠父辈的主持。戴天惜这支相对就比较淡，他们的孩子一般不去参加宗亲会，对于华人社团更是缺乏兴趣。如戴宏达他自己身为菲华社团的侨领，他的孩子却对菲华社团不感兴趣，有的甚至对社团观点也与父辈相左。

（一）家庭（族）观

菲律宾姑娘很勤劳、顾家，而男性则比较贪玩，不定性。他们喜欢过的是"周光"的日子，因为菲律宾发的是周薪，当工资一发放，男生当晚就去酒吧或其他地方消费，等第二天上班照样一无所有，等着下周再发工资了。菲律宾的姑娘却还保留着纯朴的生活态度，当她们拿到工资时，便会寄回家里，每周如此。因此，女孩们在家里的地位也就提升了，成家后都与娘家保持密切联系。菲律宾社会如此，华社也如此。戴宏博先生曾笑谈过，菲律宾的家庭女性地位很高，一般都听女的。他可能还是按以前中国家庭内的男女地位对他们进行评价。殊不知，当今中国的家庭关系也发生了变化，大有趋同之势。

对于大家族，土生华人已经没有什么家族感，他们只知道父亲兄弟几个，对于堂兄弟有多少有的甚至都不知道，对于祖父的事情更是不清楚。他们想知道，但没人跟他们说。当他们小时想听，父母忙，没时间跟他们聊这些家事，陪他们的是菲律宾保姆；长大后，父母希望他们能与那个"故乡"多亲近，但因没有感情积淀，他们自不会去关心这些陈年往事（家族史）。尽管家长们也都意识到类似的问题，但似乎有点晚了，毕竟他们的思想观念都已形成，那是很难改变的。为了加强青年一代对家族的认识，宗亲会和地方社团都设有青年组，以从小培养对宗族（故乡）的感情。笔者曾经参加过宋戴宗亲会的换届仪式，青年组一般都限于中学生，这个年龄段的孩子，家长们还叫得动。当叫青年组成员上台留影时，孩子们在千呼万唤声中才上台，当然，少年人比较怕羞，面对这么多陌生人，面子上还有点不好意思。①

---

① 2013 年 5 月 26 日，笔者参加菲律宾宋戴宗亲会换届仪式。

（二）对中国大陆的观感

从大陆出去的华人华侨对于故乡有赤子之情，但他们的孩子就不一样了，那只是父亲的故乡。因此，尽管父母经常回中国大陆，但他们却鲜少回国。戴宏达先生尽管在国内拥有实业，孩子们却不愿回国，所以也就没人愿意回中国管理事业。陈女士（戴宏博的夫人）就对此很是忧心，她说现在他们对"中国"一点感情都没有，不会说汉语。因此，每年3—5月放假①，她都会带孩子回南安大庭的老家住上几天。可能因为幺儿跟父母回国次数多，所以，他是三个孩子中汉语说得最好的一个，笔者也通过他跟他们家的佣人沟通。菲律宾的卫星能收到一些中国频道，如湖南卫视、中央四台等频道。湖南卫视所播放的一些青春节目，深受华人孩子喜欢。笔者所在的那段日子正在热播《陆贞传奇》，女孩子喜欢看，所以，陈夫人也都会陪着她女儿看电视。而男孩们则喜欢一些打斗影片，为此，戴宏博先生每次到中国，都要带回一些影视碟片，如《亮剑》《敌营十八年》《雪豹》等战争片，但小孩子冲的是影片内战争场面乐趣，看过了就立马换频道。不管如何，这些影片明显对孩子培养普通话有很大的好处，因其长子不懂中文，也就鲜少看中国影视剧。

对于已经工作了的土生华人，汉语不好，因而与中国大陆的感情较淡。每次回乡探亲或开会的社团，一般都是60岁以上的华人，对年轻人吸引力不大。笔者曾参加过第六届南安世界青年大会，回国参加的年轻人就很少。当众多人为年轻人远离中国大陆而深感忧虑时，戴亚明先生却比较乐观。他说，随着中国经济的发展，中菲之间贸易来往更加频繁，就其儿子（1976年出生，毕业于美国加州大学商学院，现接手家族企业）以前普通话一个字都不会说，但是，由于商务需要，他经常到中国浙江、广东等地出差，通过与客户交流，现在也能把普通话说得很好。② 可见，随着中国经济的发展，会有更多的华

① 菲律宾没有寒暑假，每年只放一次假，即每年的3月、4月、5月放假，这三个月是菲律宾最热的时间。一般6月初就又开学。
② 对戴亚明先生的访谈，感谢戴先生的接待，2013年5月，于菲律宾马尼拉。

人学说普通话，这也是一个大趋势。但是，第二代与中国大陆的联系更多的则是基于商务因素。

二 土生华人的生活

（一）交友圈

在菲的华人华侨，经济条件一般都优于当地普通菲人，因此，他们的家里都有几个菲佣。菲佣都有各自的分工，有的专门带孩子，有的专门做饭，有的专门负责种花草或打扫卫生，也有的是开车的（司机在菲律宾就属于这一阶层）。如果家里佣人多的还有一个专门管理员，类似于中国古代的管家。土生华人出生后一般都由菲律宾保姆带，与孩子接触最多的便是菲律宾保姆。他们从菲保姆那里学到最早的语言——他禄加语。与父母那儿接触到最早的语言，便是闽南话。有一些华人家庭，为了让孩子以后能更有出息，于是就让他们去更好的贵族学校，专门以英语授课。因此，他们的同学和朋友也是菲律宾人或是菲籍华人。戴宏达先生就已经意识到了孩子出生后的抚养人问题，若以后第三代出生，一定要从中国大陆找保姆来带孩子，这样就可以培养孩子对中国的感情。

（二）饮食

华人家庭饮食分中西两种。早餐，来自中国的父辈们还是以中餐为主：喝粥，配点小菜；而孩子们一般以西餐为主。早饭，公司则会做一些米线之类的闽南风味小吃。中饭，公司食堂同样分两个厨房做饭，华人则以中餐为主；菲律宾职工则吃菲律宾饭菜。公司的厨师也是菲律宾人，他们都能做一手中国菜。公司食堂每餐的中饭，则都会有一个汤，比较美味。菜色，尽管是中国菜，但还是融合了菲律宾风味。菲律宾尽管天热，但他们还是比较喜欢吃油炸、煎之类，如他们做的鱼一般都是煎炸的，所以小孩子们比较喜欢，他们一般都在吃饭时爱喝冷饮，这样一来，孩子的小肚腩就比较突出，因而菲律宾人一般比较胖而结实。爱吃油炸和冷饮的华人孩子也有往这方面发展的倾向。下午三点左右，又是点心时间。公司或工厂的厨房都会做米线、糕点等之类的小点心。晚餐一家人一起吃饭，但还是中西融合。饭是菲律宾的咖喱饭。有中国客人时，他们就会做白米饭。

（三）婚姻观

华人子女主要结婚对象还是以华人为主。以前从中国来的华人可以回中国家乡寻找配偶。20 世纪七八十年代出生的华人，由于他们鲜少回国，与中国大陆的来往相对较少，因而当他们成人后，他们一般都在菲律宾华人圈里寻找对象。据近南学校的一位女老师说，以前如果跟菲人结婚，会感觉很没地位，但现在情况略有好转，当然最好的还是期望和华人婚配。可是，由于原有华人圈比较有限，再加上当今年轻人在择偶方面更注重性格与文化方面，即内涵。而女性，由于在思想上比较独立，再加上有可观并稳定的经济收入，传统的"嫁汉嫁汉穿衣吃饭"的婚姻观基础不复存在，更多地注重婚姻的质量而非形式，因故形成了晚婚现象。他们与中国同龄人又存在语言、文化观等方面的差异，造成了一定的择偶困扰。

由于菲律宾土生华人经济比较好，因此，有许多人赴国外学习或工作，从而为跨国婚姻打下了基础。菲律宾近南学校的校长跟笔者谈起，他儿子在新加坡学习，对象便是新加坡学习的同学，新加坡籍华人。而她有一个亲戚的孩子，因在加拿大学习，找了个乌兹别克斯坦籍的对象。当时家里人都反对，但由于孩子的坚持，也就听之任之。① 家长们心里期盼能找个华人，这样最为舒坦。随着中国经济的发展，鉴于华人与中国大陆之间的关系，中菲跨国婚姻应该会形成一个趋势。

三　新生代华人与父辈间的信仰"代沟"

"代沟"，这个词由著名女性人类学家玛格丽特·米德所创。代沟是指两代人因价值观念、思维方式、行为方式、道德标准等方面的不同而带来的思想观念、行为习惯的差异。代际冲突即由这一差异而导致的两代人在解决问题方式、评价问题标准等方面产生的分歧和矛盾。代沟，在 20 世纪八九十年代盛行一时，然而，随着知识信息普及速度的加快，代沟的差异化越来越大。而华人与其子女方面的冲突

---

① 内容来自菲律宾近南学校蔡校长的访谈，2013 年 5 月 23 日，感谢蔡校长的热情接待。

却集中表现在信仰方面，即宗教信仰和政治信仰。

（一）宗教信仰

宗教信仰是个人的精神支撑。闽南人有很强的民间信仰传统，移居菲律宾后，他们还保持着传统的信仰习惯。比如，他们信仰佛教、广泽尊王。20世纪六七十年代，刚赴菲的移民因为经济与生活还未稳定，神龛的放置只是一个固定的点，他们利用工作之余，去朝拜心中的神佛。当经济和生活稳定之后，就着手打造心中的精神信仰。

2011年，菲华南安公会新大楼建成，并在其顶楼新建凤山寺。2011年9月17日凌晨，位于菲律宾马尼拉唐人街菲华南安公会新建大厦顶楼的菲律宾凤山寺，彩旗飘扬，锣鼓喧天，菲律宾凤山寺开光大典在此举行。由此拉开了为期三天的大型庆典活动，被誉为当地侨社的一大民俗文化盛事。

9月18日，菲律宾信众请出广泽尊王和妙应仙妃神像，绕唐人街进行巡境祝福活动，祈求中菲两地国泰民安，消灾除厄。沿途鞭炮齐鸣，热闹非凡。是日，吉时，信众们簇拥着圣像，沿着马尼拉中国城的主要街道巡行。马尼拉市林市长等菲律宾主流社会政要出现在护圣驾的行列中，沿途民众争睹对颜，祈求安康，将三天的大型庆典推向高潮，是菲华社会难得的文化盛事。[1] 并请福建官桥木偶戏剧团、菲律宾长和郎君社总社菲律宾福建戏剧团、中国台湾三太子、菲律宾保安部队总部军乐队、菲律宾国家民族歌舞团前来助兴。

然而，新生代土生华人对此却比较淡漠，他们认为，那是"迷信"。笔者曾访问过一位年轻人，他是应父亲之命参加此类活动，问他是何感受，他说："感觉只是转啊转，没什么感觉！"因为他们体会不到这种民间宗教的文化，体会不到其中的精神所在，故表现比较淡漠。土生华人因出生时就经过洗礼，上学又须经过天主教的印证或许可，因此，他们一般都是虔诚的天主教徒，许多人家里都有供奉，每天做一次祷告，若经过教堂，会主动地画十字。对此，戴宏达夫人感到有点庆幸，自家的孩子还不至于每天都要做礼拜。

---

[1]　中国新闻网，《菲华南安公会庆祝成立廿周年纪念特刊》，第123页。

（二）政治信仰

从 20 世纪 70 年代开始，菲律宾对华侨放松入籍手续，使这批华侨在那个时候加入菲籍。当时加入菲籍，对更多的华侨来说，确实是时势所逼，是为了能更好地经商。马卡帕加尔总统曾提出："我也要提醒我们的外侨友人，菲公民籍不应当被单纯地认为是一种法律概念或者商业上的方便。一个真正的菲律宾公民，他的思想、行动及感情应当是一个菲律宾人，应当相信及赞同菲律宾的方式、思想及愿望。"[①] 后来，他的女儿阿罗约就任总统，同样贯彻了这一思想。但是，由于第一代华人从小生活在中国大陆，接受的也是正统的中国教育，自然从内心还是认同中国。随着时间的推移，他们在这成家、创业，他们的生活已经与菲律宾不可分开，因为"华人在当地地位的提高，都是通过加入所在国的国籍，成为所在国的国民，在经济上归属所在国而实现"[②]，尽管第一代移民有很强的"落叶归根"的想法，但很快这种想法随之发生了变化，从"落叶归根"变成了"落叶生根"。2012 年，戴天惜长子戴行健先生患病来中国厦门医治，由于发现时间太晚而无能为力。在弥留之际，他要求回到菲律宾他的家人身边，他最后要待在他生活半个多世纪的菲律宾的家中。为了满足长兄的心愿，他的兄弟们连夜包租了一架飞机直接将他送回马尼拉家里，最后安葬在马尼拉墓园。

然而，随着中国经济的强盛，更多的华人从中找到了作为中国人的自豪感，因此，在认同上又变得微妙起来。不管如何，从大陆来的华人在政治上与中国大陆有着深厚的感情，但对于出生并成长在菲律宾的土生华人忠诚的是菲律宾。就这一不同的信仰，甚至在家庭内部有了微妙的冲突。例如，黄岩岛事件。就黄岩岛问题，菲律宾人大多很不解，他们认为，该岛就在他们边上，怎么就成了中国的呢？苏世

---

① 菲华年鉴：《菲华商联总会成立十周年纪念特刊》，马尼拉，菲华商联总会 1964 年，第 36 页。转引自庄国土、陈华岳等《菲律宾华人通史》，厦门大学出版社 2012 年版，第 469 页。

② 《清华大学的何茂春教授与戴亚明先生的对话：海外华人现状不可误读》，摘自《环球时报》2006 年 6 月 28 日。

选就跟笔者说过这么一件事：他的一位菲律宾朋友问他，说他不理解这黄岩岛怎么就成了中国的呢？苏先生对那位菲人朋友说，黄岩岛历史以来就是属于中国，不是因为近就是菲律宾，那位菲人朋友听了也是半信半疑。[①] 对于此类问题，家庭内部也有争议。新生代华人认为，该岛就是属于菲律宾，中国这么大动干戈，那是以大欺小。但是，在家里由于老子说是中国的，所以，他们也不敢多说，但心里总是不服。戴新民先生说起这事时，很是无奈。

一般来说，海外华人都是以经商为主，如果他们一再表示效忠中国，会引起居住国政府的反感，从而会引来不必要的麻烦和纠纷。现在他们几乎都有一个共识：立足于所在国，立足于东南亚地区，认同和加强这种地区意识。戴亚明就曾与清华大学教授讨论过这个话题，他认为："从这个角度来看，海外华人对中国政府来说，没有特殊的政治意义。我听说，有些舆论认为，华人在政治上对中国会有严重的偏袒态度，这种揣测并不正确。"[②] 随着时间的推移，土生华人会与中国文化越来越远，这是个不争的事实。而一个文化的魅力，还在于其国家的实力，在雄厚国家实力的支撑下，其文化才会历久弥香，也才会对他人产生吸引力。

① 2013 年 5 月，苏先生跟笔者谈起。

② 《清华大学的何茂春教授与戴亚明先生的对话：海外华人现状不可误读》，摘自《环球时报》2006 年 6 月 28 日。

第九章 余论：新一轮家族移民

一波家族移民已经在中国和菲律宾之间完成了安家、创业、回乡的历史使命，而另一波新的家族移民又在静静地进行。他们移民的背景与新中国成立之初发生了变化，那么他们移民的动因又是什么？这些新移民又会给处于暂时平静的华社带来怎样的波动？他们在工作和创业方面跟以前的"老"移民相比又有何便利之处？

第一节　20世纪90年代新移民的原因

一　新一轮家族移民

自清代以来，闽南移民一直以家族为单位。到了当代，由于国内政治与经济环境的改善，移民的愿望不如前人那么强烈，但是，地方传统和习俗有一种很强的惯性，往国外移居，始终还是闽南地区人们的一种生活方式。历史在以不同的方式重复进行着。戴天惜后人借助其叔、伯之力，一个个辗转到菲律宾，完成了移民、创业、成家的整个过程。然而，新的家族以新的移民方式和过程在其他地方继续着。

大C，泉州人，是宏达先生的助理，他2000年大学毕业后，先在深圳工作一段时间，后投奔菲律宾的亲戚戴宏达先生。大C先生的奶奶是戴天惜的姐姐，戴宏达先生这一辈相当于大C先生的表叔侄辈。他来菲十多年，已在菲律宾成家，娶的是菲律宾籍的华人姑娘，故而很轻松地申办了一家出租车公司，由他丈人和妻子负责打理。同时，还和戴宏达等参股其他企业。大C先生育有一子，现已经四五岁了，留在泉州家里，由父母带，每年暑假会带孩子到菲律宾住一段时间。

大 C 先生表示，过几年等赚够了钱，他还是要回国的。

小 C（大 C 的堂弟），高中毕业，2001 年到菲律宾。他先在 EAS-TON 公司的仓库里工作十多年，对公司的零配件比较熟悉。三年前，他被调往市场部，负责店面直接经销。但是，由于店铺零件销售不起色，为了能提高该店的生意，小 C 有心留意市场的特点，发现菲律宾特别喜欢摩托车配饰。于是，就从中国广东的厂家进了一些装饰品，结果特别好销。对面店里的小黄，也来自中国泉州，他初三只读一个学期就来菲律宾了，至今已经 8 年。由于大家都是老乡，平时他们互相进货、拿货，彼此很熟悉。两人一合计，都准备辞职开店。但是，开店是要大笔资金和关系网，他们就去找戴宏达，问戴宏达愿不愿意帮助他们合股开店？戴宏达听了他们的想法后，表示愿意帮忙，于是，他们合股开了起来。其中，戴宏达是大股东，大事都由戴宏达负责，比如，与政府的关系及产品策略等事宜，他们负责一些具体的事情。小 C 还算出了点股金，小黄毕竟年龄还小，他的股金由戴宏达垫付的。①

从开店至今，两人分工合作，小 C 负责订货、仓库，小黄则负责外面的市场，做推销。该公司至今成立才一年半的时间，该店的生意已经很不错了，主要是做批发，他们的产品有绝对的价格优势，应该能在市场上畅销。

小 C 现在已成家，妻子是福建南安人，妻子一家 20 多年前就来到了菲律宾，都在戴宏达工厂里工作。小 C 谈起他的家庭，他父母在大陆，现在妻子一家都在菲律宾，孩子才一岁半，现在由菲律宾保姆带，会说一点菲语和英语，当然有时也会讲讲闽南语。他们准备等孩子大一点，再送他回国读书，现在孩子入的是两个户籍，因为出生在菲律宾，所以有菲籍，另一个便是中国籍。谈起以后的归属问题，他说，肯定是要回去的，毕竟是中国人，等赚了钱后还是要叶落归根的。②

---

① 2013 年 5 月 18 日，从小 C 处了解。

② 以上资料全部来自对小曾、小黄先生的访谈，于 2013 年 5 月菲律宾马尼拉。

20 世纪 80 年代中后期，戴宏达回乡探亲，他把想出国的族亲带到了菲律宾，并分别安排在自己及兄弟们的工厂里。他的公司分厂比较多，因此，根据他们各自的能力和水平担任不同的岗位。在 EAST-ON 公司的大仓库里，D 先生一家四口都住在工厂里。D 先生 18 年前赴菲（1995 年左右），他读初中一年级就辍学，先南下深圳工作四五年。18 岁那年，他跟族兄戴宏达来到菲律宾，被安排在工厂工作。妻子是回中国娶的，娶后再来菲律宾，现有两个孩子，一子一女（八九岁），都在菲律宾的华侨学校学习，饮食习惯完全跟菲律宾人一样，喜欢喝冷饮、咖喱饭、油炸食品，故而肚子特大，不似国内小孩比较苗条。D 先生表示，尽管现在国内也不错，但是，他一时还不想回去，等出人头地之后再回去。在外面可以看看那些成功人士，可以向他们学习。"不过，成功也要靠机缘巧合，有些人看着不怎么聪明，可就有许多人愿意去帮助他。可有的人很聪明，就没有人去帮忙，这就很难说了。"他表示一定要自己当老板："一定要有钱，有钱别人就看得起。"[①]

说起孩子的教育，他也有点儿担心，怕孩子在菲律宾生活习惯了而不愿意回国定居，可是很快他自己又释然了："只要有钱，（在）哪里生活都很好。"[②]

戴宏达工厂里还有另一户来自南安籍的新华侨。老林有 50 多岁，南安诗山人，妻子是南安大庭人，与戴宏达是本家。老林夫妇有三女一子。长女已婚配，在国内；二女婚配，夫家在泉州，现夫妇俩都在工厂工作；三女中学毕业后也来到了菲律宾，在工厂里担任主管，现已订亲，对象是在菲律宾工作的南安人；老幺，19 岁，现在菲律宾一所大学就读工商企业管理专业，因他小学二年级就来到了菲律宾，尽管入学的都是菲律宾华校，工厂里也会经常有从国内派来的技术员等入驻，相对来说，普通话交流的机会比较多，但还是比较生硬。现在老林妻方的亲人都在菲律宾，两个舅子在菲律宾，跟其他人合伙开了

---

① 利用"钱（前）"的谐音，访谈者一语双关。
② 于 2013 年对 D 先生的访谈，在菲律宾工厂。

厂（其中一个又跟戴宏达合伙），丈母娘也被接来菲律宾长住，所以，他们一家（包括二女儿的一家三口）每个周日都去走亲戚。有一个周末，笔者在工厂收集资料，因小林要留在厂里陪笔者，所以无法跟家人去外婆家相聚。

老林负责工厂工人工资的核算与发放，还负责工厂出货车辆的统计工作。他为人谨慎，对于老板兼亲戚很是感恩。当时他家里有人生病，经济困难，戴宏达出手帮了他，后来他又在南安诗山老家建了漂亮的楼房，准备以后还是要落叶归根的。

笔者在菲律宾工厂采访期间，遇到这一群不与外面接触的新华侨，感觉恍惚就像是在国内，只是傍晚散步在工厂外面的乡村小道，才真正意识到这是不同于国内的乡村田野，一切感觉很宁静与安祥。这也是他们的"家"，不管他们心里是否承认，毕竟在这里他们至少都住了十几年了。

戴氏家族从 20 世纪 60 年代到 70 年代末完成了整个家族的历史性变迁。历史有惊人的"相似性"，如今新的家族以新的方式继续重复着这一移民"使命"。这一重复性的活动，正反映了闽南地区的移民传统与习俗。早期，由于国内生活困苦，为了寻找新的更好的生活环境，他们不得不移民；而如今，随着国内生活经济的好转，他们的移民则是为了寻找个人更好的发展空间。目的不同，行动相同，结果也类似。

二　新一轮移民的原因

（一）中国农村劳动力的过剩

自 20 世纪 80 年代初，中国农村经济改革，从集体计划经济走向了家庭联产责任制。家庭联产责任制的实行，使农民从土地的束缚中解放了出来，大大提高了劳动生产率。生产率的提高使农村人地矛盾突出，农村的"隐性失业"呈显性化。同时，由于政策的倾向，长期的城乡二元结构导致了中国城乡的差距，为改善个人及家庭的生活，农民进城务工，形成了"民工潮"。

民工潮倾向是"一江春水向东流"，在国内如此，在国际上也如此。尽管改革开放以来中国经济增速很快，也难以容纳如此多的剩余劳动力。在国人的印象里，国外赚钱机会远比国内多，诚如四川一位受访的农妇所说："我看反正省内不如出省，出省不如出国。在埃及干15个月可挣1万元，穿西装照的相都寄回来了，谁不羡慕？我看是走得越远越好。"① 1990 年以前，向东南亚移民的主要来自福建和广东的传统侨乡。20 世纪 90 年代以后，在移民欧美费用日益高昂的情况下，东南亚也成为来自其他省份的中国新移民，尤其是教育程度低且家境贫寒者的较好选择。②

　　闽南地区本就有出国谋生的传统，家家户户都有点海外关系，为了能在外赚钱，有条件的不用说，没有条件的，创造条件也要出去。有亲友在海外，于是利用各种关系去投靠亲友，以期能从国外赚回大钱。比如，笔者曾在 EASTON 公司的仓库里遇到来自福建泉州籍的乡亲。他们就是老板的亲友，20 世纪 90 年代中后期来菲的，一直在仓库工作。

（二）中国政府对移民政策的放宽

　　由于农村大量劳动力的剩余，促进了当地乡镇企业的发展。闽南地区率先走上改革开放的经济发展之路，各地区形成县域经济发展模式为剩余劳动力解决出路，并引导全国走上致富之路。但乡镇企业就地消化的人数有限，因此，政府也鼓励民众出国务工。很多基层干部认同"出去一个，富裕一家人；出去十个人，富裕一村人"的时谚。有的地方政府会开各类绿色通道办理出国人员的手续，有的直接制作各地在外乡人的通信录，有的甚至直接去海外建立联络关系。比如，1989 年南安县委书记直接赴菲律宾去联系南安籍的华人，就是这个因素直接促成菲华南安公会的成立。

　　福建侨乡新移民调查表明，在向东南亚输出较多新移民的福清、莆田、晋江等县市，相关政府部门多为正式或非正式渠道出国的新移民提供定居当地所需的帮助。③

---

① 葛象贤、屈维英：《民工潮探源》（上），《瞭望周刊》1998 年第 44 期。
② 庄国土、陈华岳等：《菲律宾华人通史》，厦门大学出版社 2012 年版，第 636 页。
③ 同上书，第 642 页。

（三）中国在菲律宾市场的开辟

在发展联户集资企业的过程中，晋江积极利用"三闲"（闲置房子、闲置资金、闲置人员）以及海外资金、技术，发展"三来一补"（来料加工、来样加工、来件装配和补偿贸易）业务，开拓外向型发展途径，同时在县内兴办小商品市场等，这些就是后来被总结为"以市场调节为主，以外向型经济为主，以股份合作制为主，多种经济成分共同发展"的晋江模式。[①] 闽南地区内部也形成了自己的县域经济特色区域，并辐射到全国。

1992年，随着邓小平南方谈话的发表，中国开始加大改革开放的力度。1993年，拉莫斯总统访华，取消了前几年菲律宾单方面实施的"一对一"方案，排除了限制两国贸易交往的贸易"均等"障碍。1995年5月，拉莫斯总统签署了第244号行政令，将中国从菲律宾国际贸易公司管制名单中删除，菲商与中国进行贸易不必再经过菲律宾国际贸易公司的批准，这就为中菲贸易的扩展提供了便利。[②] 到2000年，中国在菲律宾直接投资占菲外商直接投资总额的3.47%。[③] 此后，中国外资流入迅速增加，超过了东盟成为亚洲发展中国家外资流入最多的国家。[④]

随着中国经济的发展，中国政府鼓励企业家到海外投资，客观上也有利于海外移民。海外中资企业的发展为新移民提供更多的谋生机会。20世纪90年代末，纺织、服装、制鞋、电器、自行车等行业已经积聚大量产能，面临国内激烈的市场竞争，也有通过对外投资拓展国际市场的强烈意愿。东南亚是中国近邻，有大量可成为中国企业合作伙伴的华商和成为中国商品销售市场的大规模华人社区。因此，东南亚迅速成为中国企业，尤其是民营企业对外投资的首选之地。进入

① 陆学艺主编：《晋江模式新发展——中国县域现代化道路探索》，社会科学文献出版社2007年版，第12页。
② 王勤等：《中国与东盟经济关系新格局》，厦门大学出版社2003年版，第192页。
③ 同上书，第197页。
④ 王玉主：《东盟40年——区域经济合作的动力机制（1967—2007）》，社会科学文献出版社2011年版，第140页。

21世纪，中国摩托车行业进军东南亚，菲律宾是"排头兵"。摩托车生产厂家会派相关业务和技术入驻菲律宾，形成了一定的短期移民，从而带动其他移民的流动。

20世纪90年代初期，中国在与东盟的贸易中还处于顺差状态，但是，从1997年亚洲金融危机以来，东盟对中国持续顺差，并且差额越来越大，2002年达到76.3亿美元，2004年已经超过200亿美元。可以说，是中国的市场在一定程度上支撑了东盟国家自金融危机以来艰难的经济复苏。①

第二节　新华侨与老华侨间的矛盾及沟通

一　生活方式的矛盾

"新"与"老"本就是个相对的时间概念。而在此的"新"则是指20世纪90年代来菲的新移民，而"老"的则指90年代之前来菲的华人华侨。新移民和老华侨日常没有太多联系，但在公众场合上新移民的表现让老华人对此很有微词。中国自改革开放后经济和文化取得了很大的发展，尽管中国有"礼仪之邦"之称，但国人大多不拘小节，在日常生活中缺少文明规范，平时学校的教育也只以升学率为指挥棒，并没有对生活细节进行从小培养。再加上许多新移民来自中国农村，农民在日常生活的礼仪和习惯上还保持着原有乡村一套，习惯于在公共场合高谈阔论，随地吐痰，旁若无人地在无烟区吸烟。而老华人在菲律宾生活了几十年，有的从小出生在菲律宾，即使20世纪七八十年代来的华侨，经过几十年的磨合，他们也与原先的老华人融合在一起，已经形成了一套适合于菲华社会的文明守则，当然这是一种不成文的规则，但大家都知道也都遵守。对于新移民来说，他们同样带着故乡陌生的"乡土气息"，而这些气息既不同于老华侨原有故

---

① 王玉主：《东盟40年——区域经济合作的动力机制（1967—2007）》，社会科学文献出版社2011年版，第148页。

乡或记忆中的气息①，也不同于菲律宾华社的文化气息，更不同于世界标准西方文明与礼仪。这种新的乡土气息自然引起了老华人的不满。菲华校的一位老师就曾跟笔者说："我们对新华侨印象不太好。他们太没有礼貌，不讲文明。深更半夜，一伙人还经常坐在广场上喝着啤酒，高谈阔论，垃圾扔得到处都是。"曾经接触过的老华人，一提起新华侨，大家普遍印象不好，基本也都是因为以上这些生活细节问题。

二　价值观的冲突

从人类心理学来看，一个人的心理记忆和价值停留在他最初离开的那个时间段。中国改革开放的成功，伴随而来一系列价值观的改变，如"金钱万能"的价值观反映了改革开放后，国人由于对贫穷的害怕而对金钱的顶礼膜拜。

当时国内还缺少一定的法制观念和意识，因而基于在国内的经验，新移民大多相信"金钱万能"，对于法律知识不熟悉的他们，通常用超过"潜规则"所需的金钱摆平，这一点也让很多老华人不满，认为他们破坏了行规，提高了他们处理同类事务的成本。② 新移民爱讲排场、炫富。其实，讲排场，炫富那是缘于心里对自己的不自信，为了对自己的认可，只有通过这种方式来博得旁人对他的关注。

三　经济上的竞争

菲华社会主要是商人社会，新移民的到来并没有改变菲华社会的职业构成，新移民仍然是以经商为主，也有小部分从事建筑包工头等工作。经商的新移民大部分在市场经营，小部分在远离马尼拉的其他地区开小店铺。主要市场有利味素苕（DIVISORIA MALL）、杜杜曼（TUTUBAN MALL）、一路发（168 MALL）、范伦娜（JUAN LUNA PLAZA）、成昌（MEISIC MALL）、溪仔婆（CITY PLAZA）、999MALL等，遍布马尼拉和其他省份。这些市场以零售为主，小规模式的经营是其主要特征。小部分是批发商，可以供给全菲各地货物。小规模的

---

① 这种气息即使以前他们也曾有过，但毕竟时间太久，他们自己也忘却了。

② 许多老华人曾跟笔者谈起此事的态度。

经营无须高成本和丰富的经商经验，因此很适合财力和经验不足的新移民。笔者曾参观过一路发商场，其布局与格式模仿浙江义乌小商品市场，其产品估计大部分也都来自中国大陆。在回来的飞机上，遇到回国采购货物的新华侨，说已来菲10多年了，这次回泉州探亲，之后将赴义乌取货。

大规模新移民的到来给老华人乃至菲人商业经营造成了不小的竞争和冲击。新移民到菲的求富愿望强烈，目标明确，具有一定的资本，善于随机应变，灵活性强，哪里有钱赚就去哪里。他们同时也如早期到菲的老华人一样吃苦耐劳、勤奋刻苦、敢于拼搏，一天大部分时间几乎都在商场，一年除菲国重大节假日休息两三天外，几乎无日不在工作。相比老华人经营的商店，由于他们有大陆背景做支撑，故有低成本的优势，启动资金少，进货便宜。而传统华社的老华人，尤其是其土生后代，虽有雄厚的资金及自己的店铺，不用承担付不起店租的风险，但他们习惯安逸生活，不愿意冒险，经营方式保守化，拼搏的冲劲有所减弱，安于现状，墨守成规，渐渐失去优势地位，有的只好把店铺租给新移民，甚至将店铺卖掉。有的老华人想要效仿新移民开发物美价廉的进货渠道，但他们大多在国内没有亲友，无人帮忙押货、监督货源，无法保证商品的质量。①

新移民是海外华侨华人的一部分，尽管新老移民之间存在不同及矛盾，但是，"血浓于水"的关系是隔不断的。随着新华侨在菲律宾定居的时间变长，他们会逐渐接受菲华社会的规则和社会礼仪。另外，随着中国经济的发展，老华侨将有更多的机会了解现在中国文化习惯，从新华侨身上可以看到当年他们自己的影子，想必不久的将来将会形成一个全新的华社风范。中国国内也在逐渐地加强此类文明建设，新老华侨与国内联系比较密切，同样，也会收到中国大陆反馈的文化信息，这些都会对加强双方的融合大有益处。

---

① 庄国土、陈华岳等：《菲律宾华人通史》，厦门大学出版社2012年版，第642页。

第十章　结论

从考察时间段来看，戴天惜家族正是新中国"同龄人"，该家族成员的生活、经济及所参与的社会活动反映了一个国家（包括菲律宾）、时代命运的变迁。一代人的经历、两国间的跨度，体现了诸多的政治、经济和社会问题。

一　务实，是源源不息跨国移民的文化根源

务实，是移民所具有的共同特点。任何一批移民的动因都是由于现实难以满足个人生活和发展的需要，哪里有利于个人生活，他们就往哪边走。同样，这一特点也充分体现在他们对企业的经营上，他们对企业管理的方法和方式不一而足，因时因地而制宜，不拘于形式。对教育、公路两种不同行业，他们就采取两种不同的管理方式，遵守中国的形式以满足企业经营的需要。从中菲企业来看，立足于本土文化，根据两国不同的要求而做不同的调整：在中国境内的企业则立足于花较多时间和精力去处理一些文件和报告；而菲律宾企业除工会的势力，其他相对来说就没有太多的管制。故而，移民身上所具有的务实、灵活性，决定了他们不断移民迁徙的文化基因。

二　家族文化是保持"家"与"家族"持续生存的内在保障

唯物哲学观认为，运动是绝对的，静止只是相对的。世界是运动的，世界万物都处在不断的运动中。而"家"和"家族"只是在某个时间段内的概念和名词，它们随着时间相应地发生变化。中国人安土重迁，希望"家族"能持续经营存在下去，但"家族"都处于不断的变动和迁徙中。从戴天惜后人的移民活动来看，整个家族60多年来的变迁无非谋生存、求发展的过程。

从客观实际来说，其不变只能借助于文化即家族文化，可以使家

族持续传承下去的。可以这么说，经济是维护家族存在的客观物质基础，家族文化则是持续生存的内在保障。两者相辅相成，缺一不可。

社会和国家是家族文化存在的土壤，没有这块土壤，家族文化也就无以生存。什么样的土壤造就什么样的家族文化，因为家族具有开放性，外部的文化直接影响其家族文化的培育，它不可能回避社会现实而存在于一个虚拟的"真空"。

戴氏家族之所以能在闽南的乡村大庭聚族而居几百年，不外乎当时的小农经济限制了其家族外延的机会；到了近代，其有限的资源促使部分乡民（戴氏族人）的外迁。随着族人的外迁，扩大了其家族的外延，家族的核心还在于闽南的乡村——南安大庭，他们这种离而不散的现象体现了其家族内在深层的文化因素。

从当代戴天惜家族的活动范围来看，只有家族成员互相团结凝聚在一起时，才有足够的力量与外界困难相抗衡。正是这么一个个小小的"家""家族"的存在，才构成了我们整个中华民族。因此，必须正视"家族"的力量，应有意识地鼓励并支持建立相应的家族文化，才能保护中华文化传统源远流长。海内外期盼一个具有凝聚力的中华文化，而家族文化便是其中之一。

三　华人网络：环南海一带的华人移民网络一直存在并继续发展

从戴天惜家族的移民创业活动来看，可以论证这一论断：在环南海区域，自近代以来就一直存在移民通道，因移民通道的存在，才会存在华人经济网络。正是借助于这条海外华人经贸网络，移民海外的华人才得以顺利地开展经贸活动，并建立自己的经济基础。这些经贸活动却往往是走在政治的前沿，他们突破国界、政治区域，成为超越国界和地域的"空中飞人"。他们利用手中的资金和原有的经贸网络，在不同国家间展开经贸活动。随着中国改革开放，中国经济发展迅速，这条网络又重新走进中国大陆。政府应该有意识地利用这条经贸网络并慢慢地把中国大陆移入整个经贸的中心，从而提高中国在区域内的活动能力，提高中国的软实力。

附录 戴天惜家谱图

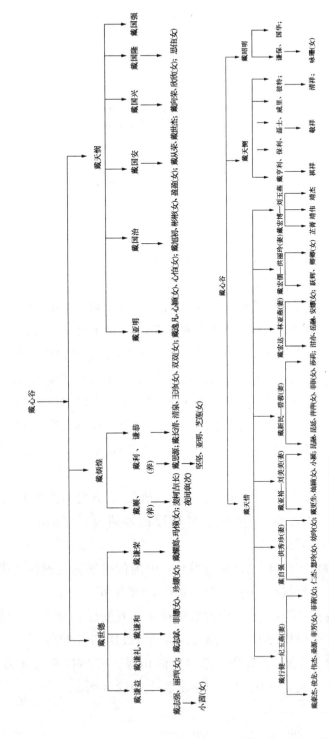

注：谱系关系根据其家谱所得，经过家族成员核对。

参考文献[①]

一 专著

（一）中文专著

[1] 陈支平：《近 500 年来福建的家族社会与文化》，上海三联书店 1991 年版。

[2] 陈支平：《福建族谱》，福建人民出版社 1996 年版。

[3] 陈益元：《建国初期农村基层政权建设研究（1949—1957）：以湖南省醴陵县为个案》，上海社会科学院出版社 2006 年版。

[4] 陈良学：《明清川陕大移民》，中国文联出版社 2009 年版。

[5] 冯尔康等：《中国宗族社会》，浙江人民出版社 1994 年版。

[6] 冯尔康等：《中国宗族史》，上海人民出版社 2009 年版。

[7] 郭志超、林瑶棋主编：《闽南宗族社会》，福建人民出版社 2008 年版。

[8] 侯玉杰等：《滨州杜氏家族研究》，齐鲁书社 2003 年版。

[9] 李桂梅：《中西家庭伦理比较研究》，湖南大学出版社 2009 年版。

[10] 李桂梅：《冲突与融合：中国传统家庭伦理的现代转向及现代价值》，中南大学出版社 2002 年版。

[11] 林济：《长江中游宗族社会及其变迁：黄州个案研究（明清至 1949 年)》，中国社会科学出版社 1999 年版。

[12] 李旭：《茶马古道：横断山脉、喜马拉雅文化带民族走廊研究》，中国社会科学出版社 2012 年版。

---

① 说明：访谈资料未列入参考文献。

［13］ 林济:《长江流域的宗族与宗族生活》,湖北教育出版社 2004 年版。

［14］ 林耀华:《义序的宗族研究》,生活·读书·新知三联书店 2000 年版。

［15］ 马学强:《江南席家:中国一个经商大族的变迁》,商务印书馆 2007 年版。

［16］ 马斗成:《宋代眉山苏氏家族研究》,中国社会科学出版社 2005 年版。

［17］ 钱杭:《中国宗族史研究入门》,复旦大学出版社 2009 年版。

［18］ 钱穆:《从中国历史来看中国民族性及中国文化》,九州出版社 2011 年版。

［19］ 钱穆:《中国文化史导论》,九州出版社 2011 年版。

［20］ 王力平:《中古杜氏家族的变迁》,商务印书馆 2006 年版。

［21］ 吴强华:《家谱》,重庆出版社 2006 年版。

［22］ 王铁:《中国东南的宗族与宗谱》,汉语大词典出版社 2002 年版。

［23］ 徐扬杰:《中国家族制度史》,武汉大学出版社 2012 年版。

［24］ 许倬云:《中国历史大脉络》,广西师范大学出版社 2009 年版。

［25］ 赵秀玲:《中国乡里制度》,社会科学文献出版社 2002 年版。

［26］ 赵庆杰:《家庭与伦理》,中国政法大学出版社 2008 年版。

［27］ 赵沛:《两汉宗族研究》,山东大学出版社 2002 年版。

［28］ 陈大斌:《饥饿引发的变革:一个资深记者的亲身经历与思考》,中共党史出版社 1998 年版。

［29］ 戴知贤:《山雨欲来风满楼:60 年代前期的"大批判"》,河南人民出版社 1994 年版。

［30］ 费孝通:《乡土中国生育制度》,北京出版社 1998 年版。

［31］ 高化民:《农业合作化运动始末》,中国青年出版社 1999 年版。

［32］ 何虎生主编:《建国的那些人与事——旭日东升》,当代中国出版社 2012 年版。

［33］ 罗平汉:《农业合作化运动史》,福建人民出版社 2004 年版。

［34］李宗植、张寿彭编：《中国现代经济史》，兰州大学出版社 1989 年版。

［35］刘德军主编：《中华人民共和国史述评》（经济卷），济南出版社 2010 年版。

［36］卢福营著：《能人政治：私营企业主治村现象研究》，中国社会科学出版社 2010 年版。

［37］孟雷编：《从晏阳初到温铁军》，华夏出版社 2005 年版。

［38］米鹤都：《心路：透视共和国同龄人》，中央文献出版社 2011 年版。

［39］彭佩云：《中国计划生育全书》，中国人口出版社 1997 年版。

［40］潘维：《农民与市场：中国基层政权与乡镇企业》，商务印书馆 2003 年版。

［41］苏星：《我国农业的社会主义改造》，新华出版社 1980 年版。

［42］苏海舟：《"破茧之初"：1978 年前后中国农村与农民的原初状态及地区差异》，中共党史出版社 2010 年版。

［43］武力、郑有贵：《中国共产党三农思想政策史》，中国经济出版社 2004 年版。

［44］许永杰编著：《福建农业合作化历史》，福建人民出版社 2011 年版。

［45］谢春涛：《大跃进狂澜》，河南人民出版社 1994 年版。

［46］肖唐镖、李昌金等：《中国乡村报告：政府行为与乡村建设研究》，学林出版社 2005 年版。

［47］薛和：《江村自治：社会变迁中的农村基层民主》，江苏人民出版社 2004 年版。

［48］于建嵘：《岳村政治：转型期中国乡村政治结构的变迁》，商务印书馆 2001 年版。

［49］燕帆：《大串联：一场史无前例的政治旅游》，警官教育出版社 1993 年版。

［50］叶青：《"文革"时期福建群众组织研究》，当代中国出版社 2004 年版。

［51］袁永熙：《中国人口总论》，中国财政经济出版社 1991 年版。

［52］王思明、姚兆余主编：《20 世纪中国农业与农村变迁研究：跨学科的对话与交流》，中国农业出版社 2003 年版。

［53］庄孔韶等：《时空穿行：中国乡村人类学世纪回访》，中国人民大学出版社 2004 年版。

［54］张厚安、白益华主编：《中国农村基层建制的历史演变》，四川人民出版社 1992 年版。

［55］赵德馨主编：《中华人民共和国经济史（1967—1984）》，河南人民出版社 1989 年版。

［56］张新蚕：《家国十年：1966—1976》，作家出版社 2011 年版。

［57］张淑英主编、国家统计局农村社会经济调查司编：《中国农业统计资料汇编：1949—2004》，中国统计出版社 2006 年版。

［58］中华人民共和国农业部政策法规司、中华人民共和国国家统计局农村司编著：《中国农村 40 年》，中原农民出版社 1989 年版。

［59］林国平、彭文宇：《福建民间信仰》，福建人民出版社 1993 年版。

［60］徐晓望编著：《福建民间信仰源流》，福建教育出版社 1993 年版。

［61］胡东芳、蒋纯焦：《"民办"咋办?：中国民办教育忧思录》，福建教育出版社 2001 年版。

［62］来茂德主编：《独立学院：中国高等教育发展的新探索》，浙江大学出版社 2004 年版。

［63］龙小农主编：《生态环境及发展战略：私立大学研究》，中国传媒大学出版社 2011 年版。

［64］刘建银：《准营利性民办学校研究》，北京师范大学出版社 2010 年版。

［65］聂秋华等：《侨资性大学研究》，中国社会科学出版社 2010 年版。

［66］史秋衡等：《企业家与高等教育》，厦门大学出版社 1995 年版。

［67］王豫生主编：《福建教育史》，福建教育出版社 2004 年版。

［68］孙培青主编：《中国教育管理史》，人民教育出版社 1996 年版。

［69］于述胜主编：《中国教育口述史》第一辑，重庆大学出版社 2012 年版。

［70］张明武：《经济独立与生活变迁：民国时期武汉教师薪俸及生活状况研究》，华中科技大学出版社 2012 年版。

［71］中国第二历史档案馆编：《中华民国史档案资料汇编》第五辑教育，江苏古籍出版社 2000 年版。

［72］黄大慧主编：《变化中的东亚与美国：东亚的崛起及其秩序建构》，社会科学文献出版社 2010 年版。

［73］姜加林主编：《中国威胁还是威胁中国？："中国威胁论"研究》，外文出版社 2012 年版。

［74］廖少廉、陈雯、赵洪：《东盟区域经济合作研究》，中国对外经济贸易出版社 2003 年版。

［75］宋成有、李寒梅等：《战后日本外交史：1945—1994》，世界知识出版社 1995 年版。

［76］孙执中：《荣衰论：战后日本经济史（1945—2004）》，人民出版社 2006 年版。

［77］赵晨：《东南亚国家联盟：成立发展同主要大国的关系》，中国物资出版社 1994 年版。

［78］杨武：《当代东盟经济与政治》，世界知识出版社 2006 年版。

［79］王玉主：《东盟 40 年：区域经济合作的动力机制（1967—2007）》，社会科学文献出版社 2011 年版。

［80］王勤等：《中国与东盟经济关系新格局》，厦门大学出版社 2003 年版。

［81］赵凤彬等编著：《日本对外经济关系》，中国对外经济贸易出版社 1990 年版。

［82］周启乾：《日本近现代经济简史》，昆仑出版社 2006 年版。

［83］陈达：《南洋华侨与闽粤社会》，商务印书馆 2011 年版。

［84］陈明华编著：《当代菲律宾经济》，云南大学出版社 1999 年版。

［85］陈鹏：《东南亚各国民族与文化》，民族出版社 1991 年版。

［86］梁华：《飘逝的王朝：马科斯家族》，社会科学文献出版社 1996 年版。

［87］黄滋生、何思兵：《菲律宾华侨史》，广东高等教育出版社 1987 年版。

［88］黄薇、龚陶怡：《风雨人生》，中国文史出版社 2000 年版。

［89］金应熙、刘迪辉主编：《菲律宾史》，河南大学出版社 1990 年版。

［90］蒋细定：《菲律宾经济论》，厦门大学出版社 2004 年版。

［91］李鸿阶主编：《华侨华人经济新论》，福建人民出版社 2002 年版。

［92］梁英明等编著：《近现代东南亚：1511—1992》，北京大学出版社 1994 年版。

［93］刘家驹：《菲律宾菲化运动之研究》，学津书店 1983 年版。

［94］李朴生：《我可佩的华侨朋友》，（台北）正中书局 1958 年版。

［95］钱平桃、陈显泗主编：《东南亚历史舞台上的华人与华侨》，山西教育出版社 2001 年版。

［96］覃主元等：《战后东南亚经济史：1945—2005 年》，民族出版社 2007 年版。

［97］任娜：《菲律宾社会生活中的华人：1935—1965》，贵州人民出版社 2004 年版。

［98］宋平：《承继与嬗变：当代菲律宾华人社团比较研究》，厦门大学出版社 1995 年版。

［99］吴前进：《国家关系中的华侨华人和华族》，新华出版社 2003 年版。

［100］吴前进：《美国华人华侨文化变迁论》，上海社会科学出版社 1998 年版。

［101］徐斌编：《东南亚与华侨华人研究论文索引：2001—2005 年》，厦门大学出版社 2006 年版。

［102］徐斌编：《东南亚与华侨华人研究论文索引：2006—2010 年》，

厦门大学出版社 2011 年版。

[103] 徐斌、张长虹编：《东南亚与华侨华人研究论文索引：1996—2000 年》，厦门大学出版社 2002 年版。

[104] 徐斌、张长虹编：《东南亚与华侨华人研究论文索引：2006—2010 年》，厦门大学出版社 2011 年版。

[105] 庄炎林主编：《世界华人精英传略》（菲律宾卷），百花州文艺出版社 1997 年版。

[106] 颜清湟：《新马华人社会史》，粟明鲜等译，中国华侨出版公司 1991 年版。

[107] 周南京主编、梁英明主编（经济卷）：《华侨华人百科全书》（经济卷），中国华侨出版社 2000 年版。

[108] 赵振祥等：《菲律宾华文报史稿》，世界知识出版社 2006 年版。

[109] 庄国土、陈华岳等：《菲律宾华人通史》，厦门大学出版社 2012 年版。

[110] 郑炳山：《李光前传》，中国华侨出版社 1997 年版。

[111] 庄国土：《当代华商网络与华人移民：起源、兴起与发展》，（台北）稻乡出版社 2015 年版。

[112]《晋江模式新发展——中国县域现代化道路探索》，社会科学文献出版社 2007 年版。

[113] 刘朝晖：《超越乡土社会：一个侨乡村落的历史文化与社会结构》，民族出版社 2005 年版。

[114] 李明欢主编：《福建侨乡调查：侨乡认同、侨乡网络与侨乡文化》，厦门大学出版社 2005 年版。

[115] 郑一省：《多重网络的渗透与扩张：海外华侨华人与闽粤侨乡互动关系研究》，世界知识出版社 2006 年版。

[116] 陈宏、卢大振：《商聚：品牌晋江》，中国经济出版社 2005 年版。

[117] 苏启林：《家族企业》，经济科学出版社 2005 年版。

[118] 王彦：《家族企业代理问题研究》，中国社会科学出版社 2007

年版。

[119] 张维迎:《企业的企业家——契约理论》,三联书店上海分店 1995 年版。

[120] 福建省南安县地名委员会办公室编:《福建省南安县地名录》,中国图书馆学会 1982 年。

[121] 福建省公路局史志编辑组编:《福建公路史》第二册,福建科学技术出版社 1993 年版。

[122] 泉州市外事侨务办公司编:《侨乡之光》,(香港)中国新闻出版社 2005 年版。

[123] 侨务报社:《侨务政策文集》,人民出版社 1957 年版。

[124](东汉)许慎:《说文解字》,李翰文译注,九州出版社 2006 年版。

[125](北齐)颜之推:《颜氏家训》,程燕青译注,山西古籍出版社 2004 年版。

[126](清)戴凤仪:《松村诗文集补编·自著年谱》(上、下),中国文联出版社 2003 年版。

[127](清)戴凤仪纂,戴绍箕参校:《郭山庙志》,黄炳火、黄子文、梁海滨、黄江海、黄祯祝点校,中国文联出版社 1999 年版。

[128](清)戴凤仪纂,戴绍箕校:《诗山书院志》,厦门大学出版社 1995 年版。

(二)译著

[1][美]伊沛霞:《早期中华帝国的贵族家庭:博陵崔氏个案研究》,范兆飞译,上海古籍出版社 2011 年版。

[2][美]明恩溥:《中国乡村生活》,陈午晴、唐军译,中华书局 2006 年版。

[3][菲]Joaquin L. Gonzalez、[美]Luis R. Calingo:《商业制胜之菲律宾》,毕香玲、刘悦达译,中国水利水电出版社 2004 年版。

[4][新加坡]黄朝翰主编:《中国的东南亚研究:成就与挑战》,世界知识出版社 2007 年版。

［5］［德］APA Publications 编：《东南亚》，中国水利水电出版社 2001 年版。

［6］［新加坡］林华生：《东盟经济的地壳变动：面向 21 世纪的次区域经济圈的形成》，徐静波、陆慧海译，复旦大学出版社 1996 年版。

［7］［日］林直道：《现代日本经济》，色文等译，北京大学出版社 1995 年版。

［8］［美］彼得·J. 卡赞斯坦、［日］白石隆编：《日本以外：东亚区域主义的动态》，王星宇译，中国人民大学出版社 2012 年版。

［9］［德］缪勒利尔：《家庭导论》，潘允康等译，商务印书馆 1990 年版。

［10］［马来西亚］林忠强等主编：《东南亚的福建人》，厦门大学出版社 2006 年版。

［11］［美］贝丝·戴·罗慕洛：《菲律宾政坛回忆》，李延凌等译，广西人民出版社 1992 年版。

［12］［菲］克里索斯托莫：《传奇式的女总统：阿基诺夫人传》，水恒涌等译，西北大学出版社 1988 年版。

［13］［菲］尼克·华谨：《走进马拉卡楠宫——菲律宾总统阿罗约夫人传》，［美］施雨·施迪夫译，海潮摄影艺术出版社 2005 年版。

［14］［加拿大］加雷思·摩根：《组织》，金马译，清华大学出版社 2005 年版。

［15］［美］W. 理查德·斯科特、杰拉尔德·F. 戴维斯：《组织理论：理性、自然与开放系统的视角》，高俊山译，中国人民大学出版社 2011 年版。

［16］［美］埃德温·A. 胡佛、［美］科利特·L. 胡佛：《关系商：家族企业经营的迷思》，乐韬睿、乐智华译，上海译文出版社 2004 年版。

［17］［美］鲁比·沃森：《兄弟并不平等：华南的阶级和亲族关系》，时丽娜译，上海译文出版社 2008 年版。

［18］〔印度〕威奈·莱、〔美〕威廉·L. 西蒙：《思考印度：全球下一个超级大国的兴起对每个美国人意味着什么》，宣晓凤、汤凤云译，上海大学出版社 2010 年版。

［19］〔美〕A. D. 钱德勒主编：《大企业和国民财富》，柳卸林主译，北京大学出版社 2004 年版。

［20］〔美〕琳达·兰黛尔：《不情愿的资本家：俄罗斯向市场转轨的漫漫长路》，刘满贵等译，新华出版社 2004 年版。

［21］〔加拿大〕唐·泰普斯科特、〔英〕安东尼·D. 威廉姆斯、何帆：《维基经济学：大规模协作如何改变一切》，林季红译，中国青年出版社 2007 年版。

［22］〔美〕彼得·德鲁克：《下一个社会的管理》，蔡文燕译，机械工业出版社 2006 年版。

［23］〔美〕罗伯特·夏皮罗：《下一轮全球趋势：how superpowers, populations, and globalization will change the way you live and work》，刘纯毅译，中信出版社 2009 年版。

［24］〔美〕彼得·F. 德鲁克：《变革中的管理：社会生态学视角话管理》，张旭东译，华夏出版社 2011 年版。

［25］〔美〕钱德勒：《看得见的手：美国企业的管理革命》，重武译，商务印书馆 1994 年版。

［26］〔美〕麦克维伊编著：《东南亚大企业家》，薛学了译，厦门大学出版社 1996 年版。

［27］林耀华：《金翼：中国家族制度的社会学研究》，庄孔韶、林宗成译，生活·读书·新知三联书店 1989 年版。

［28］林华生：《日本在亚洲的作用》，曾刚译，北京大学出版社 2000 年版。

［29］陈志明：《迁徙、家乡与认同：文化比较视野下的海外华人研究》，段颖、巫达译，商务印书馆 2012 年版。

（三）外文专著

［1］Philippines, Prepared by the Federal Research Division of the Library of Congress, the United States, 1991.

[2] Patricio M. Abinales, Donna J. Amoroso, *State and Society in the Philippines*, Anvil Publishing, Inc., first printing, 2005.

[3] Wu Xiao An, *Chinese in the making of a Malay State*, 1882 – 1941, Kedah and Penang, NUS Press Singapore.

二　期刊论文

[1] 艾长江：《我国公路管理体制存在的问题及改革对策》，《黑龙江交通科技》2006 年第 6 期。

[2] 曹淑江、朱成昆：《关于民办学校的非营利性和产权问题探讨》，《河北师范大学学报》（教育科学版）2002 年第 4 期。

[3] 陈益元、黄琨：《论家庭联产承包责任制的实行与效应——以 20 世纪 80 年代湖南省攸县为个案》，《历史教学》2013 年第 14 期。

[4] 程皓：《移民家族的崛起与明清时期地方新秩序的构建——以山东掖县旧方志和族谱为考察中心》，《齐鲁师范学院学报》2012 年 6 月。

[5] 褚颖春：《江南乡村精英的百年变迁》，《江南论坛》2007 年第 1 期。

[6] 陈耀庭：《闽南金三角地区物流发展现状及发展策略》，《物流科技》2007 年第 12 期。

[7] 冯尔康：《清代宗族的兴学助学及其历史意义》，《清史研究》2009 年第 5 期。

[8] 冯尔康：《简论清代宗族的"自治"性》，《华中师范大学学报》（人文社会科学版）2006 年第 11 期。

[9] 方天人：《菲华商联总会内斗持续》，《华人月刊》1995 年第 6 期。

[10] 葛象贤、屈维英：《民工潮探源》（上），《瞭望周刊》1998 年第 44 期。

[11] 郭梁：《亚洲金融危机下的东南亚华人经济》，《东南学术》1998 年第 6 期。

[12] 黄喆斌：《国际玩具市场发展的新特点》，《国际贸易》1990 年 10 月刊。

［13］龙付军：《世界摩托车发展的四个阶段》，《摩托车》1999 年 5 月刊。

［14］林伊亘：《探讨收费公路（普通公路）的发展趋势与对策》，《交通财会》2005 年第 7 期。

［15］李晓玲：《东北地区家族制度变迁及其对家族成员关系的影响》，《社会科学战线》2007 年第 2 期。

［16］莫浩林：《菲律宾的经济状况与塑料工业的发展》，《国外塑料》1997 年第 Z1 期。

［17］任贵祥：《略述建国初期的侨务政策》，《中共党史研究》1990 年第 3 期。

［18］宋学勤、韩艳梅：《曲折中的前进：1949—1966 年中国人口状况与政策回应》，《商丘师范学院学报》2010 年第 8 期。

［19］汤兆云：《20 世纪 60 年代中国人口政策评价》，《江苏行政学院学报》2004 年第 2 期。

［20］汪毅夫：《从福建广志和笔记看民间信仰》，《东南学术》2005 年第 5 期。

［21］王湘林：《中国摩托车发展转变对中国汽车工业的启示》，《中国机电工业》2002 年第 17 期。

［22］王春光：《华侨华人社团的"拟村落化"现象——荷兰华侨华人社团案例调查和研究》，《华侨华人历史研究》2010 年第 3 期。

［23］夏支平、张波：《农村姻亲关系强化之探析》，《西北人口》2009 年第 2 期。

［24］徐国平：《诸葛亮后裔家族文化》，《东南文化》1997 年第 2 期。

［25］肖唐镖：《农村宗族重建的普遍性分析——对江西农村的调查》，《中国农村观察》1997 年第 5 期。

［26］杨世红：《新中国侨汇工作的历史考察（1949—1966 年）》，《当代中国史研究》2002 年第 3 期。

［27］悦胜利：《通向繁荣之路——福建公路"先行工程"建设纪

实》，《经济纵横》1997 年第 19 期。

[28] 庄国土：《1978 年以来中国政府对华侨华人态度和政策的变化》，《南洋问题研究》2000 年第 3 期。

[29] 庄国土：《论中国人移民东南亚的四次大潮》，《南洋问题研究》2008 年第 1 期。

[30] 庄国土：《新中国政府对海外华侨政策的变化（1949—1965年）——新中国政府侨务政策研究之一》，《南洋问题研究》1992 年第 2 期。

[31] 庄国土：《中国政府对归侨、侨眷政策的演变（1949—1966）》，《南洋问题研究》1992 年第 3 期。

[32] 张赛群：《1950—1957 年我国华侨投资政策分析》，《华侨华人历史研究》2011 年第 9 期。

[33] 张光远：《收费公路市场结构与定价机制研究》，《中国物价》2004 年第 8 期。

[34] 朱东芹：《战后初期菲华社会内部冲突研究》，《华侨大学学报》（哲学社会科学版）2006 年第 1 期。

[35] 朱东芹：《论菲华商联总会政治取向的变迁》，《八桂侨刊》2008 年第 1 期。

[36] 朱东芹：《战后初期菲华社会内部冲突研究》，《华侨大学学报》（哲学社会科学版）2006 年第 1 期。

[37] 郑捷奋、刘洪玉：《中国收费公路的民营化》，《公路交通科技》2003 年第 4 期。

[38] 张小坡、张爱萍：《承继与过渡：清末徽州族学转型探析》，《安徽学院学报》2010 年第 1 期。

[39] 张水华、查明辉：《民办（私立）高校董事会制度的中美比较研究》，《现代教育科学》2012 年第 3 期。

三　学位论文

[1] 周鹏：《我国民办高校董事会与校长关系研究》，博士学位论文，北京师范大学，2008 年。

[2] 汪忠列：《当代农村宗族与农村社区建设》，硕士学位论文，福

建师范大学，2005 年。

[3] 丁毓玲：《跨国网络中的侨乡：海外华人与福建树兜儿村的社会变迁》，博士学位论文，香港中文大学，2004 年。

四　网络资料

[1]《1997 年、1998 年行业职工平均工资》，http：//www. labournet. com. cn/xinchou/zdjw/zzguojia/9. asp。

[2] 刘立涛：《综述：亚洲为世界摩托车运动注入新动力》，中新社，http：//www. chinanews. com/news/2006/2006 - 05 - 15/8/729515. shtml，2006 年 5 月 15 日。

[3]《摩托车的历史》，雪儿博客，http：//blog. 163. com/baixue70_70/blog/static/126406212201067105926142/。

[4]《M50 年风雨参赛路——铃木参加 MotoGP 历史回顾》，http：//motorcycle. sh. cn/t_ 622355. html。

[5]《菲律宾摩托车零件出口额将增加 9%》，慧聪网摩托车，ht-tp：//info. motor. hc360. com/2005/04/0511106750.　shtml，2005 年 4 月 5 日。

[6] 邓凤仪：《摩企在菲律宾的未来会更好》，《重庆时报》，http：//news. sina. com. cn/o/2013 - 03 - 06/015926438273. shtml，2013 年 3 月 6 日。

[7]《挑战机遇促进我国汽车运动和汽车改装业共同发展》（亚洲摩托车联合会秘书长郦春伟先生发表演讲），21 世纪房车网，http：//www. 21rv. com/20071028/2007 - 10/29/182239518. html，2007 年 10 月 28 日。

[8] 中华人民共和国商务部驻宿务经商室：《菲律宾摩托车生产商将销量下降归咎中国》，http：//www.　mofcom.　gov. cn/aarticle/i/jyjl/j/201202/20120207950033. html。

[9] http：//info. motor. hc360. com/2005/03/1614056279. shtml.

[10]《台湾摩托车工业发展史》，http：//www. docin. com/p - 108988426. html。

[11] 中国商务部驻菲律宾经商处：《菲律宾摩托车销量增长减速》，

http：//www. mofcom. gov. cn/aarticle/i/jyjl/j/201002/201002067
70483. html。

[12] 李贤斌：《南安市南官公路收费站停止收费半个月内拆除》，
《海峡都市报》（电子版）2011 年 1 月 1 日。

[13] 《南安市南官公路面改造工程》，http：//www. jszhaobiao. com/
z/notice/2011/4/12/26357413. shtml。

[14] 王朝彬：《共和国的村庄》（电子书），http：//book. douban.
com/reading/10765409/。

[15] 习近平：《习近平接受俄罗斯电视台专访》，凤凰资讯，http：//
news. ifeng. com/mainland/special/xijinpingsuoqi/content－3/detail_
2014_ 02/09/33623808_ 0. shtml。

[16] 新 华 社，http：//news. xinhuanet. com/politics/2011 － 04/28/
c_ 121357815. htm。

[17] "亚 洲 四 小 龙"，百度 词条，http：//baike. baidu. com/link？
url＝ySchFUJuGQJuiPcbUbekOCgvFgdxbf2GfIwR7vBxndy38cb_ 2Nbq
THNAY_ ihI3O5。

[18] 《福建交通 60 年成就综述》，中华人民共和国交通运输部网站，
2009 年 8 月 12 日，http：//www. moc. gov. cn/huihuang60/difang-
zhuanti/fujian/huihuangchengjiu/200908/t20090812_ 609681. html。

[19] 《中国五金塑料，塑料的来源与历史》，http：//www. wjsl114.
com/news/14218315. html。

[20] 韩俊：《建设新农村钱从哪里来》，http：//news. xinhuanet. com/
politics/2006－01/31/content_ 4121395. htm，2006 年 1 月 31 日。

[21] 《全国评 1100 个 "美丽乡村" 泉州六村上榜》，《泉州晚报》
（电子版），http：//www. qzwb. com/dywhzd/content/2013 － 12/
11/content_ 4745792. htm。

[22] 《菲律宾南安公会宿务分会成立 郭亚平任首届理事长》，中国
新闻网，中国侨网，http：//www. chinaqw. com/news/200612/
01/53386. shtml，2006 年 12 月 1 日。

致　　谢

　　本书是笔者在博士学位论文的基础上经过修改而成的。在此，笔者首先要感谢硕博期间的母校——福建师范大学。感谢福建师大社会历史学院，感谢学院的老师，如黄国盛、汪征鲁、高峻、方宝川、林金水、谢必震、王明、杨齐福、叶青、林平汉等，衷心感谢他们为笔者在学术研究方面的领路，让一位工商管理学出身的人接受了严格而规范的经济史学术研究训练，从而为笔者今后的交叉学科的研究打下了一定的基础。

　　其次，笔者要单独感谢我的导师黄国盛教授。黄老师是一位治学严谨，人品高尚的学者，他总是鼓励笔者学术研究要勇于创新，要原创。感谢黄老师对笔者的宽容和信任，鼓励笔者向不同专业的专家和学者学习不同的研究方法及思路。在他的鼓励和严格的要求下，笔者积极多方学习，在读博期间锻炼了科研的能力。

　　再次，笔者要感谢戴天惜家族在论文资料上的提供和支持。一篇论文选题最终能否完成，还在于资料的收集与整理，如果没有他们家族的开明与理解，再完美的题目也无法完成。他们免费向笔者提供家族资料、公司内部资料，并在百忙之中接受笔者的访谈，带笔者参观他们的企业，让笔者了解企业的经营与管理，并开明地让笔者了解其家族掌故和家庭生活，使笔者能够获得真实的数据和第一手资料。而能获得戴天惜家族首肯，还需感谢戴宽南和戴景星两位先生的极力促成和帮助。

　　为了收集资料，笔者足足花了一年多的时间进行田野调查，资料能够顺利地收集，离不开众多人士的帮助。因此，笔者还需不厌其烦地感谢那些与笔者素昧平生，却热情、不计回报地给笔者提供帮助的那些可爱的、可敬的人。

为了收集资料，笔者走访了许多单位，并都受到他们的接待和帮助，如闽南科技学院原前院长郭丹教授，得他允许让笔者进入资料室阅读历年的内部资料，在黄国盛教授的引荐下，当面向肖华山教授请教，闽南科技学院各部门的老师提供了资料，如人事处的宝乐老师和人事档案室的陈老师、办公室的张主任、资料室的小黄老师，等等；东方学校的黄仲水校长、办公室的刘鹏辉主任、欧阳老师等；心谷幼儿园的戴德媛园长、戴雅真老师都给笔者提供了很多帮助。

笔者因写作需要，多次走访了南安大庭村，得到了村主任的接待，并向其借阅新修的家谱，尤其是老书记戴住煌，他不厌其烦地向笔者讲述大庭村的历史和一些掌故。对于村里的历史，笔者还得到了村里退休教师戴良荣先生所编的戴氏宗亲会会刊资料。南安大庭村美丽的乡村风景及纯朴的民风给笔者留下了很深的印象。

为了能深入菲律宾了解其企业和家族内部变迁问题，笔者远赴菲律宾收集资料。笔者在菲期间，非常感谢曾明煜先生的陪同，他向笔者提供了许多菲华信息和宝贵的资料；感谢菲律宾东方实业公司的员工对笔者的照顾和帮助！同样，笔者也得到了戴天悯家族后人在资料方面的帮助，笔者曾多次与戴亚明先生进行访谈，他都不厌其烦地接待笔者并告知其旅菲生活及创业经历，笔者还通过邮件等方式向其请教各类菲华及海外华人等方面的问题，他都耐心地给笔者以答复，衷心感谢戴亚明先生！

除此之外，笔者还认识了一大批可爱的老侨们，如苏世选先生、陈燕胜先生、陈颂南理事长等。苏先生向笔者介绍了各菲华社教育界人士，并不辞辛苦地带笔者参观并介绍宗联等各菲华社团，从而认识了菲华社的部分侨领，苏先生还带笔者参加了他们的各类庆典活动，进一步了解菲华社内部的动态。那些老先生对后人的提携与照顾，与人沟通从不摆资格、和蔼可亲的风度令人产生一种敬意，他们身上焕发着令人尊敬的人格魅力。

同样，也要感谢国内那些给以提供资料帮助的人，如厦门大学的沈惠芬师姐、厦门大学南洋研究院资料室的张长虹老师、福建师范大学基库的老师们。在基库的老师们精细和敬业的工作态度让笔者很是感激，他们甚至在大年三十还为吾等这些为博士学位论文忙碌的学子们在加班加点！笔者尤其还要感谢笔者的师兄林日杖老师，笔者在学术方面的成长离不开林师兄对笔者的点拨，使笔者不至于离"历史"太远！

最后，感谢母亲的支持与体谅。为了能在读博期间获得真正的提升，笔者辞去了以前的工作，安心做一个清贫的全日制学生。为了能保证田野调查的经费充足，在导师黄老师的推荐下，笔者端点在南安的闽南科技学院，边授课边就近开展田野调查。为了能保证写作时间的充裕，笔者两年未曾回家过年，留在学校整理收集到的资料及写作。这两个大年三十，在众人合家欢乐之际，家中母亲总是控制自己对女儿的想念，宽慰我安心留在学校好好地完成学业，不用担心她。而我这个不孝之女也只能辜负寡母对长女的殷切期盼，独自待在学校的宿舍里为了那不知的未来而苦苦地耕耘着。

望着手中这本"沉甸甸"的书稿，笔者甚是感慨。笔者感谢在求学过程中遇到的所有老师、同学和朋友们，感谢他们所提供的热情帮助和真挚的友情，祝他们好人平安；同样，笔者也感谢在求学期间所遇到的种种阻力和压力，感谢它们使笔者变得更加坚强、独立和宽容！

本书稿能得以出版，最后还得感谢中国社会科学出版社及编辑卢小生老师，感谢卢老师辛勤的付出和帮助。学术无涯，尽管本书在卢老师的严格把关下经过多次大幅度的修改，但终因笔者学术有限难免还会有差错，恳请各位方家批评指正，笔者也将在学术道路上继续探索。

潘淑贞

2018 年 6 月于浙江金华